W0060426

Martin Walser *Der*

Roman *Augenblick der*

Liebe

Rowohlt

1. Auflage Juli 2004
Copyright © 2004 by Rowohlt Verlag GmbH,
Reinbek bei Hamburg
Alle Rechte vorbehalten
Satz aus der Stempel Garamond PostScript PageMaker bei
Pinkuin Satz und Datentechnik, Berlin
Druck und Bindung Clausen & Bosse, Leck
Printed in Germany
ISBN 3 498 07353 2

I.
Kommen aber gehen

1.

Herr Zürn oder Herr Krall, wie hätten Sie's gern? So fing sie an, so eröffnete sie.

Gottlieb sagte: In welche Sauce wir den Daumen, den wir lutschen müssen, vorher tunken, ist egal. Oder nicht? Und sie: Es gibt nichts, wofür man nicht gestraft werden kann. Und er: Aber die Möglichkeiten klirren. Und sie: Wenn Sie so wollen. Und er: Ich will. Gottlieb hatte das Gefühl, er sei begeistert. Wenn das Leben auf sich aufmerksam machte, fühlte er sich als Dichter, sogar als Komponist. Er war weder das eine noch das andere. Er war mit der Besucherin in ein Duett geraten. Sie hätten ihre Sätze gleichzeitig sagen können, das hätte die Wirkung nicht gemindert.

Anna blieb nichts anderes übrig, als zwischen der Besucherin und Gottlieb hin und her zu schauen wie beim Tennis. Also schaute sie, nach Gottliebs Ich will, die Besucherin an, weil die jetzt dran war. Aber die wollte oder konnte offenbar nicht weitermachen im Duett.

Dann starrten alle drei auf die Sonnenblume, die die Besucherin mitgebracht hatte, für die Gottlieb keine Vase gefunden hatte, die er dann in den größten Glaskrug gestellt und mitten auf dem Terrassentisch platziert hatte. Noch nie hatte jemand eine Sonnenblume mitgebracht. Anna hatte die gewaltige Blume entgegengenommen und hatte gesagt: Unglaublich. Und das stimmte ganz genau. So eine Prachtblume zu überreichen, die sofort die Szene beherrscht, und nichts dazu zu sagen, das war unglaublich. Das war eigentlich die Eröffnung des Duetts gewesen.

Anna schaute die Besucherin an, als müsse die ihr noch erklären, wie es überhaupt zu dieser Frage, ob Zürn oder Krall, komme. Gottlieb wußte, daß Anna, hätte sie sich äußern können, jetzt gleich noch einmal ihr Lieblingswort, ihr Passepartoutwort, gesagt hätte: Unglaublich. Das brauchte sie so oft, daß es auf Gottlieb überging. Und wenn es ihm unwillkürlich unterkam, merkte er, daß er wieder Annas Wort benutzte. Sollten Ehepaare einander im Lauf der Zeit ähnlicher werden – was er bei sich und Anna bestritt –, dann dürfen sie auch im selben Wortschatz untergehen. Hätte die Besucherin ihre Eröffnungsfrage eine Stunde später gestellt, nachdem Anna ihren Kaffee und die drei oder vier Gläschen Calvados schon getrunken gehabt hätte, dann hätte Anna höchstens noch ein wenig den Kopf geschüttelt, so langsam, daß es aussähe, als suche sie für ihren Kopf eine Lage, in der er bleiben könne. Jetzt aber, bei der ersten Tasse Kaffee und beim ersten Calvados, reagierte sie doch so neugierig, als sollte Gottlieb ihr in Gegenwart der Besucherin etwas erklären, was er ihr verschwiegen habe. Ach nein, doch nicht verschwiegen, einfach nicht gesagt hatte er ihr, daß vor Wochen ein Brief aus North Carolina eingetroffen war, geschrieben von einer Beate Gutbrod, die fragte, ob sie kommen dürfe, es handle sich um La Mettrie.

La Mettrie, das war einmal ein Thema gewesen. Eines der vielen Themen, mit denen Gottlieb sich die Zeit vertrieb, die er hatte, seit Anna das Geld verdiente. Er besorgte den Haushalt und das Schriftliche, Anna den Handel, den Immobilienhandel. Als er dieser Beate Gutbrod geschrieben hatte, sie könne, wenn sie nichts Besonderes von ihm erwarte, gern zu einem Kaffee auf der Terrasse kommen, hatte er es nicht für nötig gehalten, Anna zu sagen, da komme eine von einer Uni aus North Carolina, die in Langenargen eine Großtante besuche und ihn bei dieser Gelegenheit auch besuchen wolle, da sie eine Doktorarbeit darüber schreibe, wie La Mettrie in Deutschland aufgenommen worden sei. Wann aufgenommen, warum so spät und wie dann. Im Internet hatte diese Beate Gutbrod offenbar entdeckt, daß Gottlieb vor fünfzehn Jahren in einem Anfall von Begeisterung zwei Aufsätze über La Mettrie geschrieben hatte.

Hier heiße ich Zürn, sagte Gottlieb jetzt. Er tat, als bemerke er Annas kritische Neugier nicht. Die Besucherin sollte den Eindruck haben, seine Frau sei informiert darüber, daß er unter dem Namen Wendelin Krall über La Mettrie veröffentlicht hatte. Gewußt hatte sie es einmal. Vor fünfzehn oder sechzehn Jahren. Verwitterte Inschriften im Ehegestein. Vielleicht wußte Anna wirklich nicht mehr, daß ihr Mann jedes seiner wenigen Themen unter einem anderen Namen bearbeitet hatte. Und für La Mettrie war eben Wendelin Krall zuständig gewesen. Den Satz, daß er hier Zürn heiße, begleitete Gottlieb mit Gesten, die der Besucherin sagen mußten, hier am Tisch, hier beim Tee heiße ich Zürn. Warum sollte er dieser Besucherin die Innenansichten seiner Ehe präsentieren. Auch wenn Gottlieb nur sogenannte Tatsachen mitteilen würde, wüßte so eine Besucherin nichts über diese Ehe, sondern nur das, was er ihr über diese Ehe mitteilen wollte. Was verstünde denn eine Besucherin, wenn er jetzt Annas deutliches Informationsdefizit mit den Sprech- und Sprachgepflogenheiten dieser Ehe erklärte! Daß sie, wenn nicht gerade Kinder da sind, nach einander frühstücken, ist der Ausdruck einer Übereinstimmung, die eine Besucherin nicht begreifen kann. Überhaupt vollzieht sich das Gespräch zwischen ihm und Anna auf einer für eine Besucherin vor Höhe unhörbaren Frequenz. Die höchsten Töne sind die feinsten. Nur daß Sie's wissen. Je weniger sie mit einander sprechen, desto besser verstehen sie einander. Das erklär mal einer Besucherin. Je länger sie nicht mit einander sprechen, desto näher kommen sie einander. Also wegen einer Besucherin, die zum Kaffee kommt, weil sich das mit dem Besuch der Großtante namens Mimi verbinden läßt, wegen einer solchen exemplarischen Unwichtigkeit das sich geradezu samtig anfühlende Einvernehmen des Schweigens dem Mißverständnis einer Touristin auszuliefern – nein, danke.

Andererseits hatte die so eröffnet, daß er hoch eingestiegen war. Das war ein Duett. Diesem Duett nachhörend saßen sie dann. Zu wissen, woran jetzt jeder an diesem Tisch denkt, brächte einen weiter. In der Menschenkenntnis. Die es nicht gibt. Weil keiner in den anderen hineinsieht. Wenn er der Besucherin sein und Annas einvernehmliches Nichtssagen erklären könnte, wüßte sie immer noch nicht, wie wichtig Anna für ihn wird, wenn sie dann einmal drauflosquatscht. Er sitzt, sie räumt auf, er kann nur sitzen, starren, sie aber redet, und das tut sie für ihn. Zustimmend schweigen, das kann er noch. Sie plappert bewußt, macht deutlich, daß sie jetzt nur plappert, damit demonstriert sie, man könne doch immer noch plappern,

Quatsch reden. Es kann sein, sie versackt dann jäh. Dann wird es ziemlich still. Dann fängt er an. Er schafft nicht halb soviel Stimmung oder wenigstens Akustik wie sie. Und gibt auch gleich auf. Dann ist die Stille, die folgt, ein Ausdruck vollkommener Harmonie. Näher kann man einander nicht sein als in dieser wunderbaren Wüste gemeinsam erworbenen Schweigens.

Es war die Besucherin, die verfügte, daß er jetzt und wie er jetzt über Anna nachdachte. Wäre doch Anna ein wenig weniger lieb. Er merkte, daß er, wenn er, was vom Liebsein handelte, hochkommen ließ, schnell bei einem Generalverdacht landen würde. Wollte er etwas gegen Anna empfinden, intonierte er diesen Generalverdacht: Anna will nichts von dir, sie will nur, daß du etwas von ihr willst. Wurde aber in vorstellbarer Nähe ein Kind ermordet, durfte Geschlechtliches eine Schonzeit lang überhaupt nicht mehr vorkommen. Das war seine auf Klage oder Anklage getrimmte Vorwurfsroutine, gegen die Anna sich nicht verteidigen konnte, weil er ihr diese öfter in ihm ablaufende Vorwurfsplatte niemals vorgespielt hatte und wahrscheinlich niemals vorspielen würde. Die Platte lief. Und es war die Besucherin, die die Platte zum Laufen gebracht hatte.

Es ist nicht ausgeschlossen, daß Anna es neben einem aushielte, ohne einen zu berühren. Und wenn sie's dann tut, dann vielleicht nur, weil sie glaubt, der andere wolle es. Sie will einem etwas zuliebe tun. Sie will einem alles zuliebe tun. Sie ist unerschöpflich unermüdlich im Einemetwaszuliebetun. Manchmal zöge man es vor, sie dächte mehr an sich. Fuhr er achtlos in eine Parklücke hinein, sagte, sobald er ausgestiegen war, Anna: Wenn du deutlicher links einparkst, hat noch einer Platz. Sie war andauernd humaner als er. Sie fühlte sich ihm wahrscheinlich überlegen. Das kann in ihr die Stimmung erzeugt haben, er müsse ihr für das lebenslängliche Bei-ihm-Bleiben dankbar sein. Es tat sicher gut zu wissen, daß er ihr immer ein bißchen oder mehr als ein bißchen schuldig blieb und für das, was er ihr schuldig blieb, dankbar zu sein hatte.

Gottlieb hatte serviert: Kaffee und Calvados für Anna, für die Besucherin und für ihn Tee. Und Apfelkuchen für alle. Daß er den Apfelkuchen heute vormittag selber gebacken hatte, sagte er mit dem gespielten Stolz, mit dem Männer auf ihre Küchenverdienste hinzuweisen haben. Und da sie ja aus dem Apple-Pie-Country kam, also vielleicht nicht wußte, was sie auf dem Teller hatte, sagte er, ganz ohne Nachdruck, noch dazu, daß es sich um eine Tarte Tatin handle, er serviere die aber heute, ohne sie gestürzt zu haben. Und warum heute nicht gestürzt, fragte sie. Genau so mußte sie reagieren, fand er, spürte er. Er wies auf die wellige, ganz glatte, kahle, hellfahle Oberfläche in der weißen Form, sagte aber nichts. Sie sagte: Wie eine freundliche Mondlandschaft. Ja, sagte er und nickte bedeutungsvoll, gestürzt, sähen wir jetzt die nassen Apfelinnereien. Und fing an auszuteilen.

Daß Anna deine Decknamen nicht mehr weiß, muß dich nicht beleidigen. Die Namen, unter denen du versucht hast, auf dich aufmerksam zu machen, hast du Anna gegenüber nie wichtig werden lassen. Wenn du als Andreas Schwarzkopf ein bekannter Feuerbach-Experte oder als Jost Jordan ein anerkannter Rousseau-Kenner oder eben als Wendelin Krall ein renommierter La Mettrie-Forscher geworden wärst, hättest du dich Anna nur zu gern als Schwarzkopf-Jordan-Krall präsentiert. Da aber keinerlei

Aufsehen geschah, konntest du froh sein, daß auch Anna gnädig vergaß, was du unter deinen Decknamen getrieben hast.

Als er mit der zweiten Kanne Tee zurückkam, sagte die Besucherin, wie Frau Zürn ihren Calvados trinke, sei ansteckend, also widerrufe sie ihre vorschnelle Ablehnung allen Alkohols, sie sei jetzt, falls das Angebot noch gelte, ganz scharf auf Calvados. Dafür sei sie da, sagte Anna und holte eine nächste Flasche. Und Sie, Herr Doktor, sagte die Besucherin. Zürn reicht, sagte Gottlieb. Mein Mann trinkt nicht mehr, sagte Anna. Gottlieb nickte so, als wolle er ein Schicksal andeuten, über das man ihn besser nicht befrage. Man muß ja in jedem Augenblick etwas zu vermuten geben, was einen interessanter wirken läßt, als man sich fühlt. In ihm klang nach, daß die Besucherin gesagt hatte, jetzt sei sie ganz scharf. Wie sie das gesagt hatte. Sie hatte ohnehin einen blühenden Mund. Auch durch genaues Schminken eigentlich nicht fassbar, dieser Mund. Unflätig eigentlich, dieser Mund. Ein Kinder- oder gar Babymund. Gerade von der Mutterbrust kommend. Und scharf hatte sie mit mehreren f gesprochen. Und Anna, ohne jeden Ausdruck: Mein Mann trinkt nicht mehr. Weder spöttisch noch bedauernd. Ihr war es gelungen, sachlich zu bleiben. Bewundernswert. Die Besucherin hob das Gläschen zu Gottlieb hin, Anna imitierte dieses Glasheben, beide tranken, Gottlieb sagte: Zum Wohl. Ja, sagte die Besucherin, wo soll ich anfangen! Das Philosophie-Department an der University of North Carolina in Chapel Hill erfreue sich eines guten Rufs. Untergebracht in einem der sechzehn Campusse. Caldwell Hall heiße ihr Quartier. Da werde umgebaut seit Monaten, und seit Monaten hänge eine rötliche Kunststoffröhre aus dem Haus heraus und die Röhre habe oben einen eigenartigen, aber doch ziemlich eindeutig gewölbten Abschluß, dem zuliebe man eigentlich wünscht, das Haus vis à vis mit der entsprechenden weiblichen Ausrüstung zu bestücken. Sie möchte, sobald sie ihre Doktorarbeit beendet hat, schreiben, frei schreiben, sich freischreiben. Zwei Kommilitoninnen wollen sich aus ihren jungen Ehen schon wieder lösen, aber nur, um sich wieder auf Bindungen einzulassen, die genau zu den Verhältnissen führen, aus denen sie sich gerade befreien wollen. Vor dergleichen will sie sich schreibend bewahren. An ihrem Leinenkleid – rostrot mit gelblichen Blumen – hatte sie die drei oberen Knöpfe offen gelassen. Man sah ihren Körper beginnen.

Anna stand auf. Sie habe noch eine Protokollierung, in Pfullendorf. Und gab der Besucherin die Hand. Falls Sie, wenn ich zurückkomme, nicht mehr da sind, sagte sie, und zu Gottlieb, lächelnd: Du wirst ja, denke ich, noch da sein. Die Besucherin produzierte, Anna nachschauend, im sarkastischen Echoton: Pfullendorf! Dann drehte sie sich entschlossen in Richtung See und sagte Wow, als bemerke sie erst jetzt, daß da zwischen etlichen Stämmen der See heraufgleißte. Und so nah, sagte sie. Bei der Großtante in Langenargen sehe man ihn nur vom oberen Stockwerk aus, zwischen Häusern durch. Und auch noch ein Boot, sagte sie.

NIOBE, sagte Gottlieb. Jetzt sag bloß nicht: Kommen Sie, besuchen wir NIOBE.

Sie sagte, damit könne sie im Augenblick nichts anfangen. Hoffentlich nie, sagte Gottlieb. Und weil sie fragend schaute und dabei ihr Mund förmlich schwoll, sagte er noch: Die ist versteinert, später. Vor Schmerz. Ach, sagte sie. Und das ch beatmete sie so lange, wie sie vorher bei scharf das f beatmet hatte. Ihr Mund blieb nach diesem Achchch halb offen hängen. Dann sah sie aber die zwei Schwäne, also rief sie: Und auch noch Schwäne! Was sollte er darauf sagen? Die Schwäne glitten durchs Bild, als seien sie dazu bestellt.

Erst als sie verschwunden waren, schaltete die Besucherin um. Diesmal zu La Mettrie. Wenn nicht dessen 250. Todestag bevorstünde und wenn nicht doch ein kleiner Erinnerungseifer sich auch in Deutschland bemerkbar machte, säße sie jetzt wohl nicht hier. Und hätte sie nicht diese Großtante in Langenargen, hätte vielleicht auch der 250. Todestag des Verehrungswürdigen nicht gereicht, sie hierherzubringen. Was sie, das sage sie jetzt schon, zu bedauern hätte. Es gebe doch wirklich nicht mehr als eine Hand voll Menschen in jedem Land, mit denen zusammen man La Mettrie feiern könne. Arzt und Philosoph, und beides so heftig, daß daraus notwendigerweise ein Drittes hervorgehen mußte, nämlich ein Mensch, der mit seinen Sinnen soviel erfuhr, daß er auch als Denkender niemals von seinen Erfahrungen verlassen wurde. Einverstanden? Gottlieb hob die Hände, ließ sie fallen, nickte, das hieß, bitte, machen Sie weiter, ich höre Ihnen gern zu.

Ihr Thema sei La Mettries aufhaltsames Bekanntwerden in Deutschland. Mit dem Satz, *die Bewegung, die die Welt erhält, hat sie auch erschaffen können*, habe La Mettrie sie kassiert, sagte sie. Sie soll, sie will in einer Doktorarbeit nachweisen, warum die sonst so geistesimportfreudigen Deutschen für La Mettrie nicht viel übrig hatten und haben. Glen O. Rosenne, ihr Professor, und der Gründer

der amerikanischen La Mettrie-Gesellschaft, hat Vermutungen, die sie bestätigen soll. Tatsächlich werde La Mettrie in der deutschen Universitätsphilosophie am liebsten unter *plattem Materialismus* geführt, als oberflächlich, einseitig, Erfinder einer nur dem Genuß verschriebenen Unethik! Schon wie sein wichtigster Titel übersetzt wird: *Der Mensch eine Maschine,* oder neuestens: *Der Mensch als Maschine.* Für *L'Homme Machine*! Leicht zu übersetzen sei das nicht. Aber dann soll man's doch lieber lassen. Es war Rosenne, der sie auf Wendelin Krall brachte, auf seine zwei Aufsätze. Als sie *Vor Rousseau war La Mettrie* gelesen hat, hat sie gewußt, daß sie diesen Wendelin Krall einmal sehen möchte. Und dann *Alles eins.* Da sind dem Wunsch Flügel gewachsen. Der *Akzente*-Redaktion hat sie abgerungen, wer dieser im Internet gefundene Wendelin Krall wirklich ist. Immerhin ist es fünfzehn Jahre her, seit die zwei Aufsätze erschienen sind. Beide im selben Jahr, und dann nichts mehr. Warum dann nichts mehr? Das fragt auch Glen O. Rosenne. Hat Wendelin Krall weiter geforscht über La Mettrie und in Deutschland niemanden mehr gefunden, der sich dafür interessierte? Ihre Arbeit wird wahrscheinlich drei Stadien beschreiben: erstens Hegel, zweitens Marx und der Materialismusstreit auf der Göttinger Naturforscherversammlung, 1854, Lichtblick Karl Vogt mit seinem Buch *Köhlerglaube und Wissenschaft*, dann die Verfinsterung durch den Neukantianismus. Drittens: die sogenannte Gegenwart, zu der dann auch Wendelin Krall zählt.

Er hätte der Besucherin gern gesagt, wie großartig er es finde, daß seine Frau einfach aufgestanden und gegangen sei. Eine Protokollierung. In Pfullendorf. Ihren Mann kann sie ruhig bei einer zirka vierzig Jahre jüngeren Besucherin aus North Carolina sitzen lassen. Schon an solche Zahlen zu denken, ist ... ist ... ist beleidigend.

Die aus dem zweiten Stock von Caldwell Hall hängende rötliche Kunststoffröhre mit der deutlichen Schlußwölbung hat Anna gar nicht mitgekriegt. Er hatte Anna im Blickfeld. Annas große Augen verrieten fast nie, was hinter diesen Augen vorging. Diese Augen sind zu groß, vielleicht auch zu tief. Annas Augen sind wie ein Meer, das zu groß ist für Stürme. Auf jeden Fall sind sie nicht zu bewegen durch grelle Nachrichten über eine Caldwell Hall in North Carolina. Wahrscheinlich entwarf Anna, während die Besucherin sprach, den Vorvertrag für eine Villa mit Seeblick in Nonnenhorn. Die Besucherin wollte mit ihrer Caldwell Hall-Anzüglichkeit wahrscheinlich nur Freimut beweisen. Zur Lockerung des beginnenden Gesprächs. Gottlieb konnte sich nicht hindern zu denken: Sie hat einen unanständigen Mund. Das wird man ja wohl noch denken dürfen. Er hörte ihr zu, sagte auch mal etwas Zustimmendes, dachte aber immer wieder an Gabriele, die vor ein paar Tagen angerufen hatte, und wie immer hatte sie gesagt: Moment, ich muß das Fenster schließen, du sprichst so leise. Dann hatten sie weitertelephoniert. Mehr als einmal im Jahr telephonierten sie inzwischen nicht mehr. Und jedes Mal war es Gabriele, die anrief. Und jedes Mal hatte sie einen sogenannten Grund. Diesmal war es ihr Entschluß gewesen, nicht mehr Gabriele zu heißen, sondern Gabriela. Sie könne, hatte sie gesagt, nicht mehr begreifen, daß sie es so lange ausgehalten habe, als Gabriele herumzulaufen. Und übermorgen sei, bitte, ihr und sein La Mettrie-Gedenktag.

Inzwischen sind es fünfzehn Jahre her, daß sie Gottliebs Aufsatz *Vor Rousseau war La Mettrie* gelesen hatte. Und nichts, was sie je gelesen hat, sagte sie jedes Mal, habe ihr Leben so verändert wie dieser Aufsatz. Weniger wegen Gottlieb als wegen La Mettrie. Sechzehnmal hatte sie ihn damals in acht Tagen angerufen. Die Theologiestudentin in Tübingen. Dann folgte *Alles eins.* Diesen Aufsatz hätte er vielleicht gar nicht geschrieben ohne das Zustimmungsvibrato der Theologiestudentin.

Nur durch die Natur begreifen wir den Sinn der Wörter des Evangeliums, dessen wahrer Interpret ganz allein die Erfahrung ist.

Das war der La Mettrie-Satz, der zu ihrem Tag- und Nachtgebet wurde, wenn sie neben einander oder auf einander lagen, er zwanzig Jahre älter, gerade noch in Frage kommend, vielleicht schon nicht mehr, aber vielleicht doch noch, weil sie diesen Leben spendenden Textstrom hatten. Daß man den Sinn des Evangeliumstextes nur durch die Natur entdecken kann, hatte die Tübinger Theologie noch nicht gemerkt.

Die Theologie wurde ihr fremd. Also zur Kirchenmusik. Das war dem Vater, Pastor auf der Ostalb, gerade noch recht. Aber nirgends ist die Konkurrenz so brutal wie in der Musik. Ihr Professor in Stuttgart mußte eine Psychotherapie durchlaufen, so verletzte es ihn, wenn er fabelhaft und fehlerfrei spielende Bewerber ablehnen mußte, weil kein Platz mehr frei war. Aber Gabriele schaffte alles. Nur die Praxis nicht. Erstens fand sie's schon mal unmöglich, mit einer Begabung Geld zu verdienen. Da wirkte die Theologin nach. Dann der jeden Orgelton überflutende Nachhall in den Kirchen, den sie auch durch sorgsamste Belegung der Bänke mit Polstern von zwölf Sekunden nicht weiter als auf sieben schwächen konnte. Schließlich konnte sie *Sterben mein Gewinn* und dergleichen einfach nicht mehr spielen, ohne zu grinsen. Also in die Politik. Jetzt Landtagsabgeordnete. Verheiratet. Geschieden. Ganz bei den Grünen.

Anna hatte sich, als diese Erschütterung verebbt war, die Haare, die bis auf die Schultern reichenden, so abschneiden lassen, daß die Ohren ins Freie standen, hatte gesagt, das sei jetzt der Abschied gewesen von allen möglichen Einbildungen. Und hatte den Umsatz verfünffacht. Und hatte angefangen, jeden Abschluß zur theatralischen Zeremonie zu machen. Sie wurde bekannt für ihre Kostümansprüche. Viel weniger als ein Hochzeitsniveau durfte es, wenn's zum Notar ging, nicht sein. Sie selber trug nur noch Anzüge. Dunkle. Am liebsten Nadelstreifen. Und die Feierlichkeit jeder Prozedur wurde mit Calvados eingesegnet. Sie glaubte inzwischen selber an die Mär, die sie verbreitete: Bei Calvados geschlossene Verträge halten. Ach, Anna, du liebe Lebenslängliche. Sie hatten ohne Calvados geheiratet. Und hatten doch die Zeit der Stürme überstanden.

Aber daß eine Besucherin an dem Tag auf ihn einredete, den Gabriele zum La Mettrie-Gottlieb-Gedenktag erhoben hatte, bewies wieder, was er längst wußte: Es gibt keine Zufälle. Was man für Zufall hält, ist immer eine noch nicht erkannte Gesetzmäßigkeit. Sollte er der Besucherin eigentlich sagen, welchen Tag sie sich ausgesucht hatte? Das würde allerdings ihr Duett mit einer Schicksalswucht aufladen, der sie, beide, nicht entsprechen konnten. In zwei Stunden würde sie gehen. Aufnichtmehrwiedersehen. Zurückbleiben würde die Sonnenblume. Er wußte plötzlich, was die Sonnenblume wollte. Herrschen. Nein, die wollte nicht herrschen, die herrschte. Duldete nichts neben sich. Gottlieb sagte: Diese Sonnenblume. Und die Besucherin: Ja? Und Gottlieb: Unglaublich. Die Besucherin lachte laut auf. Das sei offenbar das Lieblingswort in dieser Familie. Gottlieb dachte: Die ist ziemlich wach.

Warum haben Sie nicht weitergemacht, Herr Zürn? Mit La Mettrie? Das fragte sie vorwurfsvoll. Sie wollte sich offenbar hineinsteigern. Gottlieb kannte das. Dem anderen zuliebe so tun, als könne man sich nicht mehr fassen vor Angetansein. In diesem Fall von La Mettrie und einem von La Mettrie heftig belebten Gottlieb Zürn. Und dann auf einmal gar nichts mehr. Warumwarumwarum, Herr Zürn! Sie sah ihn an, als wisse sie, warum, wolle es aber von Herrn Zürn hören. Da sie einander im Namen La Mettries gegenübersaßen, konnte das damalige Nichtmehrweitermachen nur mit Herrn Zürns Gefühlswelt zu tun haben. Und das wollte sie wissen. Aus wissenschaftlicher Neugier. Sie machte es glaubhaft klar. La Mettrie fordert den ganzen Menschen. Wenn sie beschreiben will, warum La Mettrie in Deutschland so zögerlich aufgenommen wurde und wird, dann kann sie das, sagte sie, am genauesten an einzelnen Erfahrungsbeispielen darstellen. Sie vermute, Resignation sei das Motiv, das persönliche und das gesamtgesellschaftliche, also nationale. In der DDR noch eine kleinmütige, halbherzige Pflege, weil La Mettrie viel zu lebendig, viel zu naturtreu und, trotz aller materialistischen, antimetaphysischen Leidenschaft, eben überhaupt nicht klassenkämpferisch ausbeutbar gewesen sei. Und im Westen? Dann, exemplarisch, bei Wendelin Krall alias Zürn?

Gottlieb hätte ihr sagen müssen: Als es erlosch, das Ga-briele-Gottlieb-Feuer, da erlosch auch – in Gottlieb – das La Mettrie-Feuer. Er hatte die Nase voll vom Leben be-ziehungsweise von der Natur. Er war überhaupt nicht mehr verständnissüchtig, wißbegierig.

Anna hatte nach dem Abschied von allen möglichen Einbildungen ihren Beruf zur Raserei entwickelt. Gottlieb war einfach versunken. Senkrecht hinab. Wenn es Schein-tod gibt, muß es auch Scheinleben geben. So empfand er, dachte er. Aber die Besucherin sprudelte. Ihr Mund wog-te, als habe er Wehen. Sie sah ihn an. Ein starker Blick, dachte Gottlieb. Dieses geradezu massive Blau. Dieser Blick meinte andauernd etwas. Annas Blick war die be-deutungsabweisende Meeresweite schlechthin. Die Augen der Besucherin lieferten andauernd das Gefühl zu dem, was ihr Mund gerade sagte. Der Mund, dieses sich auf Wörter reduzierende Lippengelände, hatte zu kämpfen, um das herauszubringen, was die Augen schon wußten und ausdrückten. Dieser um Sätze kämpfende Mund sah doch wirklich aus, als habe er Wehen.

Die Natur hat uns einzig und allein dazu geschaffen, glücklich zu sein; ja, uns alle – vom Wurm, der auf dem Boden dahinkriecht, bis zu dem Adler, der sich in den Wol-ken verliert.

Und wenn sie so ein Paradezitat ausgestoßen hat, war-tet sie auf die Wirkung. Herr Zürn, Sie sind auf dem Prüf-stand, stellvertretend für Ihre Landsleute, zeigen Sie Wir-kung oder gestehen Sie, daß Sie keine mehr spüren. Daß einer kurz vor 1750 vollkommen Schluß gemacht hat mit dem Sprachschwindel hie Körper, da Seele, daß ihn seit-dem keiner übertroffen hat in seiner Fähigkeit, sich, uns alle, den Menschen als eins, als ein Einziges zu erleben, und nicht nur den Menschen, Herr Zürn, alles ist eins, die Mücke, der Hund, der Mensch, die Sonnenblume, alles ist aus dem selben Stoff, und Bewußtsein ist überall! Das hat vor ihm und nach ihm keiner so mitreißend erlebt und erzählt. Herr Zürn! Herr Krall! Was ist los mit Ihnen?!

Gottlieb spürte, daß sie ihn heftig loben wollte. Er müßte ihr sagen, daß er ein Training hinter sich habe. Schluß mit dem Gelobtwerdenwollen. Das Gelobtwerdenwollen ist das unverwüstlich Kindheitliche in uns. Und je älter wir werden, desto komischer wirkt dieses Immernochgelobtwerdenwollen. Irgendwann müßte, was man tut, sich selber loben. Oder eben nicht. Bei dir eben nicht, Gottlieb Zürn. Deshalb bist du immer noch in Gefahr, abhängig zu werden von solchen, die dich loben. Oder die so tun, als wollten sie dich loben. Es lobt dich jeder nur um seinetwillen. Das ist erfahren. Keiner lobt dich um deinetwillen. Also schließ deine Ohren vor diesem freundlichen Schwall. Schenk ihr noch einen Calvados ein. Und noch einen. Ermuntere sie zum Trinken, daß sie dann selber merkt, wie wenig glaubwürdig sie ist. Gib ihr Gabrieles Telephonnummer. Soll sie die ausfragen über La Mettrie-Wirkungen in Deutschland. Das tat er dann. Die Besucherin war entzückt. Eine junge Politikerin, die durch La Mettrie zu sich selbst gefunden hat. Das ist Wirkungsgeschichte! Fabelhaft! Dann mußte sie tatsächlich gehen. Die Großtante braucht das Auto, weil sie heute ihren Bridge-Abend in Bad Schachen hat. Aber sie sei so froh, daß sie es gewagt habe, hier einzudringen und vorzudringen zu Wendelin Krall. Sie habe viel gelernt an diesem zu kurzen Nachmittag. Und so weiter.

Gottlieb hörte das wie aus weiter Ferne. Die konnte jetzt also einfach gehen. Und er, der Immerschonidiot, blieb verblutend zurück. Er ging mit ihr zum eisernen Gartentor, das man nur aufkriegte, wenn man es zuerst nach oben riß, dann erst konnte man es zu sich herziehen. Auch kreischten die Angeln, weil Gottlieb vor lauter Sitzenmüssen nie dazu kam, sie zu ölen. Sie blieb stehen, hob Kopf und Schultern, als stünde sie unter der Dusche, und sagte mit ihrem dabei sich ganz langsam öffnenden Mund: Toll. Gottlieb blieb nichts übrig als zu fragen: Was? Das Kreischen, sagte sie, so schön, so schrill. Und wie sie vorher *scharf* mit drei f's gesprochen hatte, sprach sie jetzt schrill mit einem nicht aufhörenden l aus. Daß sie ihre Zunge während dieses unaufhörlichen l's ziemlich entblößte, schien ihr nichts auszumachen. La Mettrie läßt grüßen, dachte Gottlieb und machte durch eine Kopfbewegung deutlich, daß er jetzt, solange sie das l trillerte, vor sich auf den Boden schauen werde. Da sah er, zum ersten Mal, ihre Schuhe. Wahrscheinlich waren die jetzt gerade modern. Viel länger als nötig, so weit kann kein Fuß nach vorne kommen, so schmal kein Fuß sein, und ganz vorne nicht mehr spitz, sondern wie abgesägt. Aber das wirklich Attackierende war das Schlangenleder oder Schlangenledermuster. Total tropisch beziehungsweise: die Schlange persönlich. Die Absätze manierierter als je. Geschwungen dünn und dann doch ziemlich massiv auf den Boden kommend.

Er schaute wieder nach oben.

Sie werden, fürchte ich, von mir hören, sagte sie. Der Animateur La Mettrie! Sie sei so unbescheiden zu vermuten, daß sie Zeugin einer Wiederbelebung geworden sei. Die sei La Mettries Werk. Wendelin Krall redivivus! Solche

Beispiele suche sie. Vielleicht sei sie zu wenig Wissenschaftlerin. Auf jeden Fall zu wenig Historikerin. Noch glaube sie an das Leben, und wo es in der Geschichte verschwinde, interessiere es sie nicht mehr. Erst wenn die Geschichte im Leben verschwinde, erwache ihr Interesse. Es war mir eine Ehre, Herr Krall. Die Großtante wartet, zum Glück. Und sie gleißt vor Pedanterie. Sonst könnte ich doch gar nicht gehen. Gestehe ich. Freimütig. Im Namen La Mettries.

Sie standen noch immer in der geöffneten Tür, Gottlieb drückte ihre kleine Hand, drückte sie ein bißchen mehr, als er wollte, sie ging auf die andere Straßenseite, da stand das Auto der Großtante, ein mittlerer Mercedes, sie stieg ein, öffnete das Fenster, winkte herüber, fuhr ab, aber im Davonfahren streckte sie den Arm heraus und winkte noch einmal.

Gottlieb merkte, daß er ihren letzten Blick, ihren letzten Gesichtsausdruck, nicht loswurde. Ein vorwurfsvoll geschürzter Mund. Das hieß wahrscheinlich: So trübsinnig wie Sie steht man nicht in der Welt, wenn man La Mettrie intus hat. Dieser Vorwurfsmund wurde unterstützt durch das massive Augenblau. Er forschte geradezu, ob in den Augen nicht auch eine Leidensahnung mitwirke. Und entdeckte nichts. Nur Lebensfreude, Wissenschaftslaune, Übermut. Gottlieb fühlte sich wie ein Patient, bei dem die Betäubung nicht funktioniert. Man hat ihm doch versprochen, er werde von der Operation nichts spüren, und jetzt, die Operation in vollem Gang und er erwacht aus der Betäubung. Gerade daß er es noch schaffte, den Schrei zu unterdrücken. Er rannte ins Haus, rannte durch das Haus, hinaus auf die Terrasse, setzte sich auf den Platz, auf dem sie gesessen hatte, und schenkte sich einen Calvados ein. Was sind das für tönerne Begegnungen. Man spricht mit einander, um nichts zu sagen. Das Wichtigste wäre gewesen, dieser Besucherin zu sagen, was er in der vergangenen Nacht geträumt hatte. Geträumt hatte, weil er wußte, am nächsten Tag komme sie. Nein, bitte, das nicht. Das ist Traumdeutungsquatsch. Aber seinen Traum hätte er ihr servieren müssen. Ohne alle Anspielungstendenz. Nur daß sie gewußt hätte, mit wem sie am Tisch saß, diese übermütige Wissenschaftszicke. Aber so wie die Welt ist, war es undenkbar, daß er ihr diesen Traum servierte. Dafür Tarte Tatin, ungestürzt.

Und war doch, bis zu ihrer Ankunft, herumgewatet im Gewölk dieses Traums. Eine Rechtsanwältin hatte ihn verteidigt. Sie war nichts als jung. Brüste, die frech hinausstachen. Steile Spitzen sah er. Sie war überhaupt nicht angezogen wie eine Anwältin, sondern wie ein Mädchen. Anna war auch im Gerichtssaal. Es war im Saal nicht überall gleich hell. Er und das Anwaltsmädchen gaben einander Zeichen des Einverständnisses, aber so, daß es niemand bemerkte, weder Anna noch der Richter. Immer wieder mußte er versuchen, das Anwaltsmädchen zu berühren, sie weiter hinten im Saal in eine Bank zu ziehen. Es gelang auch diese und jene Berührung, aber beide wollten mehr beziehungsweise alles. Immer kam Anna dazu und zog etwas aus der Tasche, was im Augenblick für den Gang der Verhandlung wichtig war, Beweisstücke zu Gunsten ihres Mannes. Zum Beispiel einen blau und rot angemalten voluminösen Schinken, der durch diese Bemalung märchenhaft schön aussah. Das Anwaltsmädchen rief: Jawohl, das ist die Ehe! Während sie das rief, preßte er sich von hinten an sie. Es mußte doch möglich sein, diese höchste Bereitschaft zweier Menschen in eine Wirklichkeit zu überführen. Aber obwohl er immer kühnere Zugriffe probierte, auch solche, die Anna brüskierten, beleidigten, blamierten und sie sogar aus dem Gerichtssaal jagten, es gelang ihm nichts. Er rannte Anna nach, redete sich im Hinausrennen ein, daß er das Anwaltsmädchen überschätze. Aber wo war Anna? Ihn schüttelte eine furchtbare Angst. Er wachte auf. Und sah das Anwaltsmädchen vor sich. Als wäre sie da. Sie war aber nicht da. Aber er sah doch ihre lockere Oberlippe, die gekräuselten Haare bis zur Ohrmitte, dann den langen nackten Hals. Wie sollte er da weiterleben? Was für eine Fehlentwicklung ist der Mensch. Er würde das Leben boykottieren. Diesen Schmerz, nein danke, das läßt er sich nicht gefallen. Gäbe es ein Jenseits, könnte er sich umbringen. In der Hoffnung, das Anwaltsmädchen erwarte ihn dort. Aber es gibt nichts. Dort nichts. Hier nichts. Nirgends nichts. Er hatte Anna den ganzen Tag lang nicht sagen, nicht verzeihen können, woran sie ihn in dieser Nacht gehindert hatte. Und dann diese Besucherin. Mit der Sonnenblume. In deren gelbumflammte dunkle Unergründlichkeit konnte er jetzt starren.

2.

Anna kam, er saß immer noch auf der Terrasse. Guten Abend, sagte sie und ließ ihre Lippenpartie ein bißchen entgleisen. Herr Zürn oder Herr Krall, wie hätten Sie's gern? Gottlieb sagte: Unglaublich.

Und Anna: Vor allem die Sonnenblume.

Gottlieb nickte so sachlich wie möglich. Anna legte auf den Tisch, was sie geleistet hat, den Pfullendorfer Abschluß, die Hälfte der Provision, per Scheck, EURO 6000. Gottlieb stand auf. Er würde das sofort buchhalterisch erledigen. Gratuliere, sagte er. Ich dir, sagte sie. Ja, sei doch tief rührend, kommt so eine jung-schön-gescheite Philosophin aus Amerika, um Wendelin Krall anzuschauen. Wie ich sehe, habt ihr das gebührend gefeiert. Zeigte auf die halbleere Calvados-Flasche. Und daß er mitgetrunken habe, zeige doch, wie nahe ihm dieser Besuch gegangen sei.

Gottlieb konnte jetzt nicht sagen, daß er erst getrunken habe, als die Besucherin wieder weg gewesen sei. Das war ja noch viel schlimmer, als mit ihr zusammen zu trinken. Jetzt nimm's nicht so schwer, sagte Anna, vierzig Jahre, das kann man doch auf sich beruhen lassen. Gottlieb dachte: Woher weiß sie das, vierzig Jahre, es können genau so gut zweiunddreißig Jahre sein oder sechsunddreißig. Typisch Anna. Alles so negativ wie möglich. Immer schon. Immer ist alles zu Ende. Sie zieht dich hinab. Nicht absichtlich. Unwillkürlich. Ihre Spezialität, in allem das Ende herauszuspüren. Besonders an lichtlosen Tagen. Sie war immer lichtabhängig. Das Licht regelte alles bei ihr. Wenn sie Ende Juni spazieren gingen und alles noch blühte und grünstens prangte, konnte sie sagen: Der erste Herbsttag heute. Und das lag am Licht. Wenn er, durch sie aufmerksam geworden, dieses Licht mit seinen Sinnen prüfte, mußte er ihr recht geben, durch irgendwelche Druck- und Feuchtigkeitsumstände war trotz aller Grünherrschaft ein Hauch kühles Gold in der Luft, ein Herbstschimmer, unverkennbar. Er, vom oberflächlich herrschenden Grün eingenommen, hätte das nicht bemerkt.

Er ging an ihr vorbei, zeigte, daß er die Papiere versorge, den Scheck werde er morgen gutschreiben lassen. Bloß kein Gespräch jetzt. Er mußte ihr jetzt bestätigen, daß auch er der Ansicht sei, eine vierzig Jahre jüngere, das könne man auf sich beruhen lassen. Auf sich beruhen, oh Anna! Ist ja gut. Solange er nichts sagen muß, erträgt er alles. Wenn er ihr nur nicht ins Gesicht sagen muß: Stimmt, vierzig Jahre, da erlischt jedes Problem! Sie sagte, sie habe sich doch auch darüber gefreut, daß Wendelin Krall noch so schöne Wirkungen zeitige. Von seinen Pseudonymen sei ihr Wendelin Krall immer das liebste gewesen. Das sei doch einfach ein lieber Name. Wendelin Krall. Er nickte. Verbarg, daß er staunte. Berührte sie leicht an der Schulter. Dann hörte er sich sagen, er müsse noch wegfahren, heute. Wohin, fragte sie. Er komme ja gleich wieder, sagte er. Er holte seinen Autoschlüssel, gab sich eilig, fuhr ab. Nur nichts sagen müssen jetzt. Daß das erwartet, ja verlangt werden kann, immer alles sagen! Das ist doch Seelenmord. Er will doch selbst nicht wissen, wie es in ihm momentan aussieht. Und dann soll er es Anna so sagen, daß sie es nicht nur versteht, sondern auch noch billigt! Ohne zu lügen nicht zu machen. Und lügen in Gottliebs Alter – das war Seelenselbstmord. Er war sich im Augenblick nur erträglich, wenn er nichts sagen mußte. Einfach nur tun, was er mußte. Aber nichts sagen, nichts erklären. Jetzt fuhr er also offenbar nach Langenargen. Und durch Langenargen, bis zur Uferstraße. Eine Großtante, die im Mercedes zur Bridgepartie nach Bad Schachen fährt, haust nicht in einer Zweizimmerwohnung. In der Gegend der Villen hatte Gottlieb, als er noch den Handel besorgte, mehr als ein Haus von innen kennengelernt.

Eine Familie Gutbrod hatte nie zu seinen Kunden gehört, weder als Käufer noch als Verkäufer. Aber vielleicht hieß die Großtante gar nicht Gutbrod. Beate Gutbrod. Er konnte sich nicht vorstellen, die Besucherin je Beate zu nennen. Sie hatte mit fortschreitendem Calvadoskonsum manchmal von amerikanischen Gewohnheiten Gebrauch gemacht und ihn Wendelin genannt. Immer eingebettet in Sätze. Nie am Anfang oder am Ende eines Satzes. Immer deutlich in amerikanischer Routine, also ohne privaten Anteil. Beate? Ob er diesen Namen erlernen könnte? Jetzt spielte er den, der die Uferstraße auf und ab schlendert. Der schwarze Mercedes mußte inzwischen in Bad Schachen stehen. Auf keinem Schild der Name Gutbrod. Er hätte im Telephonbuch nach dem Namen suchen sollen. Anrufen. Was dann sagen? Vielleicht war der Großonkel am Apparat. Die Welt war eine Verschwörung. Alles setzte sich durch gegen ihn. Er durfte nichts unternehmen, sich durchzusetzen. Was er wollte, war so wenig möglich, so wenig erlaubt, daß er nicht den geringsten Versuch machen durfte, seinen Willen durchzusetzen. Bitte, was wollte er denn? Schon das zu formulieren war unmöglich.

Das einzige, was ihn jetzt sich selber fühlbar machte, war seine Einsamkeit. Niemand wußte in diesem Augenblick, wo er war, was er dachte. Was er wollte, wußte er nicht einmal selbst. Es mußte ja etwas sein, was er wollen konnte. Beate Gutbrod am Telephon, wollte er das? Die einzige Frage, die er stellen müßte, wäre: Sind es tatsächlich vierzig Jahre? Schon achtunddreißig wäre eine Zahl, die er gern nachgebetet hätte. Nur nicht vierzig, bitte. Anna hatte instinktiv die unangenehmste Zahl genannt. Vierzig Jahre, das konnte man wirklich auf sich beruhen lassen. Aber Beate Gutbrod lehrt immerhin schon. Teaching Assistant. Und Beate Gutbrod war keineswegs die jedes Problem frontal angehende Intellektuelle. Sie erlebte jede Frage, bevor sie sie löste. Sie rief alles, was sie im Computer hatte, auf und herbei und ließ es vor Gottlieb paradieren. Der staunte. Den 250. Todestag des frechen Genies hatte sie also zum Prüfdatum ernannt. Immerhin konnte sie ausgehen von der Gedächtnisrede, die der Große Friedrich auf La Mettrie verfaßt hatte und in der Akademie der Wissenschaften verlesen ließ. Das war die erste Rezeption in Deutschland. Wenn auch, weil dem Großen Friedrich das französische Sprachcostume lieber war, auf Französisch.

Anna sagt Vierzig Jahre, und er rennt los und kämpft gegen die Windmühle namens Vierzig. Und wenn es dreißig, zwanzig oder zehn Jahre wären – was würde das an der Entfernung zu der Besucherin ändern? Nichts. Sie kann verlobtverheiratetverliebt und sonst was sein. Vielleicht läßt sich ihretwegen der Professor gerade scheiden. Sie telephoniert, solange sie unterwegs ist, jede Nacht eine Stunde mit ihm. Und ihn hetzt Anna mit einer Zahl auf die Unmöglichkeitsstrecke, nicht ahnend, daß Gottlieb sich diese Sorte von Unmöglichkeit nicht gefallen läßt. Man kennt einander, wenn es darauf ankommt, nicht. Etwas Aussichtsloses dieser Art, das kann er sich nicht gefallen lassen, da geht er die lange, lange Uferstraße hinaus nach Westen und wieder zurück, bis er jedes Haus auf der Landseite zweimal angeschaut hat. Der Altimmobilienhändler prüft und prüft. Fast glücklich. Er folgt einer Notwendigkeit, er will jetzt nichts als Langenargener Häuser auf der Landseite der Uferstraße anschauen. Jedes Haus kann es sein. Aus jedem Haus kann sie schauen. Auf jedem Balkon sitzen. Also mehr muß doch nicht sein als eine solche Betäubung der Aussichtslosigkeit. Dieses Erlebnis der reinen Notwendigkeit: Geh und schau und schau. Und schau noch einmal. Du fieberst vielleicht. Aber du schaust.

Und fuhr zurück. Erfüllt, fand er, von einer überirdischen Müdigkeit.

Zu Hause schlich er sich ins Haus und ins Bett. Anna sah noch fern, also hörte sie ihn nicht kommen. Als er im Bett lag, versuchte er, etwas zu denken, was nicht zu Beate Gutbrod führte. Als das nicht gelingen wollte, probierte er, was in ihrem Namen als Noten vorhanden war, zu summen oder leise zu singen: B-e-a-e. Also Bea könnte er sie nennen. Oder das t zum d machen, dann klingt es so: B-e-a-d-e. Das letzte e wie das erste. Da fiel ihm Brahms ein, der wollte eine Agathe in Musik verwandeln und komponierte einen innigen Ruf aus a-g-a – h-e. Gottlieb hätte die Innigkeitssignale, seins und das von Brahms, jetzt gern auf dem Klavier mit einander verglichen, aber das Klavier stand im selben Zimmer wie der Fernseher. Er würde sich nicht wehren. Selbst die Wunde namens Gabriele hatte sich eines Tages geschlossen angefühlt. Und das war … nein, keine Vergleiche. Damals waren in acht Tagen sechzehn Briefe eingetroffen. Eine heftige Theologin war vom La Mettrie-Fieber befallen worden und mußte das dem sagen, der schuld war oder dem sie das verdankte. Dann das Ausleben einer gemeinsamen Befallenheit. Er war jetzt allein. Das war zumutbar. Wenn er nur wirklich allein gewesen wäre. Wenn er nicht alles, was in ihm geschah, hätte weitersagen müssen. Anna war das

Problem, nicht Beate. Vierzig Jahre, bitte, von ihm aus auch fünfzig oder sechzig. Solange er mit sich allein war, ertrug er alles. Aber daß es von ihm erwartet, ja verlangt werden konnte, so etwas einem zweiten Menschen, und sei es Anna, verständlich zu machen, das erbitterte ihn. Ohne zu lügen ging da nichts. Irgendwann hatte das gewöhnliche Lügen aufgehört. Das Leben war mitteilbar geworden, Anna und er waren ein Paar, enger bei einander, glaubten sie, als alle, die sie kannten. Anna hatte eine Stimmung entstehen lassen – und er hatte zugestimmt –, eine Stimmung des Alleshintersichhabens. Ihnen konnte nichts mehr passieren. Ihnen passierte auch nichts mehr. Ihm passierte nichts mehr. Es durfte nur nicht erwartet, ja verlangt werden, daß er, was ihm nicht passierte, in jeder Sekunde aufsage, vor ihr aufsage. Für sich sein. Für sich sein dürfen. Deine Stimmung empfinden dürfen, wie du sie jetzt, gerade jetzt, empfindest. Sie nicht übersetzen müssen ins Erträgliche, gar für den anderen Erträgliche. Eine Drecksstimmung eine Drecksstimmung sein lassen. Sagen dürfen, nein, denken dürfen: Du gehst mit deinem Pech ins Bett und du knurrst nicht. Du gehst mit deinem Pech ins Bett und du knurrst nicht. Aber du mußt es denken dürfen. Die ganze Nacht mußt du denken dürfen: Du gehst mit deinem Pech ins Bett und du knurrst nicht. Wenn du das nicht denken darfst, knurrst du.

Als Anna sich im Schrankzimmer auszog und dann, ohne das Licht anzumachen, ins Schlafzimmer kam, spielte er den Schlafenden. Wahrscheinlich würde sie ihm morgen sagen, sie habe natürlich gemerkt, daß er nicht geschlafen habe. Oft genug wurde heiter darüber gestritten, wer zuerst wirklich eingeschlafen sei und wer nur so getan habe, als sei er eingeschlafen, um dadurch dem anderen das Einschlafen zu erleichtern. Aber nach dieser Nacht würde keiner dem anderen nachweisen können, der habe durch solche und solche Atemzüge oder Laute eindeutig verraten, daß er eingeschlafen sei, während man selber noch hellwach gelegen habe. Anna sorgte für etwas Neues. Sie schlug ihre Decke zurück, schrie schrill Naiiinnn, Gottlieb fuhr hoch, konnte vorerst nicht mehr atmen, so schnürte ihn der Schrecken. Sie zeigte in ihr Bett. Da lag ein Messer. Ein Küchenmesser. Das große Fleischmesser. Lang und spitz und gebogen und scharf. Ach ja, sagte sie, ich soll mich also ins Messer legen.

Irgendeinmal früher hätte er jetzt beteuert, das Messer nicht in ihr Bett gelegt zu haben. Er hielt es für einen Fortschritt, daß er nur sagte: Ach, Anna, und sich wegdrehte. Das mußte sie mit sich selber klären. Zu ihrer Art ausdruckssicherer Geistesabwesenheit würde es passen, daß sie das Messer in ihr Bett gelegt hatte. Höhere Geistesabwesenheit müßte man das nennen. Was sie in solchen Augenblicken tat, hatte immer Bedeutung. Zu schwören, es nicht getan zu haben, würde ihre Behauptungsenergie nur steigern. Sie sich selbst überlassen, das war zwar grausam, und sie tat ihm leid, aber er kam sich erschöpft vor. Er wußte, wie sie einander in ein Satzgetöse hineingesteigert hätten, in dem beide gleichermaßen verwundet geendet hätten. Das war einmal. Schön, daß sie diese Routine hinter sich hatten. Daß Anna nur noch halblaute, auf Unverständlichkeit angelegte Sätze murrte, zeigte ihm, daß sie, auch wenn sie es fertigbrachte zu glauben, er habe ihr das Messer ins Bett gelegt, auf den Sprechstreit verzichten konnte.

Ihn stimmte, was sie getan hatte, zärtlich. Obwohl sie doch so gut wie nichts mitgekriegt haben konnte, hatte sie vollkommen genau reagiert. Sich das größtmögliche Messer ins Bett legen. Genauer konnte man, was heute passiert war, nicht ausdrücken. Auch die Sinnlosigkeit, Folgenlosigkeit und Unwirklichkeit des heute Passierten konnte man nicht genauer ausdrücken als durch ein möglichst großes Messer, das zwar in ihrem Bett liegt, aber überhaupt keinen Schaden anrichten kann.

Am nächsten Morgen suchte Gottlieb zuerst im Telephonbuch, ob in Langenargen Gutbrod vorkomme. Nein. Dann ging er ans Klavier und schlug die Töne b-e-a-d-e an. Dann, an seinem Schreibtisch, versuchte er ihre Schuhe zu zeichnen. Zum ersten Mal begriff er, warum es Schuhfetischisten gibt. Diese Schuhe zu zeichnen gelang nicht. Vielleicht weil in jedem Augenblick Anna hereinkommen konnte. Daß er in jedem Augenblick bereit sein mußte, eine Frage Annas zu beantworten, wurde zu einer Qual. Es gab keine Schlüssel für die Türen innerhalb des Hauses. Und wenn es sie gab, hatte sie Anna. Er konnte nur so nah am Telephon sitzen, daß er, wenn Beate Gutbrod anrief, den Hörer abnahm, bevor Anna ihn abnehmen konnte. In der Zeit bis zu Beate Gutbrods Anruf konnte er eine Art Verzichtstraining veranstalten. Zum Schein. Er wußte, daß es für dieses Training zu spät war, aber so tun, als sei er an einer Verzichtsleistung interessiert, das müßte doch gelingen. Vielleicht konnte er sich sogar hereinlegen. So tun, als spiele er das Verzichtstraining nur durch, um sich etwas vorzumachen, und dann gelingt doch irgendetwas irgendwie, ein Schnitt, ein Schlag, eine erlösende Gewalt. Zuerst ein wenig Calvados.

Dann doch noch etwas mehr. Zur Abschaffung einer Zurechnungsfähigkeit, die nichts taugte. Er wollte überhaupt nichts wissen von sich. Diese elende Masse Bewußtsein. Diese trübsinnige Seelensauce. Dieser Käfig, der Biographie heißt. Wie lange willst du dir noch gehorchen? Wem gehorchst du denn so unverbrüchlich wie noch nie jemand jemandem gehorcht hat? Nicht einmal einen Namen wagst du dem Tyrannen in dir zu geben. Nicht rühren darfst du an deine Unterworfenheit. Mut gibt's an Tankstellen. Fahr hin. Tanke. Dann los. *Je t'emmènerai au bout du monde.* Ja, richtig. Nimm den Mund zu voll. Du hältst dieses Dasein, das, bitte, kein Leben ist, nur aus, wenn du den Mund zu voll nimmst. Sag laut alles auf und hinaus, was keine Zukunft hat. Sei blind und taub, außer für das Unmögliche.

Als er hörte, daß Anna das Haus verlassen hatte, verführte er sich zu einem unernsten Ausflug in die Selbstbefriedigung. Nichts als eine Mißhandlung. Liebe Besucherin, warum rufen Sie eigentlich nicht an? Ach so, Sie waren gar nicht da. Sie sind eine Einbildung. Ach so. Etwas nimmt zu in dir, Gottlieb. Fühlt sich ganz schön böse an. Haß? Ach nee. Wörter, die etwas sagen wollen, abwehren. Du gehst mit dem, was dir passiert ist, um wie mit einer Krankheit.

Gottlieb hat Angst. Angst vor dem nächsten Gedanken, der nächsten Sekunde, weil er weiß, woran er denken wird, denken muß. Das ist Gewalt, schlimmer als jede materielle, physische. Schlag oder Stich tut weh, aber auch wenn er sehr weh tut, läßt er dann nach. Und wenn er dich wieder und wieder trifft und jedes Mal noch weher tut, der Schmerz läßt nach jedem Schlag oder Stich wieder nach.

Der Seelenschmerz kann, wenn, was sein Anlaß ist, bleibt, nur zunehmen, du siehst seiner Unerträglichkeit entgegen. Du kannst gleich nichts mehr verbergen. Das nennt man das AUS.

Wenn Anna zurückkommt und findet dich so, sieht sie sofort, seit wievielen Stunden du reglos hockst, ins Undeutliche stierst. Hast du je auf den Augenlidern diese Schwere gespürt, dieses Gewicht? Vierzig Jahre, liebe Anna. Anstatt daß das auf sich beruhte, ruht es jetzt auf deinem Mann. Wiegt ziemlich was. Den Wasserkrug mit der Sonnenblume hatte Anna auf das Fenstersims gestellt. Warum nicht, dachte Gottlieb. Die Sonnenblume ist der Mittelpunkt, egal, wo sie hingestellt wird.

Als er Anna zurückkommen hörte, sprang er auf.

Komm, Anna, komm. Komm auf die Terrasse, setz dich auf den Platz, auf den der Besucherin. Gottlieb serviert. Gottliebs meisterhaftes Omelette soufflée. Mit Spinat. Dazu den Smaragd Riesling, Anna. Anna genießt. Gottlieb genießt auch. Seinen Eifer. Er will es Anna recht machen. Anna soll sich gerettet vorkommen. Nicht der Hauch eines Harms. Nichts als makelloses Einssein mit ihm soll sie erleben. Alles andere ist auswärtig, jenseitig, hirnrissig. Quatsch mit Sauce. Er und Anna. Anna und er. Basta.

Anna begreift seinen Eifer als Liebeserklärung. Zum Kaffee Calvados. Als Anna sieht, daß er sich auch ein Gläschen hinstellt und einschenkt, sagt sie spöttisch: Unglaublich. Er nickt. Das gehört doch alles dazu. Auch daß er sagt: Aufs Wasser. Anna streckt sich. Er hat es getroffen. Aufs Wasser! Gottlieb handelt. Er genießt es, so beansprucht zu sein. Er weiß, was er tun muß. Mehr muß er nicht wissen. Also, sagt Anna und steht auf. Aber ja, sagt

Gottlieb und steht auf. Anna in Weiß, Gottlieb in Königs-
blau. Eine Notwenigkeit nach der anderen.

Ich bitte Sie an Bord, Majestät. NIOBE ist getakelt. Wir
stechen in See. Am Wind aus Südwest kommen wir hin,
wo wir hinwollen. Aber wo wollen wir hin, Königin? Königin Anna. Anna-Königin. Ihr Lager ist bereitet. Gottlieb widmet sich den Schoten, dem Ruder, den Tüchern.
Wenn der Wind einschläft, legt er sich zu Ihnen in die Kajüte. Aber der Wind wird nicht einschlafen. Die Lichter
blinken. Blinken aber träge. Vorwarnung, mehr ist es
nicht. Dabei wird es bleiben. Die Wolkenwand in Südwest
wird bleiben, wo sie ist, oder gegen Nordwest vorbeizie-
hen. Und käme es zu einem Gewitter, ihm wär's recht. Sie
werden schon schlafen, Königin. Entweder läßt Ihr Kapitän Sie durch mehrsprachigen Donner wecken oder er
weckt Sie selber. Weckt Sie mit der zartesten und zudring-
lichsten Zunge der Welt. Zunge à la Zürn serviert er Dir,
Anna-Königin. Sie läßt sich seine Bedienung nirgends so
gern gefallen wie auf dem Boot. Sanft rauscht das Boot,
liegt leicht am Wind, die Königin grüßt ihren Kapitän und
legt sich flach. Noch brennt der Primus-Kocher, der her-
vorragende, auf dem der Kapitän ihr den Kaffee gekocht
hat. Sie braucht Kaffee und Calvados, wenn sie in der Kajüte liegt und ihre Zigaretten raucht. Dein Fünfzehner-
Jollenkreuzer liegt schön am Wind, der Wind frischt auf,
bleib bei den Schoten, Gottlieb, drüben, wo der Bodanrück mit seinen seesüchtigen Tannen Windschatten spen-
det, kannst du, wenn das Wetter harmlos bleibt, die Tücher bergen und dich faul sein lassen, in der Kajüte, bei der
Königin oder oben an Deck, sanft geschaukelt, die Zeit
über Bord gehen lassen und samt NIOBE in der Ewigkeit

verschwinden. Dann dieser dumpfe Knall. Du begreifst sofort. Das Boot hatte Lage, die Primusflamme erlosch, aber das Gas strömte weiter aus, Anna dösend, rauchend, merkt nichts, die Zigarette zündet's, Kajütenbrand. Die Blinklichter der Sturmwarnung drehen sich doppelt so schnell. Die Westwand ist da. Die ersten Böen schürfen Schatten in den See. Die Notwendigkeit übernimmt das Kommando. Am Vorluk läßt er den Rolladen herab. Die Kajüte ist geschlossen. Anna, im Calvadosschlaf. Gasexplosion. Der weiße Mohairpullover brennt. Gottlieb öffnet ein Bodenventil, flutet das Boot. Er weiß nicht, warum. Fluten, denkt er. Den Brand löschen durch Fluten. Dann aber über die Badeleiter ins Wasser und geschwommen. Der Bodanrück ist schon näher als das Nordufer. Noch die Schuhe abstreifen. Dann ruhige Züge. Nicht zurückschauen. Selbst wenn da Rauch aufstiege, in fünfzehn Minuten ist NIOBE verschwunden. 150 Meter tief hier der See. Sollen sie Professor Piccard aus Genf herrufen, soll er den Grund absuchen, sollen sie die NIOBE finden in 150 Meter Tiefe, sollen sie sie heben, die verbrannte Kajüte, die arme Anna, ein Explosionsunglück, zu retten ist nichts, schwimm, Gottlieb, schwimm. Und er schwimmt. Nicht einmal eine Schwimmweste hast du dir angetan, so schlug die Katastrophe zu. Du hast es nicht gewollt. Ganz und gar nicht. Du bist nicht der, der so etwas wollen könnte. Sollen sie die NIOBE suchen, finden, heben. Du mußt das verlangen. Professor Piccard hat aus dem Vierwaldstätter See zwei Leichen geborgen, aus 175 Meter Tiefe, der wird gerufen. Und die Taucher. Zwei Weitwinkel-Unterwasserkameras, mit einander verbunden, sollen den Seegrund ausleuchten und suchen. Sonargeräte her.

Die neuesten. Die finden die NIOBE, ein Staatsanwalt, der nichts zu tun hat, erhebt Anklage. Gottlieb im Gerichtssaal. Im Schwurgerichtssaal. Umdrehen. Ganz schnell. Genau so unterm Diktat der Notwendigkeit. Gottlieb krault zurück. Gegen die Wellen. Aber die Wellen sind noch keine. Das ist nur Gewell. Die NIOBE ist am Sinken. Der Freibord schon zur Hälfte im Wasser. Gottlieb könnte sich an der Seite hochziehen. Dann schwappt das Wasser herüber. Um das Kentern zu vermeiden, über die Badeleiter hinauf. Es riecht nach Brand, aber keine Rauchfahne. Er schaut sich um. Keine Zeugen. Nur das aufgeregte Geblinke der Sturmwarnung. Er reißt den Vorluk-Rolladen hoch, in der Kajüte hat es gebrannt, aber es brennt nicht mehr. Es glustet. Gottlieb holt die Pütz, schöpft Wasser, übergießt die ohnmächtige Anna. Zerrt sie heraus. Schwer war sie nie. Anna-Anna-Anna, ruft er, schreit er. Ihr Gesicht ist fast schwarz. Verbrannt. Auf einer Seite. Vielleicht nur eine Schürfung. Er bindet ihr eine Schwimmweste um. Hineinschlüpfen geht nicht. Er hievt sie über Bord, läßt sie los und springt sofort neben ihr ins Wasser, hat sie im Griff, bevor sie sinken kann. Vor tausend Jahren hat er den DLRG-Schein gemacht. Endlich eine Praxis. Mit beiden Händen von hinten ihr unters Kinn. In Rückenlage schwimmend, sie auf ihm. Das geht. Die ihr um die Taille gebundene Schwimmweste hilft. Er muß nur den Oberkörper über Wasser halten. Leicht ist es nicht. Immer wieder drückt ihr Gewicht ihm den Kopf unters Wasser. Das Wasser dringt durch die Nase in den Rachen. In die Luftröhre. Er hustet es heraus. Er kriegt keine Luft mehr. Er reckt den Kopf an Annas Kopf vorbei in die Höhe. Dadurch gerät Annas Kopf ins

Wasser. Das Wasser schlägt über ihnen zusammen. Die Wellen. Der erste Blitz. Die Wetterwand ist heran. Ein nicht sofort knallender Donner. Zurück zur NIOBE. Die schwankt. Und sinkt. Der Mast schlägt wild durch die Luft, als rufe er um Hilfe. Gleich werden die Wellen hineinschlagen. Unter der Wucht der Wellen schwappt das Wasser im Boot hin und her. Die NIOBE legt sich auf die Seite. Sie versinkt. Es bleibt nur der Bodanrück. Daß es nahezu dunkel ist, tut gut. Sie sind ohnehin mehr unter als über dem Wasser. Er kann Annas Kopf über den Wasserspiegel stemmen, aber dadurch drückt es ihn selber unters Wasser. Untergehen? Noch einmal alles von vorn, Anna. Sich unter sie bringen, sie auf ihn, dann ruhige Schwimmbewegungen. Aber sie ist zu schwer. Die Wellen schlagen über ihnen zusammen. Er wird das nicht schaffen. Anna. Dann. Dann, Anna, dann zusammen. Er hätte ihr die Schwimmweste richtig anziehen sollen. Verdoppeln. Die Beinarbeit verdoppeln, verdoppeln, verdoppeln. Dann bleibt dein Kopf über Wasser. Und er verdoppelt. Eines ist ganz sicher, dieser Schmerz vom Verdoppeln der Beinarbeit, den hält er aus, den hält er leicht aus, den hält er ewig aus. Wenn etwas unvorstellbar ist, dann das Nachlassen seiner Kraft, die Verlangsamung der Beinarbeit. Anna, hörst du? Annas Kopf hochhalten, du unter Wasser, du brauchst keine Luft mehr, dir genügt die Zehntelsekunde zum Luftschnappen, Annas Kopf muß droben bleiben, die Wellen brechen sich an ihrem Kopf, die Blitze sind doch belebend, der Donner auch, alles hilft, deine Beinarbeit zu verdoppeln, nichts als verdoppeln, und Annas Kopf hinaufstemmen und nach Luft schnappen und die Beinarbeit verdoppeln. Dann tasten, gibt es schon Grund, die Tannen schwanken, stürmische Begrüßung, Gottlieb, das sind die immer ins Wasser reichenden Bodanrücktannen, du hast Grund unter den Füßen. Jetzt schleif sie, schlepp sie hinauf und leg sie dem Wald zu Füßen. Als hätte sie darauf gewartet, öffnet sie die Augen. Aber gleich fallen sie ihr wieder zu. Es war ein Blick, den du nicht verstehst. Ein Blick, der nicht dir galt. Ein mit nichts rechnender Blick. Und hustet. Endlich hustet sie. Hustet und spuckt. Spuckt Wasser. Und er keucht. Hechelt. Wie ein Hund. Ganz kurz und ganz schnell. Er ringt nach Luft. Er kriegt noch lange nicht soviel Luft, wie er bräuchte. Und sie spuckt Wasser. Und er wird ewig nach Luft ringen. Nie mehr wird er soviel Luft kriegen, wie er bräuchte.

Anna hob ihr Gläschen, wartete, bis er seins auch hob. Na dann, zum Wohl, sagte sie und er sagte, ein bißchen verspätet, zum Wohl. Weißt du was, sagte sie. Wie sollte ich, sagte er. NIOBE wartet, sagte sie. Er konnte nur schauen. NIOBE, sagte sie noch einmal. Wir waren seit zwölf Tagen nicht auf dem Wasser. Stimmt, sagte er. Also, sagte sie. Er tat, als schaue er nach dem Wetter, schüttelte den Kopf. Vorwarnung, sagte er. In einer halben Stunde kocht der See. Schade, sagte sie, ihr sei heute so nach Segeln. Und streckte und dehnte sich. Gottlieb sagte: Mir auch. Aber, sagte er, fügen wir uns. Abgesehen davon, übermorgen sei die zweimal verlängerte Frist für die Steuererklärung abgelaufen, und er sei noch mitten drin. Und stand auf und ging zu Anna hin und zog sie hoch und legte seine Arme um sie und sagte: Er habe sie noch nie so geliebt wie in diesem Augenblick. In diesem Augenblick, sagte sie, wieso denn das. Es ist der Augenblick der Liebe, sagte er. Verstehst du? Nein, sagte sie. Gut, sagte er, küßte sie überall hin, nur nicht auf den Mund, und ging hinein, an seinen Schreibtisch, auf dem die Papiere für die Steuererklärung, übersichtlich geordnet, auf ihn warteten.

Aber bevor er anfangen konnte, fiel ihm noch die Haager Landkriegsordnung ein. Die Staaten haben sich auf Bedingungen geeinigt, unter denen es gestattet ist zu töten. Die Staaten lassen ihre Leute also nicht unter allen Umständen töten, sondern nur unter genau beschriebenen Bedingungen. Wer sich nicht daran hält, wird nachher als Kriegsverbrecher vor Gericht gestellt. Die einzige Einschränkung, die man machen muß: Es werden fast immer nur Besiegte vor dieses Gericht gestellt. Für den Kampf zwischen zwei Menschen, etwa einem Mann und einer Frau, gibt es keine Bedingungen, die eingehalten werden müssen, keine Grenze der Grausamkeit oder Gemeinheit. Es ist alles erlaubt. Man muß es nur aushalten. Und sich, wenn es schief geht, nachher dafür bestrafen lassen. Gottlieb spürte, wie alle Notwendigkeit zerfiel. Schon zerfallen war. Er konnte froh sein, daß jetzt die Steuererklärung gemacht werden mußte. Anna bewunderte ihn für nichts so sehr wie für seine Fähigkeit, die immer schwieriger werdenden Steuererklärungen zustande zu bringen. Auch jetzt stand sie in der Tür und sagte: Ich bewundere dich. Er tat, als dürfe er nicht gestört werden. Und fing an. Wollte anfangen, aber es dunkelte jäh, als sänken sie, Anna, er, das Haus, die Welt, als sänken sie ins Wasser, ins tiefgrüne. Der Donner meldete, was passierte. Zuerst ein nur meldender Donner, dann gleich ein greller Riß, dann wieder einer, der weiter weg durch den Himmel fuhr, dann direkt hinterm Haus, jede Sorte Knall und Krach und blendende Blitze. Es war, als sei es das Haus, gegen das dieser Angriff gerichtet sei. Auch der Regen, der jetzt plötzlich herabprasselte, wirkte wie ein weiteres Kampfmittel. Das Blitzen und Donnern hörte nicht auf. Die Regenmasse schlug vor Gottliebs Fenster ganze Ladungen von Rosenblättern zu Boden. Gleich riecht es erdig und süß zum Fenster herein. Und so schnell wie es dunkelte, wurde es wieder hell. Der Donner verknatterte in der Ferne, die Rosen, die überstanden, hoben ihre frisch glänzenden Rotköpfe in den Sonnenglanz. Dann kam aber der nächste Angriff. Diesmal mit Hagel. Auch der machte nicht alles kaputt. Dann noch dieses Rumpeln, wie wenn in einem großen Haus im obersten Stock große Möbel gerückt werden. Dazu ruhigster Regen. Der will versöhnen. Anna, verstehst du?

Aber Anna stand nicht mehr unter der Tür. Sie ist bei Gewittern am liebsten im Freien. Wahrscheinlich hielt sie jetzt dem Regen ihren Kopf hin.

Gottlieb konnte anfangen. Die Ehe ist sicher eine Hölle, aber als Teufel mit einem Engel verheiratet zu sein ist durchaus erträglich. Draußen schien die Sonne und ließ alles Nasse gleißen. Gottlieb dachte: Ich bin wie die Sonne, es genügt, daß ich scheine.

II.
Zusammenfinden

I.

Zuviel auf einmal sagen wollen, das ist ihre ihr bewußte, aber deswegen nicht weniger unbehebbare Schwäche.

Ihre Schulaufsätze waren oft genug mißraten, weil sie ihr Allesaufeinmal keiner Komposition unterwerfen konnte. Jetzt soll sie La Mettrie und ihn auseinanderhalten. Sie hatte ihm schon zwei Briefe, Dankesbriefe, geschrieben. Hatte ihn weder mit seinem Namen angeredet, noch am Ende mit ihrem Namen gegrüßt. So waren es eher Arbeitszeugnisse geworden als Briefe. Aber sie hatte die Vermeidung der Namen doch mit ihrer Namensscheu begründet und die entstanden sein lassen aus dem, was sie ihr Beate-Trauma nannte. Und wo, wenn nicht in Amerika, könnte man den bedenkenlosen Vornamengebrauch lernen! Aber es ging ja, bitte, nur um La Mettrie, nicht wahr, Herr Krall! Und Herrn Zürn-Krall war es doch gelungen, sie zu öffnen. La Mettrie betreffend, war es ihm gelungen, sie zu öffnen! Wie La Mettrie in Deutschland ankam, nicht ankam ... Wie sie das nicht interessierte! Wie sie allein interessierte, wie La Mettrie bei ihr ankam! Und alle schreiben sie nur darüber, wie andere ihn verstanden oder nicht verstanden haben. Sie war eben keine Historikerin, wahrscheinlich überhaupt keine Wissenschaftlerin.

Ceux que la Nature aura favorisés, schaut man lieber an als die, die zu kurz gekommen sind. Er hatte ihr auf seiner

Terrasse das Gefühl gegeben, sie sei gar nicht zu kurz gekommen. Die Briefe an den Mann mit zwei Namen trug sie, bevor sie sie einwerfen konnte, tagelang mit sich herum. Jedesmal mußte sie sich mit Martini Extra Dry eine Art Bedenkenlosigkeit antrinken. Er hat die Briefe beantwortet. Ganz ungeniert ließ er jeden seiner Briefe mit Liebe Beate beginnen. Und das, obwohl sie sich gleich im ersten Brief einen krassen Vergleich abgerungen hatte, daß nämlich, ihren Vornamen serviert zu bekommen, für sie sei, als biete man ihr an einem heißen Tag ein Glas Eau de Cologne zum Trinken an. Würde er sie weiterhin so wenig ernst nehmen, mußte dieses heftige Aufkeimen einer eher abenteuerlich anmutenden Beziehung im Gedankensand der Selbstbeherrschung erstickt werden. So!

Nachdem Madelon und sie im vergangenen Winter ihre Erfahrungen mit Vornamen ausgetauscht hatten, hatte Madelon im Sommersemester einen Kurs über Vornamen angeboten. Bei Charles Bernheimer stehe, sagte Madelon, strange first names were symptomatic of latent family degeneracy.

Ihr Beate-Trauma kam vom Gegenteil, kam von der furchtbaren Gewöhnlichkeit, die ihr aus diesem Vornamen entgegenschlug. Triefend vor Gutgemeintheit, das war für sie Beate. Ihm hatte sie das alles gleich im ersten Brief gestanden. Hatte mit ihrem Vornamensproblem begründet, daß sie auch seinen oder seine Vornamen nicht aufs Papier bringe. Und kokett hinzugefügt: Oder heißt es zu Papier bringe. Nach sieben Jahren Englisch begännen ihr die deutschen Präpositionen zu verschwimmen. Sie schlug vor, daß sie in Zukunft mit Julien oder Offray beginne, und schließe mit Juliette. Warum sollten sie einander mit Namen nennen, die andere ihnen verpaßt hatten? Warum konnten sie einander nicht etwas anderes sein als anderen? Das schrieb sie nicht, aber sie dachte es. Und ihr Denken wucherte so, daß sie in den Briefen streng darauf achten mußte, ihre Fortgeschrittenheit nicht auf seine Zurückgebliebenheit prallen zu lassen. Falls er wirklich zurückgeblieben war und nicht nur so tat, als ginge es um nichts als La Mettrie.

Cher Julien, cordialement Juliette. Sie sollten einander einfach taufen! So übermütig gab sie sich dann doch. Und er? Er habe, was in ihrem Vornamen zu singen sei, zur Melodie gemacht: b-e-a-d-e. Für den t-d-Austausch bitte er um Verzeihung. Diese Töne seien inzwischen mächtig geworden in ihm. Und fuhr fort, Briefe mit Beate zu eröffnen und mit Gottlieb Zürn zu schließen. Also fuhr sie fort, in Anrede und Schlußgruß namenlos zu bleiben. Jetzt wollen wir doch einmal sehen, wer nachgibt. Oder sollte sie hoffen, Gottlieb Zürn könne sie, so wie er sie auf seiner Terrasse einen Augenblick lang in ihrem Körper hatte heimisch werden lassen, auch noch mit Beate versöhnen? Als Vierzehnjährige hatte sie ihrer zwölfjährigen Schwester Bettina einen Vornamenstausch angeboten, war aber von dem frühreifen Gör nur ausgelacht worden. Und jetzt einem Mann konfrontiert, der offenbar ein Vornamensvirtuose war! Rosa, Magda, Julia, Regina. Lauter Volltreffer. Oder wirkten die vier Töchternamen nur so geglückt, weil der Kerl auf seiner Terrasse die Namen präsentierte, wie man im Zirkus prächtige Tiere, eins nach dem anderen, in der Arena auftreten läßt?

Dr. Douglas hatte von Anfang an gesagt, sie solle sich um ihren Vornamen nicht kümmern. Vorerst. Der löse sich eines schönen Tages von selber auf. Aber Madelon hatte keinen Sinn für Umwege. Sie nannte Beate inzwischen nur noch Juliette. Und die hatte das Gefühl, in diesen Namen könne sie hineinwachsen. Vielleicht lief sie schon bald mit dem hier üblichen Vornamen-Doppelpack herum. Beate J. Gutbrod. Also mit J. – das J. englisch – klang das schon einmal nicht so schlecht. Sie beschloß, Briefe probeweise mit Beate J. zu unterschreiben. Wenn der Flugplatz Durham-Raleigh nach ihr benannt werden würde, B. J. G., das klang noch besser als J. F. K.! Hoffentlich begriff Herr Zürn ihren Ernst bei diesem Spiel. Aber auch das, was Spiel war in ihrem Ernst. Auf seiner Terrasse hatte sie La Mettrie gehabt als Text für alles, was sie hatte sagen wollen. Gottliebs zögerliche Art hatte sie ermutigt. Seine Manier, Sätze nicht zu beenden. Es lohnte sich doch nicht, Sätze zu beenden! Sie hatte sich wohlgefühlt bei diesen hängengebliebenen Sätzen. Dieser Mann sprach, wie er war! Kam bei ihr so gut wie nie vor. Von La Mettrie schwärmend, hatte sie wenigstens eine Art Sehnsucht ausdrücken wollen. Nichts gelten lassen als die eigene Erfahrung und die davon lebende *imagination. Warum sollte man sich nicht selbst zum Thema machen?* Ob Herr Zürn-Krall den Satz kannte? Den würde sie ihm schreiben. Mit Quellenangabe: *Système d'Épicure*. Und die, die über La Mettrie schreiben, sollen jetzt ihn, ausschließlich ihn zum Thema machen?! Und ausschließlich ihn, das ginge ja noch, sie aber soll erforschen, darstellen, wie er von Lessing und Friedrich II. bis Bernd A. Laska und Ursula Pia Jauch in Deutschland verstanden wurde. Er selbst beruft sich, wenn er sein Thema sein will, auf Montaigne. Also beruft sie sich auf ihn! Sie will auch ihr Thema sein (dürfen). Und wird nicht wagen, es zu sein! Und das wird alles verderben! Natur, sonst nichts. Das Leben. Es hat nie etwas anderes gegeben. Zugeschmiert von Lüge, Tünche, Kulturtapete. Wendelin Kralls erster Aufsatz: *La Mettrie war vor Rousseau.* Die Befreiung der Natur aus ihrer Stromerzeugungssklaverei. Vom Verwandlungszwang. Sie ist doch in ihrer kleinen Zehe ganz enthalten! Sie liebt ihre kleine Zehe! Die linke und die rechte! Ihre kleinen Zehen sind ihr wichtiger als Descartes, Kant, Hegel und Konsorten. Daß die Schönheit ... ach, die Schönheit ... Und er hatte nicht bemerkt, daß er sie schöner gemacht hatte als sie ist. Er hat sie ein bißchen angebetet. La Mettrie war Zeuge. Sie ist durch ihn in ihren Körper hineingewachsen. Sie hatte das Gefühl, sie könnte nackt auf seiner Terrasse stolzieren. Als die Frau gegangen war. Nach Pfullendorf.

Dieser Anfall von Lust auf Sichzeigen war ihr neu gewesen. Sie hat an die Geschlechtsgenossen ihres Gastgebers gedacht, die sich darin gefallen hatten, ihr zu sagen, sie rundete sich in der und der Partie zu sehr. Und dann ihre Brüste! Brüste waren nicht mehr gefragt! Sie hat im letzten Semester sechs Kilo abgenommen. Er hatte sie dort auf der Terrasse, nachdem die Frau aufgebrochen war nach Pfullendorf, so angeschaut, daß sie ihm das mit den sechs Kilo am liebsten gesagt hätte. Durch ihn, nur durch seine Art, sie anzuschauen, war sie von einem unmißverständlichen Übermut durchströmt worden. Sechs Kilo abgenommen, was sagen Sie dazu! Aber so etwas kann man nicht sagen. Genau das, was man am allerliebsten sagen möchte, kann man am allerwenigsten sagen.

Ach, Herr La Mettrie. Nancy Fridays *Jealousy*. Gerade gelesen. Sich von Büchern entdecken lassen. Tut am wenigsten weh. Sie ist doch immer unglücklich verliebt gewesen. Weil sie anders geliebt hat, als sie geliebt worden ist. Sie ist eine Liebende. Eine Art Midasfluch. Sie will nicht einmal sich selber klar machen, wie sie das meint. Seine Tarte Tatin war eine Kulturleistung. Die zweieinhalb Stunden mit ihm auf der Terrasse waren Stress. Ihn beeindrucken zu wollen, das war Stress. Er ist nicht zu beeindrucken. Nicht mehr. Das kann auch nur ihr passieren, jemanden beeindrucken zu wollen, der nicht oder nicht mehr beeindruckbar ist. Und sie meint nicht sein Alter, sondern sein … seine Fassung, seine Haltung, seine ganze, von ihr auf nichts zurückführbare Unbeeindruckbarkeit. Bei La Mettrie gelernt: Etwas, was man durch keine Erfahrung belegen kann, nicht durch Einfälle ersetzen. Er hat sie einen Augenblick lang, mehrere Augenblicke lang ein bißchen angebetet. Aber dann war er wieder gefaßt gewesen. Dann wieder nicht. Aber dann doch wieder. Vor lauter Unterrichtenmüssen wird sie zu keinem eigenen Gedanken kommen. Gedankenflucht. Ihre Lieblingsbeschäftigung. Sich treiben lassen! Ferien! Fünfzehn Studenten sollten in fünf Ferienwochen das Pensum eines ganzen Semesters schaffen. *Deutsch als Philosophensprache.* Daß sie dann in Professor Glen O. Rosennes Nietzsche-Kurs mitkämen. Sie hatte jedem Studenten so helfen wollen, wie ihr dort auf der Terrasse geholfen worden war. Angeblich zweieinhalb Stunden lang. Zusammengeschnurrt auf einen Augenblick. Das Terrassenwunder. So wollte sie von jetzt an auf ihre Studenten wirken. Hegel geht ohne *Aufhebung* nicht, und aufheben ist süddeutsch, da heißt es, etwas bewahren, wozu ist sie bei Hegel daheim geboren, aber es heißt auch, etwas nicht liegen lassen, wo es bis jetzt lag, also *sublate* kann nur ein abstrakter Hauch sein von dem, was Hegel *aufhebt*, wenn er von *Aufhebung* spricht. Und wer nicht weiß, daß *reification* eigentlich *Verdinglichung* heißt, ist arm dran. Oder Nietzsches Gebrauch von *Bosheit, Mitleiden, Weib, Aufklärung, Vornehmheit, Tugend* und *Höhe* und *Tiefe.* Ferien! Als sie kurz vor Semesterende eher frivol durchs Ph.D.-Qualifying Exam gestolpert war, hatte Professor Glen O. Rosenne die Dissertation angemahnt: Ende September die Gliederung, im Januar die Rohfassung der ersten drei Kapitel. Sie hatte, ohne triftigen Anlaß, hingeplaudert, die Arbeit werde acht Kapitel enthalten. Das hatte seinen Appetit gereizt. Und Rick Hardy, von allen Rosenne-Assistenten der dünnlippigste, hatte gegrinst und gesagt, er kenne Beate – wie die Beate herausquälten, weil sie vermeiden mußten, daß es nach beauty klang –, Beate werde im Januar nicht drei, sondern sechs Kapitel liefern. Vielleicht suchte Rosenne Assistenten, die so wenig Lippen hatten wie er selbst. Er wurde als lizard gehandelt. Rick Hardy war nach der Prüfung mit ihr essen gegangen und hatte ihr seine Dissertation überreicht. Gedruckt. *Revolt as Part of Socialization.* Mit Widmung. *You are of my kin.* Ein anmaßendes, besitzergreifendes Kompliment. Und ever yours. Bei dem Händedruck, mit dem er ihr gratuliert hatte, hatte sie leise aufgeschrieen. Obwohl man wußte, daß er immer seine ganze Kraft in den Händedruck legte, war man dann doch jedes Mal wieder unvorbereitet. Herr Zürn-Krall hatte ihre Hand auch ein bißchen fester gedrückt, als zu erwarten war, aber sein *fester* war ein Seligkeitsblitz, verglichen mit der Quetschung, die einem Rick Hardy antat. Daß Ricks Frau ihn wieder betrogen hatte, erwähnte er nebenbei, wie er das jedesmal erwähnte, wenn man mit ihm allein war. Er habe Elaine jetzt hinausgeworfen, sagte er diesmal so dazu, als habe er damit zum letzten Mal von dieser Frau gesprochen. Revolte als Unterwerfung, das wäre ihr Titel, wenn sie eine Dissertation über Rick Hardy zu schreiben hätte. Der Rebell als Anwanze. Aber bei diesem Mittagessen hatte er ihr leid getan. Sie hatte ihm einen Augenblick eine Hand auf sein haariges Handgelenk gelegt. Auf dem Kopf nichts, aber sonst quollen bei dem die Haare aus allen Öffnungen. Sie mußte ihn besser behandeln. Nahm sie sich vor. Sie hatte ihn immer Verachtung spüren lassen wollen, weil er so erfolgreich war und weil sie glaubte, er befördere seinen Erfolg durch jene als Revolte verkaufte Unterwerfung. So was kam an. Sie würde ihn von jetzt an anders behandeln. Er sollte glauben, daß er auch bei ihr angekommen sei. Schaden konnte es nichts. Rick würde Karriere machen.

I've not yet organized myself today. Wieder einmal. Dieses unsolide Durcheinander zog natürlich Madelon an. Wenn deren eigenes Leben an einem Tag zu wenig Organisationsbedarf bot, bei Beate J. Gutbrod geisterte immer ein Dilemma herum, das nur von Madelon Pierpoints Südstaatentemperament in das Nichts verjagt werden konnte, in das es gehörte. Life goes to the movies. So einfach war das heute. Madelon genoß es, wenn ihr gehorcht wurde. Und Beate J. genoß es, Madelon zu gehorchen. Madelon stammte aus einer jener Familien, die ihre Einwandererfahrungen wie einen Schmuck tragen. Da wurde bewahrt und vollfarbig erzählt, was, wenn die Familie zu Hause geblieben wäre, kaum die Saison, in der es passierte, überlebt hätte. Beate J. konnte von dieser Art Amerikanistik gar nicht genug kriegen. Die erste Frau von Madelons Großvater war eine Freundin der Frau Sacher in Wien. Die zweite Frau ihres Großvaters kriegte von der ersten das Rezept für die Torte. Sie mußte versprechen, das Rezept nur innerhalb der Familie weiterzugeben. Als ihre Köchin es einmal einer Schwester weitergegeben hatte, wurde sie entlassen. Diese Köchin-Schwester hat aber nachweisen können, daß sie das Rezept vom Enkel eines ungarischen Kochs hat, der in Wien bei der Konkurrenz von Sacher gelernt hatte. Also wurde die Köchin wieder eingestellt.

Madelon arbeitete an ihrer Beate. Sie konkurrierte mit Dr. Douglas. Kürzlich hatte sie eine Notiz in Beates Fach gelegt: The doctor's familiarity with the patient's history is contrasted with the doctor's anonymity to the patient. There is a power structure expressed in the unmasking of the patient's inner life vs the consistent masking of the doctor's private sphere. The dilemma of *transference*. One-way traffic. The patient's illusion of intimacy in a professional relationship. And once more the well known pattern: the unapproachable paternal figure. You know less about the person Dr. Rufus Douglas than about any other man.

Madelon kämpfte um ihre Freundin und verband diesen Kampf mit ihrer Doktorarbeit.

Freud, as Novelist of the Victorian Age. Untertitel: *The Pseudo-Illness of the Feminine Other.*

The sociosexual atmosphere im bürgerlichen Wien um 1900 machte sie verantwortlich für alles, was Freud je gedacht und geschrieben habe. Das, potenziert durch die Energiezufuhr des jüdischen Glaubens an die Erlösbarkeit. Und daß für Erlösung nicht dies und das gut sein kann, sondern immer nur eins. Die Psychoanalyse als der säkularisierte Monotheismus. Und Beate ist Madelons aktuelles Studienobjekt. Dr. Douglas lachte zwar, aber sie spürte, daß er Madelon Pierpoint als Kampfansage verstand. Da kämpften zwei um sie. Und sie? Wartete darauf, von Herrn Zürn-Krall zu hören, daß er auch ein bißchen um sie kämpfte.

Sie beneidete Madelon. Die forschte, wühlte, formulierte, schrieb, es ging immer um ihr Leben. Madelon, Geliebte eines Ingenieurs. Ein Environmental Analyst, einer der Stars des carolinischen Scientific Triangle, das das Silicon Valley übertreffen wollte. Er entwickelte Methoden und Maschinen, mit denen man das Wasser unvorstellbar sauber machen konnte. Für die Chip-Produktion bei *Texas Instruments*. Sie, als Madelons engste Freundin, durfte den Eindruck haben, Madelon schreibe ihre Doktorarbeit gegen diesen Brian Dewey, der, nebenan in Durham, Weib und Kind hat und 11 Angestellte, 3 Häuser, 3 Autos, 1 Cessna, zweimotorig, und in Chapel Hill 1 Geliebte, die er zweimal im Monat von Louis, seinem farbigen Fahrer, irgendwohin holen läßt, und sei's zum Flugplatz, daß sie mit einander auf die Virgin Islands flögen und Madelon dann zurückkäme, von St. Thomas schwärmend, einer mit dichtgrünem Pelz bewachsenen Insel, die in sanften Küstenlinien den schmalweißen Strand bietet, gehörend zu den sieben schönsten Stränden der Welt. Oder einfach mal schnell nach Tangier Island rüber, Chesapeake-Bay-Crabs essen und zurück, nur um eine erregende Beweglichkeit zu erleben. Ans Verrückte grenzende Unternehmungen, das ist Brians Spezialität. In der ersten Stunde sind Brians Haare immer total elektrisch geladen, weil er gerade noch vier Stunden lang telephoniert hat. Er fährt sich quer durch die weichreichen Haare, dann knistert das, Madelon geht's durch und durch. Am erstaunlichsten: daß Madelon immer noch hoffte, Brian werde sie eines Tages heiraten. Inzwischen hatten beide Brian-Söhne den Pilotenschein. Madelon wird das dargeboten, als solle oder könne sie teilnehmen am Vaterstolz. Und sie tut's. Ob er sie nach Surf City schleppt oder über's Meer hinaus, er bringt es ihr dar. Und sie nimmt's. Nur wenn er seinen Hund Jonathan mitbringt und mit ihr und Jonathan nackt in den Whirlpool will, streikt sie. Oh Madelon! Wie soll man ihr sagen, daß diese Affäre aussichtslos ist?! Eine Affäre ist eine Affäre, auch wenn sie zehn Jahre dauert. Beate hatten drei Jahre gereicht. Allerdings hatte Gert Laubenthal ihr zwei Jahre lang erfolgreich verschwiegen und verheimlicht, daß er seit Jahren verlobt war. Es war tatsächlich Rick Hardy gewesen, der immer über alle alles erkundete und sein Wissen karrierefördernd verwendete, er hatte ihr den sogenannten reinen Wein eingeschenkt über ihren Liebsten. Aber weder Gert noch sie konnten auf einander verzichten, nur weil jetzt eine Verlobte mitverkraftet werden mußte. Im Gegenteil. Ihre Liebe, oder das, was sie dafür hielten, flammte auf, Gert versprach, sich baldigst zu entloben, sie wurde sogar schwanger, aber damit wäre sie für das Ph.-D.-Programm ausgefallen, also Abtreibung, und ist als Schwangere noch mitmarschiert beim Anti-Abortion-Clinic-March, aber Gert, der Deutschland nachts verlassen hat, nachdem er mitten in Köln einen Unfall verschuldet hatte und unter Schock über die Grenze floh und sich dann nie mehr zurücktraute, dieser Erfahrungsgesättigte und inzwischen Assistant Professor Gewordene hat ihr zur Einsicht verholfen, wie unreparierbar der Karriereknick durch ein Kind werden müßte, also hinein in den Warteraum der Illusionen, danach war Gert so lieb wie noch nie, Häuser angeschaut, Möbel beguckt für den Livingroom, dann teilt ihr der immer aufmerksame Rick mit, daß Gert seine Verlobte inzwischen geheiratet hat. Immerhin konnte sie jetzt nichts mehr essen. Eine Zeit lang. Acht Tage vor Gerts Hochzeit waren sie noch mit einander im Bett gewesen. Und sechs Wochen nach der Hochzeit auch wieder. Es war das Telephon, das sie wieder zusammenbrachte. Dann gebar Gerts Frau. Das war's. Jetzt ging nichts mehr. Auch das Essen ging nicht mehr. Anorexie. Behandlung. Also Dr. Douglas. Ihm verdankt sie mehr als jedem anderen Menschen. Gert Laubenthal hat sich nach Philadelphia beworben. Das fand sie dankenswert. Dort ist er angenommen worden. Tenure. Telephoniert wird nicht mehr. Das alles hat Madelon noch vor sich. Madelon kennt jede Dreckssekunde, die ihre Freundin durchzustehen hatte. Aber sie weiß natürlich, daß ihr so etwas nicht passieren kann.

Zuerst hielt Beate das Überseerauschen für die Ankündigung eines Bettina-Anrufs. Bettinas ostwestfälischer Samenhändler war dabei, sich umzuschulen auf Programmierer. Aber es war der Terrassenmensch mit den unbenutzbaren Namen. Und der rutschte einmal sogar ins Du. Einen Freudian slip konnte sie das nicht nennen. Ihr blieb die Spucke weg. Wie anders sollte sie sich denn diese jähe Mundtrockenheit erklären! Der Herr dort an der Strippe kriegte sich auch gleich wieder ein – so würde sich ihre deutlich flottere Schwester ausdrücken – und brachte einen Selbstverhinderungstext zustande, der ihr durch und durch ging. Er sagte ihr, daß er ihr nichts sagen könne. Aber daß er ihr nichts sagen könne, müsse er ihr doch sagen. Und legte auf und ließ das Überseerauschen über ihr zusammenschlagen.

Die Sinne sind seine Philosophen, heißt es bei ihrem Patron. Sie malte sich die zwei Buchstaben auf ein Blatt. DU. Und ließ diese Buchstaben auf ihre Sinne wirken. Spielte sich das gehörte DU zu, während sie das gemalte DU ansah und überließ sich der Flut; wie sonst sollte sie die Wucht nennen, die jetzt am Zunehmen war. Am liebsten hätte sie jetzt Bettina angerufen und sich in diesem Zustand ihr ausgesetzt, nein, präsentiert. Als Frischgeduzte! Krieg dich ein, Schwesterchen, würde Bettina sagen. Beate dachte bei manchen Bettina-Sätzen, daß es die, als sie noch drüben gewesen war, noch nicht gegeben hatte. Ihm, dem Herrn auf der Terrasse, müßte sie sagen können, daß sie Erkenntnis schöpfe aus dem puren DU. Aber sie konnte dort nicht anrufen. Die ganz gewöhnliche Machtstruktur. Sie müßte, wenn Frau Anna oder gar, gerade hereingeschneit, Regina, Julia, Magda oder Rosa am Apparat wäre, schlicht vergehen vor Verlegenheit. Ihm sagen und Herrn Rosenne sagen und dem eifersprühenden Rick Hardy sagen, daß man mehr, als La Mettrie erkannt hat, nicht erkennen kann, jetzt und immerdar. Leider müßte sie das nicht sagen, sondern beweisen. Die Äußerlichkeit der Buchstaben und die Erfahrung, die sie in ihr bewirkten.

Alles eins hat schon vor fünfzehn Jahren ihr Terrassenmensch geschrieben. Wer einmal das Richtige berührt hat, kann nicht mehr überholt werden. Als der Patron erkannte, wie l'imagination von l'expérience bestimmt ist, hat er die Durchgängigkeit des Bewußtseins, des Denkens, des

Daseins, die Unteilbarkeit überhaupt erfahren. Dieses DU macht vor nichts halt, reicht überall hin, ist eine Quelle unerschöpflicher Erfahrung. Sie sieht das Buchstabenpaar DU und weiß, daß sie gemeint ist, und es bewegt sie, wie noch nie etwas sie bewegt hat. Zwei Buchstaben, eine optische Figur, und sie flutet, schwillt, blüht, kippt ... Das hat viel mehr mit ihr zu tun als mit diesem Herrn Zürn-Krall. Julien Offray de La Mettrie kennt sie besser als dieser deutsche Geheimrat. Statt nachzuzählen, wie und wie oft La Mettrie in Deutschland verstanden und mißverstanden worden ist, möchte sie jetzt nachweisen können, daß man mehr, als er erkannte (per l'expérience und l'imagination), auch in der Zwischenzeit nicht erkannt hat. Höchstens weniger. Es gibt (zum Glück) auch Rückschritte. Sonst gäbe es ja keinen Fortschritt.

... *pourquoi diviser le Principe sensitif qui pense dans l'Homme?* Denn etwas, was man geteilt hat, kann nie mehr ohne Krampf als unteilbar erlebt werden. Sagt der Patron. Und trotzdem reden auch die Gescheitesten von Materie, Geist, Stoff, Seele usw., als gäbe es zweierlei. Der Krall-Aufsatz *Alles eins* wurde nicht gelesen. Alles geht immer so weiter. Aber, sagt Julien, *es sprechen die Wälder, die Echos seufzen, die Steine weinen, der Marmor atmet,* ja, *tout prend vie parmi les corps inanimés.* Unterschiede gibt es nur durch den Organisationsgrad. Stimmt's? Der Organisationsgrad (der Materie) ist der einzige Unterschied zwischen Wurm und Hund und Mensch und so weiter. Der schimpfende Lessing. *Porneutik* will er La Mettries Lebenskunst genannt wissen. Vielleicht das erste Mal, daß ein Sittenbeobachter eine seriöse Schrift Porno schimpft. Weiß der Geier, was der gerade mal einundzwanzigjährige, anakreontisch vertändelte Lessing in seiner Bundhose beherbergt hat, daß er hat so böse reagieren müssen auf den naturbegnadeten Mann aus dem Heiligen Malo. Wie konnte er nur am 2. November 1750 seinem *hochzuehren-den Herrn Vater* schreiben, das La Mettrie-Buch über das Glück, sein *Discours sur le Bonheur*, sei nur zwölfmal gedruckt worden, und die Abscheulichkeit dieses Buches habe dazu geführt, daß der König, der Große Friedrich also, daß der höchstselbst *zehn Exemplare davon ins Feuer geworfen hat.* Da das mit dem, was sie über das Verhältnis des Königs zu seinem Leibmedikus La Mettrie weiß, nicht übereinstimmt, muß sie das in ihrer Dissertation klären.

Der Post ist ein Streich gelungen. Sein Brief war vierzehn Tage unterwegs. Living in suspense. War sie zu weit gegangen? Pangs of conscience. Wurde ihr Brief dort am Familientisch auseinandergenommen? Belächelt? Beschimpft? Zerrissen? Schon war sie drauf und dran, einen Kommentar hinterherzuschicken: Alles nur Wissenschaft, Ichexperiment, hat La Mettrie recht, wenn er usw. Allerdings, der deutsche Briefstilist turnt ganz schön im Vorsichtigen herum. Gerade, als könnten seine Briefe auch bei ihr noch jemandem in die Hände fallen, der nichts merken darf. Und dann wacht sie auf mit der, nein, in der, nein, an der Gewißheit, daß ein Brief von ihm da sein werde. Und sofort begreift sie nicht mehr, wie man sich überhaupt täuschen kann. Sie lebt, allerdings nur augenblicksweise, im Zustand solcher Gewißheit. Als sie dann in der Abteilung Glen O. Rosenne begegnete, spürte sie sofort, daß die Daseinsfülle, die sie im Augenblick ausstrahlte, seine Dünnlippigkeit drastisch verschärfte. Dabei hatte sie den heutigen Brief noch gar nicht gelesen. Sie las die Briefe aus Deutschland immer erst abends. Sie mußte dieses Briefelesen zelebrieren. Kerze und Komik inklusive. Rosenne, sofort alles erfassend, fand sofort die richtigen Wörter zur Beendigung ihres Zustands. Sie dürfe sich nicht an die einzelnen Stationen des La Mettrie-Wegs in Deutschland verlieren, etwa dadurch, daß sie jeder Station dieses Wegs von Lessing bis Laska ihr Recht oder Unrecht nachwiese, sie solle sich möglichst nicht einmischen, sondern nur darstellen, berichten, alles andere müsse, bei ihrer psychischen Verfassung, wegen notorischer Selbstüberforderung in Panik enden. Nachdem er dieses Wort (panic-stricken) eingeführt hat in den Dialog zwischen ihr und ihm, will die Panik in ihr wachsen und gedeihen. Seitdem ist sie on the edge.

Als sie siebzehn war, hat sie sich mit der Schere aus dem Familienbild herausgeschnitten. Mit neunzehn ab nach Amerika. Inzwischen gibt es nichts, was sie so froh stimmt wie die Gewißheit, nie mehr siebzehn, achtzehn, neunzehn sein zu müssen. Daß der Vater zwei Jahre später von Untertürkheim nach Manhattan überwechselte, weil Mercedes ihn an der Front brauchte, kann einen Zufall nennen, wer keinen Durchblick hat. Schwester Bettina (die hat einfach den besseren Namen erwischt!) war da schon so verliebt und fast verheiratet, blieb also in Stuttgart. Statt der Töchter hat die Mutter zwei Wellensittiche (einen gelben, einen blauen), im Scarsdale Home. Mit denen unterhält sie sich, wenn der Vater im Whently Hill Club seine Pflicht tut. Wenn er abends nicht heimkommt, ruft die Mutter die Tochter an und sagt, der Erzeuger sei wieder ins 19. Loch gefallen. So nennen die Golfer dort die Country Club Bar. Seinen Job in New York malt er immer so aus: In dieser Stadt deutsche Autos verkaufen, das ist wie barfuß durch die Wüste. Und nie vergißt er den Witzsatz eines Kunden, eines jüdischen Kunden, bitteschön: In den USA leben 5½ Millionen Juden, davon 6 Millionen in New York. Dieser Vater kommt aus Deutschland nicht heraus. Dabei trägt er, berichtet die Mutter am Telephon, in seiner Freizeit unsäglich gesprenkelte Shorts. Vater unser.

Daß man von Briefen, die noch nicht eingetroffen sind, am Telephon erfährt, sogar Inhaltliches, Temperaturhaftes, das zeigt, wie in unserer Kommunikationszivilisation das eine Medium das andere überholt. Sie hoffte, es finde keine darwinistische Auslese statt. Sie konnte inzwischen ohne Briefe so wenig leben wie ohne Anrufe. Dem Briefschreiber dort empfahl die Empfängerin (schon das ginge, bliebe es beim Telephonieren, verloren: Empfängerin), ihr nach Hause zu schreiben, die UNC ist berüchtigt wegen ihrer lahmen Postverteilung. Auf das Angerufenwerden konnte die Angerufene nicht verzichten, weil sie da die Gewählte war. Der Dortige aber hat in beiden Medien die gleichen Hemmungen. Die Empfängerin hat im vergangenen Jahr drei Heiratsanträge empfangen. Könnten Mitteilungen dieser Art den Sender drüben ermutigen, sich in der Selbstzensur mäßigen zu wollen? The ball is in your court now. You have to determine the limits. Die kindliche Anhänglichkeit des letzten Bewerbers hatte in ihr Weißglut produziert. So etwas erlebt zu haben heißt, es bei einem anderen vermeiden. L'expérience und l'imagination. Andererseits pfeift sie auf Kontakt, wenn sie sich nicht eingestehen darf, daß sie bei Wendelin Krall Bestätigung suche (reassurance). Gegen Glen O. Rosenne. Bei dem gibt es Anerkennung nur in homöopathischen Dosen. Zum Glück hat sie Patricia Best. Zu einem Doktorvater gehört eben auch eine Doktormutter. Ohne Patricia Best wäre sie längst nicht mehr hier. Wo sie dann wäre? Wo der Pfeffer wächst. Sagt man das noch? Patricia Bests Mutter ist 1937 an einem Freitag in New York angekommen, sechzehnjährig, mit zehn Mark, das waren zwei Dollar fünfzehn, und einer Leica, für die sie fünfunddreißig Dollar kriegte. Ihre Mutter hatte ihr die mitgegeben, hatte gesagt, dafür kriegst du hundert Dollar. Alle Emigranten haben Leicas mitgebracht. Patricias Mutter hat dann, sechzehnjährig, in einem Cheese Wholesale and Grocery angefangen, Juli 37, das sei der heißeste Sommer überhaupt gewesen, Patricias Mutter sollte die Bestellungen am Telephon entgegennehmen. Aber die kamen alle auf Jiddisch. Nach drei Wochen kapitulierte sie. Wegen der Zahlen. Sie konnte einfach die Zahlen nicht lernen. Patricia Best sagt, es gebe niemanden, der so zuhören könne wie Beate. Und ihre Mutter ist ja auch in Stuttgart geboren. Wie Beate. Obwohl Patricia Best nur einmal in Stuttgart gewesen ist, 1986, und dann beschlossen hat: Nie wieder! nennt sie Beate manchmal fast zärtlich: Meine Stuttgarterin. Auf Deutsch! Sie kann noch viel mehr Deutsch, als sie zugibt. Außer Beate hört kein Mensch ein deutsches Wort von ihr. Auch Leo nicht, ihr Mann. Das hat sie Beate gestanden. Ja, das war ein Geständnis. Fast eine Liebeserklärung.

Aber beide, Patricia Best und Glen O. Rosenne, warnen sie: Das sei Beates Schwäche, die Neigung, im Wissenschaftlichen in einen allzu persönlichen, gar privaten Ton zu verfallen. Aber Madelon, der Beate das hinweinte:

Freuds Fallbeispiele sind bei weitem nicht bloß medizinische Befunde, sondern höchst persönliche Geschichten, ihm dienend zur Selbstbeleuchtung. Aber dann, sagte Madelon, dann bricht er ab, wenn es brenzlig wird (when it hits home).

Natürlich kann man, redet es in ihr, die Geschichte von Lessing bis Ursula Pia Jauch nachturnen und mit heute im historischen Kaufhaus billig zu erstehenden Farben nachmalen; nichts ist risikoloser als das: Heute nachbeten den Eifer der Fundamentalisten, die Aufklärer waren und Lessing und Diderot und so weiter hießen; nachbeten die Entwicklungen, die eher auf Wanderwegen und in den Toiletten feinerer Internate, eher in Salons und Kaschemmen als in den Hallräumen der Wissenschaft, gar der Philosophie, erbracht wurden; nachbeten, wie dieser Eifer feindseliger Toleranzprediger inzwischen eher komisch wirkt und La Mettrie jetzt doch jedermanns (wenn auch noch nicht jeder Frau) Darling ist!

Wut. Soweit sie sieht, kommt Wut nicht vor bei La Mettrie. Ihr Leben besteht aber aus Wut und aus den Versuchen, sich davon abzulenken. Die Wut ist die Mauer gegen Angst. Sie weiß, sie ahnt mehr, als sie weiß, daß in ihr die Angst lauert. Die tut so, als sei sie die Wahrheit. Alles andere sind Masken. Nur die Angst wäre das, was ihr entspricht. Die Angst und sie. Allein. Das wäre Wahrheit. La Mettrie hatte als der wahre Kolumbus genug zu tun mit der Entdeckung unserer unteilbaren Existenz. Dann folgt Freud mit Dora beziehungsweise Beate J. Gutbrod mit Wendelin Krall. Natürlich ist es ein Rückschritt, nach der Entdeckung unserer Unteilbarkeit wieder auf Unterbewußtsein und Über-Ich zurückzufallen. Aber Hysterie beziehungsweise Wut sind, je näher wir sie bei ihrer Herkunft lassen, um so treuere Zeugen. *Madwoman in the Attic.* Das las sie mit Reingewinn! Also unterschlug sie nicht mehr, wie sie jetzt hier saß: hellrosa Jogginghosen (in denen noch nicht ein einziges Mal gejoggt wurde) und hellgrünes Sweatshirt. Glen O. Rosenne, der ihr letzte Woche La Mettrie in der Fayard-Ausgabe vorbeibrachte, sagte ganz munter, in diesem Schlafanzug müsse sie von himmlischen Limonaden träumen. Aber 27 Aufsätze ihrer Literaturklasse warten auf ihrem Schreibtisch darauf, von ihr gelesen UND benotet zu werden. Schreibtisch! Um überhaupt transatlantisch vorstellbar zu werden, muß sie doch mitteilen, daß ihr Schreibtisch eine alte Tür ist (von ihr im Trödelmarkt gekauft, dann, von ihr, blau gestrichen), auf zwei Holzböcke gelegt, wie sie in Malerwerkstätten vorkommen. Schrecklich, wie wichtig es einem ist, daß der andere (the other) sich vorstellen kann, wie man leibt und lebt. (Mehr leibt als lebt). Am schwersten waren tatsächlich Anfang und Ende. Bei Briefen! Oder überhaupt. *Im Augenblick ganz und gar der Unwirklichkeit hörig*, schrieb ihr German Other seelenruhig hin. Schriebe das die Empfängerin, versagte ihr bei *hörig* die Hand. Auch hätte sie vielleicht das Gefühl, sie habe sich mit so einem Satz bei Nacht in einen Urwald gestoßen. In einen tropischen dazu. Gemalt aber vom Zöllner Rousseau. Von ihrer gemalten Nacktheit sieht man hauptsächlich die Füße. Die streckt sie dem Beobachter entgegen. Sie ist überhaupt stolz auf ihre Füße. Sie kann sich nicht sattsehen an ihren Nägelhalbmonden. Die hat sie angepinselt. Rubinrot. Rot-röter-am-rotesten. Ach, Deutsch, diese Sprache, in der mehr verboten als erlaubt ist!

Daß die Mutter ihre zwei Sittiche immer noch bei der Tochter deponieren muß, wenn sie mit ihrem Mann in Fort Lauderdale, Florida, Urlaub verleben will, zeigte der Tochter, wie wenig die Eltern in Amerika angekommen sind. In diesem Land, in dem alles Menschliche sich zuerst einmal als Nachbarschaft auslebt! Wenn sie die zwei Schnäbel in Pflege nahm, mußte sie einerseits so tun, als sei sie glücklich, Hänsel und Gretel endlich wieder beherbergen zu dürfen, andererseits durfte aus ihrem Glück nicht zu schließen sein, sie sei einsam und deshalb sittichfroh. Eine einsame Tochter in Chapel Hill, das würde dem Sittichpaar in Fort Lauderdale die Urlaubsmelodie verstimmen. Es ist doch schön, wenn zwischen Eltern und Kindern alles bis ins Feinstkleinste geregelt ist, ohne daß das je formuliert werden muß. Das sind die zwingendsten Verträge, die gelten, ohne geschlossen werden zu müssen. Zuerst streiften Mutter und Tochter durch Antiquariate. Für fünfzig Dollar sechs Bücher: Lessing (1824), König Ödipus (1785), Cicero über die Pflichten (1784), Diderot (1774), Rousseau (1789), Holbach (1776). Dafür mußte die Tochter mit in die Antique Stores. Die Mutter ist nicht mehr scharf auf Meißen, sondern auf die schüsselartigen Teller aus der Mingdynastie. Die Entzückenslaute der Mutter! Nirgends sei soviel aus der Mingdynastie hängen geblieben wie in North Carolina, zwitscherte sie, wenn wieder eine Schale erobert war. Daß *antique* heißt, was es heißt, weiß die Mutter, daß aber *antic* soviel wie grotesk heißt, weiß die Mutter nicht. Daß Beate J. ihrer Madelon die Eltern vorenthielt, nahm sie sich übel. Über ihr German Other wußte Madelon inzwischen mehr als Beate J. selber. Madelon arbeitete alles, was sie erfuhr, in ein Ko-

lossalgemälde ein. Beate J. war, was den Terrassenmen-
schen anging, jähen Wettern – ist gleich Lichtwechseln –
ausgesetzt. Mal hatte sie alles übernah und scharf und wie
unverlierbar, dann war gleich wieder nichts mehr greifbar,
alles ganz ungewiß. Madelon illustrierte Beate J. und
Gottlieb Wendelin inzwischen als Freud und Dora. Sie
malte, wenn sie mit Beate unter Chapel Hills gewaltigen
Bäumen promenierte, eine historische Szene mit acht Figuren, nur geschaffen zur gegenseitigen Beleuchtung im
Dienste der Erkenntnis. Da sind dann: der Freud der Hy-
sterie-Schrift und der wirkliche Freud (den Madelon aus
allen biographischen Schlupfwinkeln, in die er sich ver-
krochen hat, herausholt); Gottlieb Zürn, Germany, ein leidenschaftlicher Verundeutlicher, der an allem, was er ver-
undeutlicht, keinen Zweifel läßt, und Wendelin Krall, der
leidenschaftlich darauf besteht, ein rückhaltloser La Mett-
rist, also ein Verdeutlicher zu sein; Beate J., Chapel Hill,
auf der Suche nach einer Rolle, die weniger anstrengend
ist als ihre bisherigen Rollen, und Juliette, die sich zutraut,
sie selbst zu sein. Dazu noch zwei Madelons: die unnach-
giebige Freudforscherin und die vor der ganzen Welt, außer vor Beate verheimlichte Geliebte des großen Erfinders
Brian Dewey. Beate muß Madelon noch melden, daß sie
inzwischen nicht mehr Juliette, sondern Thémire heißen
möchte (siehe die Schriften *Volupté* und *Épicure*). Am
liebsten würde Beate nur noch über einen einzigen Satz
ihres Patrons schreiben: *Ich habe die Stärke gehabt zu vergessen, was ich aus Schwäche gelernt hatte* (*Épicure*, S. 64).
Madelon eröffnete sie, nicht als Krieg, sondern als Spiel,
daß in diesem Satz ein Anti-Freud-Programm glühe. Hätte dieser Satz von 1750 bis 1900 Folgen gehabt in Europa,

hätte sich Freud, den sie, belehrtbekehrt von Madelon Pierpoint, jetzt auch einen großen wien-viktorianischen Romancier nannte, hätte der sich, entspannt für immer, selber auf seine Berggassen-Couch legen können.

When she left Dr. Douglas' office last time, she felt like a jerk. She had rambled, talked in circles. It becomes apparent that their relationship caters exclusively to her need for confidence, reassurance, emotional stability, and yet, at the same time, distance, the freedom to keep her private space all to herself. She's courting fathers and, at the same time, she withholds herself. She misses HIM.

Wenn sie dann mit angetrunkenem Mut wieder einen Brief in den Kasten geschubst hat, so geschubst, als müsse dieser Schubs den Brief über den Ozean befördern, fing der Brief an zu schreien. Das war eine Erfahrung, Jesus! Und der vorletzte Brief, der eigentlich schon längst drüben sein müßte, schreit auch noch einmal mit. Wir genieren uns, schreien die Briefe. Soviel gibt man nicht zu, schreien sie. Nimm uns zurück. *Briefe zur Gründung von Unwirklichkeit*, hatte er geschrieben. Andererseits hatte sie beim letzten Telephongespräch zum ersten Mal auch ein DU platziert. Alles ist möglich. Auch das Unmögliche. Vor allem das. Hoffte sie. Ihr satzlos hingesagtes, also ziemlich blankes DU, das sich nicht, wie sein erstes, als Versprecher tarnte, ihr DU war eine Uraufführung. Dem entsprechend ihre first night nerves. Ist das DU-Schreiben doch einfacher als das DU-Sagen? Hochgerechnet hieße das: Schriftlich wächst du leichter über dich hinaus als mündlich. Danach empfand sie einen aus allen Partien ihres Körpers gespeisten Widerwillen gegen Äußerung. Keine Lust mehr, sich mitzuteilen. Er war, weil er sich zierte und genierte und ministrantenhaft aufführte, er war schuld, daß sie sich entblößt vorkam. Der kriegte keinen Traum mehr von ihr. Nicht den Fetzen eines Traums. Zu seiner Aufführung paßte, daß er sie immerzu als Verheiratete adressierte. Mrs. Gutbrod! Her mother's dreams come true. Hier ist man, unberingt, Ms.! Topic closed.

Ihr Widerwille gegen Äußerung war zwar durch ihn gespeist, aber auch durch die Vorstellung, daß alles, was sie über La Mettrie schrieb, nicht nur Glen O. Rosenne gefallen mußte, sondern auch Patricia Best. Beate ahnt, nein, sie weiß: So, wie sie das erzählen will, will es Patricia Best nicht wissen. *Les grandes pensées viennent du cœur.* Vauvenargue. Solche Zitate schleppt sie an, damit Patricia Best der Wissenschaft Gefühl erlaube. Aber da zündet die Kettenraucherin mit ihrem Zigarettenrest die nächste an und kneift die Augen zusammen, als schmerze sie Beates Anblick. Beate kann Patricia Best, wenn die von einer Sekunde auf die andere plötzlich ganz kühl wird, nicht gestehen, daß sie Denken ohne imagination nicht mag.

Weiß er, daß er eine Stimme hat, die nur mit dem Adjektiv warm zu bezeichnen ist? Sie hofft, er wisse das nicht. Sie wünscht, sie könnte sich genau so zusammennehmen wie er. In den Stimmungen, in die sie (wie sie glaubt) durch ihn gerät, ist sie sich selbst nicht sympathisch. Erst wenn sie mit ihm telephoniert hat und er ihr augenblicksweise hörbar-spürbar verfällt und sich dann umständlich wieder zurückruft in seine feineren Wälle, den Schmerz aber, den das bereitet, nicht verbirgt, sondern geradezu angeberisch gesteht, erst dann kann sie sich wieder erträglich werden. Wer am Telephon nicht unzurechnungsfähig wird, der kommt nicht in Frage. Zum Glück stolpertstammelt er am Telephon regelmäßig in eine nicht mehr gewollt wirkende Unzurechnungsfähigkeit. Schreibend ruft er sich zurück. Selbst da signalisiert er zwar, daß er sich lieber nicht zurückriefe, aber er müsse sich doch usw. Feiger Hund, der er ist. Zum Glück. Zu beider Glück. Wäre er nicht so feige, würde sie sich des öfteren ganz verlieren. Gestehen darf sie doch wohl, daß sie ihn immer im Cordhemd sieht. So, als habe er nur ein einziges Hemd. Dabei wäre es ihr am liebsten, er trüge das seit jenem Juninachmittag nicht mehr, weil er es nur tragen wollen sollte, wenn sie komme. Oder er komme. Oder beide! Das Hemd wurde in ihrer Erinnerung immer blauer, immer heller, also immer hellblauer. Aber seine Hände? Die waren weg. Er hat doch seine ganze Zögerlichkeit mit den Händen demonstriert. Und die sieht sie nicht mehr. Merde! Durfte sie es komisch finden, daß sie einem, der ihr sechs Stunden voraus war, der den Augenblick, in dem sie jetzt lebte, schon seit sechs Stunden hinter sich hatte, daß sie so einem augenblicksweise nahe zu sein glaubte? Das hieß: alles imagination, sonst nichts. Wirklich nichts.

Sollte sie ihm das Photo schicken, das sie mit ihrem Doktorvater zeigt? Er drückt ihr die Hand, nachdem sie ihm zu seinem Sechzigsten den Olms Reprint der *Œuvres Philosophiques* von 1774 geschenkt hat. Sie wird es ihm schicken. Dann sieht er einmal Mister Lizard in Aktion. Der drückt ihr nämlich die Hand mit einer Geste, als hole er zu einem Handkuß aus. Entsprechend lasch ist sein Händedruck. Und neben dem lippenlosen Abteilungssouverain ist zu besichtigen seine hübsche, geradezu schöne, vor allem aber fast dralle Blondine Sue-Ann, der die Haare über die nackten Schultern bis zu den fast nackten Brüsten wallen. Also seine Studentin war die nie. Ja, das soll ihr German Other ruhig sehen, wie seine Beate in Gegenwart einer Gattin zur belächelten Maus wird, obwohl sie doch gerade die *Œuvres Philosophiques* von 1774 abliefert. Aber was nach der Geburtstagsfeier passierte, muß sie verschweigen. Vorerst. Das geht nur mündlich. Zuerst die große Feier, vor lauter Weihrauchwolken kein Gefeierter mehr wahrnehmbar, gegen fünf kam sie, benebelt, heim, um sieben tritt, wie verabredet, Rick Hardy auf. Hat im letzten Jahr mehr als einmal den Heiratsantrag angedeutet. Von ihr heiter abgewehrt. Von seiner Frau Elaine betrogen, dann verlassen. Wer, bitte, will schon Ersatz sein. Sie: Freundschaft, ja, Weitergehendes, nein. Begründung (um ihn nicht zu verletzen): Sie könne ihre mühsam erkämpfte Position in der Abteilung nicht durch eine solche Beziehung gefährden. Schließlich ist er für ihre finanzielle Unterstützung mitverantwortlich. Er hat darauf immer nobel reagiert. Sehr südstaatlerisch. Sie machte also Drinks, es war noch zu früh fürs Kino, für das sie verabredet waren. Life goes to the movies. Plötzlich wurde sie geküßt. Sie wehrte ab, er drückte sie auf den Boden und sagte, er sei much more powerful als sie. Sie bat ihn, sie loszulassen. Er ließ ihre Hände los, sie wollte sich aufrichten, da umfaßte er ihren Hals und drückte zu, sie schrie auf. Diesen Griff spürt sie noch immer. Sein berühmter Händedruck. Den jetzt am Hals. Auf jeden Versuch, von ihm loszukommen, reagierte er mit mehr Druck. Sie redete und redete. Um nicht zu heulen. She could talk him out of it. He left. Sie hatte noch nie eine solche Besessenheit erlebt. Er hatte sie ja nicht vergewaltigt. Er sprach, bevor er ging, von date rape. Das sei hier etwas ganz Alltägliches. Und produzierte seine Lachtöne durch die Nase. Und: Er sollte sie eigentlich umbringen for being such a bitch. Wieder seine Lachtöne. Nichts Irritierenderes als dieses tonlose Gelache. Erzählen konnte sie das niemandem. In der Abteilung schon gar nicht. Aussage gegen Aussage. Kein Beweis. Sie würde sich selber unabsehbar schaden. Sie hat Drinks gemacht. Sich verabredet, mit ihm auszugehen. Sie kannten sich seit drei Jahren. Sie hatte nicht geahnt, wie er Frauen haßte, die ihm nicht zu Willen sind. Sollte sie jetzt glücklich sein, daß sie so davongekommen ist? Der Griff um den Hals. Die Ohnmacht. Die Angst. Aber gesiegt. Was für ein Sieg!

Selbst der kleinste Brief, den sie aus dem Postfach angelte, cheered her up or on. Morgens, wenn sie ihr Lehrerinnengesicht präparierte, legte sie Diana Ross mit den *Supremes* auf. Warum hatte sie beim letzten Telephonat dieses Gefühl, in ein Vakuum hineinzusprechen? Sie ließ alles, was dort auf der Terrasse abgelaufen war, noch einmal ablaufen, durchsuchte es nach Beweisen und Gegenbeweisen. War überhaupt etwas? Oder war überhaupt alles nichts? Sein Türöffnen, Tarte Tatin, sein Cordhemd, hellblau, ihr allzu mädchenhaft geblümtes Kleid, die pünktlichen, nur zu zweit möglichen Schwäne, die souverän gütige Frau in dunkelst blauer Bluse und ebenso dunklen Hosen, die allerdings mit strichhaft dünnen weißen Streifen auf den Seiten, seine letzten Endes gekonnt wirkende Verlegenheit, diese trickreiche Verabschiedung am schrill kreischenden Tor, sein an ihr Auf- und Abblicken, dieser sicher nicht zum ersten Mal diensttuende Schmerz im Gesicht, ihr seinem Blick Nicht-Standhalten ... Diana Ross war inzwischen bei *You keep me hanging on. Set me free, why don't you, babe.*

75

Dann hatte sie endlich etwas zu melden, das dem von Routine bedrohten Hin und Her zu neuem Schein verhelfen konnte. Der Professor beruft einen La Mettrie-Kongreß ein. Und weil er so gute Beziehungen hat zu Berkeley und weil die noch etwas zu seinem Sechzigsten tun wollen, soll der Kongreß dort stattfinden. Thémire Beate J. Gutbrod wurde sogar die Liste der Einzuladenden vorgelegt, daß sie sie mit europäischen Namen füttere. Hat sie getan. Für März nächsten Jahres sollen sich bereithalten Timo Kaitaro, Helsinki, Mariana Saad, Paris, Eckhard Höfner, Frankfurt/Oder, Ursula Pia Jauch, Zürich, und Wendelin Krall, falls er will. Der Professor: Dann muß er aber etwas Neues bringen, die zwei Altessays tun's nicht. Die Diensttuende, unterwürfig: Klar. Und dazu dann hochstaplerisch: Das wird er, er hat nicht aufgehört, La Mettrie ist, wie sie bei ihrem Kurzbesuch bemerkt hat, immer noch ein Tag- und Nachtthema. Der Professor: Und Bernd A. Laska und Sandra Pott? Der Professor mußte immer beweisen, daß er der Belesenste war. Sie würde also weiterwühlen. Daß sie Bernd A. Laska, falls er erreichbar war, nicht selber auf die Liste gesetzt hatte, nahm sie sich übel. Und wenn jetzt dieser Wendelin Krall auch noch schnöde ablehnend reagierte, dann stand sie da, vorlaut, unsolide, uneffektiv, blamiert. Mr. Rosenne konnte auf vernichtende Art freundlich sein. Und Patricia Best war im Abteilungsalltag nur halb so präsent wie Rosenne. Patricia Best fährt jeden zweiten Tag nach York hinunter, Leo versorgen, Gebrauchsgrafiker, dreimal operiert, Grafik geht nicht mehr, legt jetzt eine musikologische Bibliothek an am Computer und webt am Webstuhl Teppiche, alte indianische Muster, die er vor dem Verschwinden retten will; ein Lungenemphysem hat er auch; bei ihm raucht sie nicht; wenn sie melden kann, daß Leo die Gehhilfe schrittweise entbehren kann, umarmt sie Beate so heftig, wie es ihr Busen zuläßt.

Seit dieser Märztermin aufgetaucht ist, fühlt sie, wie sie zunimmt, überhaupt nicht an Gewicht, sondern an Kraft, Bestimmtheit, Zukunft, ja, sie spürt, wie sie förmlich hineinragt in die Zukunft. Noch nie hat sie so deutlich gespürt, daß ihr doch etwas bevorsteht. Bisher hat sie alle Zeitbenennungen zu vermeiden versucht. Ins Vage hineingehofft auf ein unfaßbares Irgendwann. Und jetzt, konkret: März. Sie wird dem Kalender die Tage und Wochen abluchsen. Gottlieb und sie werden einen Brief- und Telephonwinter veranstalten, der durch seine genaue Berichtetheit und Bemessenheit zum spannendschönsten Vorspiel der Welt werden wird.

Sie eilte den Möglichkeiten voraus. Sie konnte sich (wieder einmal) nicht vernünftig fassen. Jetzt schrieb sie's zuerst einmal nach Germany. Deutete eine Art Erwartungsvibrato an. Schön wär's ja. Nicht wahr! Aber wenn's nicht geht, bitte. Sie überlebt's. Wenn auch ungern.

Und täglich pfuschte ihr die Angst vor der nächsten Begegnung mit Rick Hardy in ihre Vormärzstimmung. Dabei spürte sie, daß der Mensch in Deutschland ihr jetzt als Stärke diente. So oft sie sich gegen Hardyerscheinungen behaupten mußte, spürte sie, daß sie in jeder Sekunde hinüberdenken konnte, auf die Terrasse, zum hellsten Blau der Welt. Sie konnte sich sogar hinsetzen, den Rick-Vorfall aufschreiben, das Aufgeschriebene Glen O. Rosenne überreichen, ihn bitten zu entscheiden, wie zu verfahren sei. Für sie sei durch das Aufschreiben und Überreichen des Aufgeschriebenen das getan, was sie habe tun müssen. Von ihr aus müsse weiter nichts geschehen. Aber das zu entscheiden, sei sie nicht fähig. Deshalb komme sie zu ihm. Dr. Douglas hatte sie noch nicht sagen können, was passiert war. Sie würde es ihm sagen, klar. Aber wie? Sie wollte die Bewertbarkeit des Gesagten bestimmen, vorherbestimmen.

Der neueste Traum: Unterwegs zu Wendelin Krall. Zuerst auf einem Boot, dann über eine Brücke, mit ihr Magda und Julia, sie gehen zu einer, auf (?) eine (verflucht seien die deutschen Präpositionen) Party. Auf der Brücke blieb sie stehen. Sie wollte hinunterschauen ins Wasser. War froh, daß Magda und Julia ohne sie weitergingen. Sie hatte beide, von denen sie nicht viel mehr als die Vornamen wußte, von Anfang an als Konkurrentinnen, ja, als Gegnerinnen empfunden. Natürlich die artemishafte Julia mehr als die sophrosynische Magda. Julia wollte von ihr (im Traum) bewundert werden, sie aber weigerte sich. Im Wasser schwammen viele gewaltige Holzstämme. Ein mächtiger Stamm stieß so gegen ein Boot, daß es kenterte. Das Ufer war ein einziges Baugelände. Dann Wald. Sie mußte weiter. Sie wußte nicht mehr, wo Wendelin Krall war. Die Douglas-geschulte Deuterin wurde von Deutungen heimgesucht: Angst, auch im Traum, nicht kreativ genug zu sein. Die Holzstämme erinnern an Bleistifte/pen(cils). Wissend, daß die Kreativität männlicher Autoren, ihr Griff zum pen als phallische Geste gilt ... Ach nein. Sie ist es müde, Bedeutungen zu träumen. Wehe ihr, wenn Dr. Douglas das entdeckte. Is she weird?

Glen O. Rosenne, im Büro der Abteilung, also in Janes Gegenwart, daß er den Bericht über Rick Hardy noch

78

nicht an den Sexual Harassment Officer weitergeleitet habe. Mehr sagte er nicht. Würde sie ihn um das Weiterleiten bitten, würde er weiterleiten. Also hing es doch von ihr ab. Und Jane wußte offenbar Bescheid. Sie nickte nicht, schüttelte auch nicht den Kopf. Sie hob ein wenig die Schultern und tippte weiter.

Tatsächlich konnte Beate an nichts anderes mehr denken als an die ausbleibende Antwort aus Deutschland. Weder Brief noch Telephon. Das konnte nur heißen, daß Herr Zürn-Krall durch die Aussicht, in sechs Monaten das hochfliegende Hin und Her einer Wirklichkeit aussetzen zu müssen, verstört worden war. Er hatte wahrscheinlich mit nichts gerechnet beziehungsweise mit nichts als Wolken und Kulissenschieberei. *Briefe zur Gründung von Unwirklichkeit.* Und das in alle Ewigkeit! Sie hatte ja auch nicht anders gedacht oder empfunden, auch wenn sie die Ziellosigkeit, die sie sich verordnete, nicht so gewählt ausdrückte wie ihr Briefstilist jenseits des Wassers. Und jetzt dieser Knaller! März. Entweder oder! Oh boy, c'mon.

Die Angst, ihn zum Nochwenigersagen zu treiben, war federführend gewesen. Der Vortrag natürlich auf Englisch. Da dürfte sie sich endlich für unentbehrlich halten. Und Mitte März, kalifornischer Frühling! Was that not tempting? Und 500 Dollar, Sir.

Dann machte er es ihr so schwer wie möglich. Er stellte ihr eine Aufgabe, eine richtige Hausaufgabe, eine Gleichung mit zwei Unbekannten: Er und Sie. Und sie sollte sie lösen. Nur wenn sie die Gleichung lösen könne, könne er kommen. Also, führte er wahrhaft aus, nehmen wir einmal an, zwischen ihnen sei etwas entstanden, wofür es ehrwürdige, aber auch weniger ehrwürdige Namen gibt. Ihm ist, gibt er zu, egal, welche Bezeichnung er einheimst. Jeder Zeuge – bis jetzt haben sie noch keine – (von Madelon hatte sie ihm noch nichts geschrieben), jeder Zeuge würde Thémire und Sylvandre (wenn er sich auch mal kostümiere) beurteilen, wie es ihm beliebt, wie er es (für sich) braucht. Was er, Sylvandre – er gibt zu, daß ihm dieser Rollenname jetzt sehr gelegen kommt –, was er aber selber wissen muß, ist: Egal, wie man, was zwischen ihnen ist, nennen muß, warum ist es entstanden! Noch genauer – er kann das ihr und sich selber nicht ersparen –: Er weiß nicht, warum sie ihn mag. Sie hat zwar Sympathie, Zugetansein, ja Verliebtsein, vielleicht sogar gelegentlich heftiges, sie hat es gestanden, hat es durch Verbergen gesteigert, hat es durch sommernachtstraumhafte Regieeinfälle immer reizender werden lassen, aber nicht ein einziges Mal hat sie sich gefragt, WARUM. Nun kann man natürlich auch antworten, ohne daß gefragt worden sein muß. Er aber muß fragen: Warum. Er begreift nämlich nicht, warum. Er ist nicht *gewinnend,* nicht *gut aussehend*, nicht *reich*, nicht einmal *geistreich*. Er ist furchtbar normal. Erschütternd durchschnittlich. Dank der Plastizität, also Anpassungs-, also Entwicklungsfähigkeit seiner Frau hat er es sich leisten können beziehungsweise einfach geleistet, seine Mitwirkung im Immobiliengeschäft aufs Schriftliche einzuschränken. Er ist ein Lyriker, der schweigt. Als Denker Amateur. Selbst unter hiesigen Immobilienhändlern gibt es zwei (Schatz und Kaltammer heißen sie), die sie, das Mädchen aus North Carolina, viel anziehender finden müßte als ihn. Gut, die kennt sie nicht. Er nennt seine beiden ihm in jeder gesellschaftlichen, überhaupt in jeder irdischen Schätzbarkeit überlegenen Konkurrenten, um sich selber für sie, das Mädchen aus dem Westen, richtig einzustufen. Er ist der lehrbuchreife Mittelstand in Gewicht, Geld, Ansichten, Aussichten. In ihm, an ihm ist nichts Mitreißendes, und Spektakuläres schon gar nicht. Und er klassifiziert sich so im Vergleich zu seinen beiden Konkurrenten – wohlgemerkt, er hat, Anna sei Dank, aus dieser ihn andauernd verstörenden Konkurrenz aussteigen können – nicht etwa, um von ihr oder von irgend jemandem sonst das Gegenteil zu hören. Er – das immerhin hat seine auf sich selbst, also auf wenig bis nichts gestellte Existenz erbracht – er ist versöhnt, überhaupt versöhnt, aber auch versöhnt mit sich selbst. Er gibt zu, das ist die erste Aussage in dieser Selbstpreisgabe, die nicht ganz und gar wahr ist. Und alles, was nicht ganz und gar wahr ist, ist komplett erlogen. Es gibt keine Halbwahrheit. Aber erlogen, das heißt nicht, daß etwas vorwerfbar sei. Erlogen, das heißt nur, daß es sich um Nochnichtverwirklichtes handelt. Man muß, was man noch nicht schafft und ist, zu erlügen versuchen (im Sinn von erreichen, erfühlen usw.) Also, was er alles nicht ist! Nicht einmal ein Blender ist er. Ihm fehlt die überall verlangte, erwartete und akzeptierte Hochstaplerbegabung fast ganz. Soll sie doch, bitte, einmal, flüchtigst, von seinen beiden Konkurrenten, ehemaligen Konkurrenten Kenntnis nehmen. Da ist zuallererst Jarl F. Kaltammer, der, ganz früh, seinen Namen dressiert hat zur Produktion von Kennedy-Initialen. Dann radikal links, Anführer bei Häuserbesetzungen, Verfasser des Aufrufs, den Immobilienhandel als *obsolet* und *politisch unsittlich* abzuschaffen, inzwischen läßt er sich in Privatflugzeugen zu seinen Objekten fliegen, ist ausschließlich Schlössermakler, erscheint vor dem Notar entweder in flaschengrünen oder in bordeauxroten Seidenanzügen, seine Firma residiert auf Little Cayman, zahlt also dem deutschen Staat keine Steuern, aber nicht aus Geiz, sondern aus Verachtung, er ist Anarchist, und als Staatsverächter gilt er als Intellektueller. Auf dem Kopf hat dieser Kaltammer eine platinhelle Haartracht, die man, solange man nicht versucht hat, sie herunterzureißen, für naturwüchsig halten muß. Zweitens, das prachtvoll heimisch-demokratische Gegenstück und Supermannsbild Paul Schatz, die Beliebtheit schlechthin. Also, jetzt das Geständnis aller Geständnisse, dessen außer ihr noch kein Mensch teilhaftig werden durfte: Gottlieb mußte den Handel quittieren, weil es diesen Paul Schatz gibt. Irgendwann einmal, es war an einem Abend im Juni, das ist hier der eigentliche Lebensmonat, da mußte er sich Paul Schatz mit stehendem Geschlechtsteil vorstellen. Von diesem Abend an konnte er sich gegen diese Vorstellung nicht mehr wehren. Wenn er auch nur an Paul Schatz dachte oder wenn dessen Namen erwähnt wurde, und das war sozusagen andauernd der Fall, sah er den verhältnismäßig kleinen Paul Schatz hinter seinem hochstehenden Geschlechtsteil stehen. Er fing an, sich zu wehren, stellte sich Paul Schatz als Bankbeamten hinter dem Schalter vor, auf dem Tennisplatz, im Konzert, in Situationen, die ein stehendes Geschlechtsteil einfach unwahrscheinlich machten, es nützte nichts. Also gut, wenn er sich Paul Schatz nur noch so denken konnte, so würde er sich eben daran gewöhnen, sich Paul Schatz so zu denken. Was soll's. Soll der eben mit ewig stehendem Geschlechtsteil herumlaufen. Das mußte Paul Schatz mehr stören als ihn. Aber zu einer wirklichen Entspannung führten solche Übungen nicht. Es blieb quälend, sich Paul Schatz so vorstellen zu müssen.

Brennen sich ihm nur Vorstellungen ein, die ihn quälen? Neigt er zu ihn Quälendem? Auf jeden Fall konnte er froh sein, daß Anna den Handel übernahm. Bei Rousseau und La Mettrie fühlte er sich fast geschützt vor Schatz- und Kaltammer-Heimsuchungen. Ihr, dem Mädchen aus North Carolina, gestehe er, was er sonst in sich hineinschließe: den Nachhall des Lärms verlorener Schlachten. Er ist geflohen. Nicht weit genug. Er würde jetzt gern weiterfliehen. Aus allen diesen Gefangenschaften. Er hat sich ihr gegenüber sofort zu wenig beherrschen können. So wenig, daß er selber erschrak. Das ist ihm keine dreimal passiert in seinem Leben. Zweimal vielleicht. Aber dreimal nicht. Jetzt fragt er aber sie. Jetzt wendet er sich an sie. In was ist er (bei ihr) hineingeraten? War sie in einer Lage, daß er auf sie anders wirkte, als er war. Einem Ertrinkenden – um es krass zu illustrieren – kommt ein mittelmäßiger Schwimmer, der ihn zu retten versucht, stärker vor, als er ist. Er, Sylvandre-Gottlieb-Wendelin, muß ihr vor ihre begabten Augen gekommen sein in einem Augenblick, in dem sie gerade von einer übermäßigen Verklärungskraft durchströmt war. Wie im Märchen. Den Nächsten, dem du begegnest, wirst du vergolden! Und das ist nun zufällig er gewesen. Zufälliger kann nichts sein. Andererseits gehört es zu seinen Unverbrüchlichkeiten: Zufälle gibt es nicht. Also muß weiter nachgeforscht werden: WARUM. Deshalb muß er im März nach Amerika reisen. Bis dahin aber Tag und Nacht forschen, um seine Thémire und sich zu durchschauen. Das tut er um so lieber, als seine Thémireforschung bis jetzt nur Schönes und Schönstes zutage gefördert hat. Und daß sie den Namen der Frau aus La Mettries Lust-Buch mit sich besetzt hat, hat ihn vorwärts-, also

mitgerissen. Sylvandre! Er, Sylvandre! Nur um ihr zu entsprechen. Er hat keine andere Wahl. Er muß ihr entsprechen. Oder sterben. Das aber gern. So ganz und gar schlicht
ist ihm zumute. Daß er sich im Augenblick, in diesem Augenblick, fühlt wie der ausgestattetste Liebhaber aller Zeiten, erwähnt er nur nebenbei. Sie hat ihm mehr als den
Kopf verdreht. Sie hat ihn um seinen Verstand gebracht.
Also wird er abstürzen. Ikarushaft. Er hat die Jahrgänge
vergessen. Ihren und seinen. Verdrängt? Ach nein, nicht
Freud! Die fürchterliche Bedingung bleibt allgegenwärtig.
Sylvandre! Es ist schlicht lächerlich. Aber was spricht da-
gegen, lächerlich zu sein? Liebe Thémire! Sie soll ihn, bitte,
lächerlich sein lassen. Erst wenn sie ihn als ganz und gar
Lächerlichen erträgt, haben sie und er (vielleicht) eine
Chance. Vielleicht nicht. Aber er kann seinen Empfindungen nicht beibringen, sich nach Chancen oder Nichtchan-
cen zu richten. Wie schreibt doch der Patron im *Lust-Buch*:
*Welch ein bezaubernder Kampf tobte da zwischen den
Kräften der Tugend, der Schicklichkeit und der Liebe.* Dem
März entgegenlebend, grüßt seine Thémire deren Sylvandre. PS 1: Aber es bleibt ihr aufgebürdet: Warum glaubt sie,
ihn brauchen zu können. PS 2: Es ist dieses ganz und gar
konkrete Datum, das ihn so geschmissen hat. Aber er bleibt
nicht liegen. Er fliegt. Hoch. Und zu ihr.

Jetzt erlebte sie, daß es nicht darauf ankommt, mit welchem Innen- oder Außenmaterial jemand seine Liebe erklärt; es kommt nur auf den erlebbaren Heftigkeitsgrad
an. Und den erlebte sie jetzt. Die Verklausuliertheit, in der
er sich verstrickte, war doch eine einzige Kapitulation: Er
ergab sich ihr. Diese Fragerei nach dem WARUM war
nichts als ein Wortkostüm, mit dem er auftrat, um sie her-

auszufordern. Sie sollte ihn übertreffen. Sie sollte noch lauter als er sagen, daß sie hin sei und wie hin sie sei. Das einzig Lernbare in diesem Verklausulierungsdickicht: Er war bedürftig. Er war unterernährt. Was ihm fehlte, war weniger wichtig, als daß ihm etwas fehlte. Aber er hielt es für möglich, daß sie ihm fehle. Und das war's dann doch. Sie fehlte ihm genau so wie er ihr. Und die Gründe in ihren beiden Lebensläufen lassen wir erst mal außen vor. Sie wollte jetzt zuerst einmal schwelgen. Gebraucht zu werden ist doch das Höchsteliebstebeste. Lieber Gottlieb-Wendelin-Sylvandre! Und zur neuen Dringlichkeit paßte sein nächster Vorschlag, der eintraf, bevor sie auf seine WARUM-Epistel reagieren konnte. Sein Vorschlag, daß sie, statt einander Briefe zu schreiben, einander nur noch ihre Träume mitteilen sollten. Das klang zuerst einmal einladend, befreiend, anheimelnd, verführerisch. Vor allem die Begründung: Um unsere Träume zu retten! Dann aber der Hammer: Die Träume – und damit waren natürlich nur ihre gemeint – nicht übersetzen. *Übersetzen* nannte der deutsche Keuschkopf und Geheimrat die vorsichtige Herüberführung eines hochverletzlichen Trauminhalts ins mildeste biographische Tageslicht. Das kam ihr gerade recht. Sie servierte ihm sofort den Traum der letzten Nacht. Die Douglas-mäßigen free associations konnte sie sich diesmal (oder für immer) ersparen. Also: Sie war auf einem Bahnhof, Typ Central Station N.Y., sie verabschiedete sich zärtlich von einem Mann, stieg ein, ihr folgte ein anderer Mann, der die Verabschiedung beobachtet hatte, er trug ihre zwei grellroten Taschen hinter ihr in den Zug, er war der Typ Priester, er sei, sagt er, nur für das Gepäck in den Zug gestiegen, er muß den Zug wieder verlassen, aber dann küßt er sie, sie küßt ihn, er sagt, er werde mitfahren, sie erschrickt, darauf er: Wenigstens ein paar Stationen. Dazu teilt die Traumlieferantin mit: Die Abwehr einer an Freud geschulten Traumauslegung empfinde sie als eine Ablehnung ihrer wissenschaftlichen Arbeit überhaupt. Sie soll pur daherkommen, ja! In ihr rege sich eine ursprüngliche Wut. Auf den Priester. Aus Deutschland. Sie hatte nämlich gedacht, sie, sie beide, könnten das Persönliche und das Berufliche auseinanderhalten. Andererseits würde sie gern, gesteht sie, für ihr Berufliches (La Mettrie in Deutschland) von ihm persönlich Energien empfangen. Schon wieder *empfangen*. Demnächst wird sie, um sich La Mettrie unverstellt widmen (hingeben!) zu können, ihren Eisprungtag mitteilen. Und: ob diesmal links oder rechts. Aber daß sie (er und sie) ihr Laienspiel auch als Traumspiel betreiben können (eine Zeit lang!), glaubt sie schon. Hat doch der Körperpatron Julien sie wissen lassen, *daß die Träume die treuen Überbringer der Ideen vom Tage* seien. Nun kauen Sie mal! Ohne Freud-Zähne!

Bei der Graduate-Party kamen auch die Telephonkosten dran. Die Neulinge wollten die hiesigen Billigtarife wissen. Von Deutschland aus 10 Minuten 30 Euro. Sie erschrak. Soviel Geld für eine Frau, die er noch gar nicht kennt. Sie wird, sollte er je neben ihr liegen, nie einschlafen. Sie muß Augenblicke sammeln. Für immer. Sie hat gestern *Alles Eins* wieder gelesen. Das hat keiner so ansprechend, einnehmend gesagt wie er: Worin La Mettrie nicht übertroffen werden kann. In der Instinktsicherheit. Nicht mehr zu sagen, als man erfahren kann. Etwas, was man nicht, noch nicht wissen kann, nicht mit Wörtern zuschmieren, die so tun, als wisse man das, was man nicht, noch nicht wissen kann. Beleg und Beweis: Leibniz. Über den sagt der Patron: *Er hat die Materie spiritualisiert, statt die Seele zu materialisieren.* Aber Gottlieb W. hat es erlebt und berichtet, wie Bewegung und Empfindung einander hervorbringen. Sie liest und liest. Ist hochbewegt. Also empfindlich. Sie hört die Grillen und macht eine Erfahrung und weiß, daß diese Erfahrung niemanden interessiert. Zur Zikadenmusik möchte sie jetzt ihn anrufen, nur um auch noch das Überseerauschen zu hören, zum Zikadenschwall. Sie weiß, daß alles, was sie jetzt denkt und tut, nichts ist als die Feier seiner Nichtanwesenheit.

Der Sexual Harassment Officer rief an. Rick Hardy hat alles als joke erklärt. Sollte, was er als Witz und Parodie und Unterhaltungsbeitrag gedacht hat, falsch verstanden, also für ernst gemeint gehalten worden sein, tut ihm das awfully leid. Er ist bereit, für die Stiftung eines solchen Mißverständnisses jede Buße zu tun, die die Mißverstehende billigerweise von ihm fordern könne. Sie rief den Officer an und sagte, sie ziehe ihr Schreiben zurück, da sie sich für eine Auseinandersetzung nicht stark genug fühle. Das kam ihr diplomatisch vor.

Von Dr. Douglas geträumt. Sie fühlte seinen muskulösen Nacken. Seine Wohnung, ein Antiquitätengeschäft. Die Umarmung, leidenschaftlich. Er führte sie zur Couch. Weiterhin leidenschaftlicher Verlauf. Er, tätowiert, amputiert, Stumpf hier, Stumpf da, Vietnam-Veteran. Sie hat einfach keinen Bock, die counter transference-Bildchen in Deutschlands Süden zu mailen. Aber daß sie sich im Traum bewies, sie könne Ekelerregendes deftig lieben – was beweist das dem German Other? Viel! Alles nur

Kastrationskomplex, wa! Nicht: Penis weg! Sondern: Phallus runter! Welch eine Sklaverei. Unter Wörtern gehen wie unterm Joch. Jede Bewegung schmerzt, weil die Vokabularketten scheuern. Da soll jemand zu sich kommen! Und wo kommt er hin? Zu Vokabeln! Das, was man außen trägt, kann dadurch, daß man's wählt, zusammenstellt und dann trägt, zu etwas erträglich Eigenem werden. Aber wieviel Fremdwörter kann man sich einverleiben (!), ohne sich innen fremd zu werden?

Sie will undankbar sein. Das importierte Innen-Dress verbindet sich nicht mit ihr selbst. Seelische Immunreaktion. Es wird ihr abverlangt, sich zu unterwerfen, das ist der Preis für Schutz und Halt, nur um diesen Preis können die Herren väterlich werden und wirken. Seit die von Glen O. angeregte Panik in ihr so grassiert, daß sie jede Nacht auflodern und schlafvernichtend weiterlodern kann bis in den Morgen, sucht sie im Gedankengespräch mit ihrem German Other Schutz, Zuflucht, Bleibe. Das sollte sie nicht. Und wenn sie's tut, sollte sie's ihm nicht auch noch hinreiben. Ihm zu gestehen, wie schwer es ihr fällt, ihm etwas nicht zu gestehen! Neben ihrem Bett steht, gerahmt hinter Glas, das Photo von ihrer Graduation. Vassar College. Siebzig Meilen nördlich von N. Y. Sie zwischen den Fakultätsroben und den B.A.'s. Sie direkt neben der Vassarpräsidentin Virginia B. Smith. Tröstlich dick. Der Zigarettenreklamespruch *Virginia slims* war immer präsent. 650 B.A.'s. Sie, die einzige Magisterin. In schwarzer Robe. Unterm Magisterhut mit schwarzer Quaste. Nach der Zeremonie bemerkte sie, an sich hinunterschauend, daß sie links einen dunkelblauen Schuh anhatte und rechts einen schwarzen. Eigentlich ist das so geblieben. Panik vor der nächsten Hürde. Springreiterei forever. Dieses Murksen und Placken in der ersehnten sommerlichen Einsamkeit. Neid auf die Verreisten. Auf dem Balkon, das Blumenmeer als Ersatz. Madelon redet (beim Essen, im Restaurant) ununterbrochen und laut. Der totale southern drawl, alle schauen her, ihr egal. Sushi samplers und California rolls nimmt sie nicht wahr. Zuletzt ging's gegen Freud, weil er den Frauen weniger Über-Ich zugesteht als den Männern. Thémire dachte natürlich sofort daran, daß ihr German Other sie des öfteren gern älter hätte. Warum, fragt sich Thémire. Schreibt sie ihm zu unreifgirliehaft und unintellektuell, oder was?! Warum soll sie älter sein? Nur daß sie älter wäre? Ja?! Näher dran an ihm? Oder geht's doch um ihre Unentwickeltheit überhaupt? Oder Freudisch: Ihre Unentwickelbarkeit überhaupt. Denn: Wieso soll sich eine überhaupt entwickeln ohne ein sie andauernd hochpeitschendes Über-Ich?! Nicht wahr!

98° F. 70 % Feuchtigkeit. Der Ventilator rauscht. Sie wird sich jetzt doch noch in die Sonne legen. Gestern auch schon. Ja-aa! Die allzu bleiche Haut ist getönt. Bronze. Die Haare heller. Honigblond, sagte einmal Glen O., aber er ist, wie alle wissen, farbenblind. Allwissend, aber farbenblind. Und vernichtend freundlich. Dabei bleibt sie. Panic-stricken. Sie nennt ihre Haarfarbe puddle blond. So sind hier Pfützen nach jähem Regen, alles, was zwischen braun und beigegrün möglich ist. Morgen, Termin bei Dr. Douglas. Morgen ist inzwischen heute. Um 8 Uhr 30 auf die Couch. Nicht einschlafen. Der Kopf nie so leer wie dienstags 8 Uhr 30. Nichtssagenkönnen ist gleich Schweigen ist gleich Widerstand. Und abends ins Bistro mit Jeffrey. Ach, er kennt Jeffrey noch nicht. Der hat gelegentlich keuschen Unterschlupf gesucht bei ihr, obwohl er, verglichen mit ihr, feudal wohnt. Er hatte monatelang die Asche seines Vaters bei sich im Apartment, er sollte sie, im Auftrag der Familie, nachts auf dem Green ausstreuen; der Vater hat hier studiert und lebenslang vom Campus geschwärmt; sie hat Jeffrey, der ängstlich ist, geholfen, praktisch hat sie in mondloser Nacht die Alumnus-Asche gestreut; daß ihr German Other weiß, was ein Alumnus ist, unterstellt sie, und mit Jeffrey, dem Ängstlichen, ißt sie heute.

Musik und Mordgedanken. Die Musik (*Supremes*) extra laut, daß die Sittiche, die sie gerade wieder in Vollpension hat, nicht zu hören sind. Geträumt: Sie beide in einem großen Raum, übervoll von Menschen. Sie entfernen sich immer mehr von einander, aber sie verständigen sich wortlos, mit den Augen. Jeder weiß genau, was der andere denkt. Kann etwas schöner sein. Jeder denkt das Wort: liebestoll. Geweckt von den lärmenden Sittichen. Vergessen gehabt, die Decke über den Käfig zu legen, daß das Dunkel die noch eine Zeit lang getäuscht hätte. Das hat ihr natürlich, als sie bei ihm im Gang über den Morgenlärm der Sittiche gejammert hat, Rick Hardy geraten. Er ist nicht wie Glen O. ein Allwissender, sondern ein Alleswisser. Gottliebs Hände! Nicht ums Verrecken liefert l'imagination seine Hände. Sein Mund wird ... ihre Haut wird ... sie will ihn so ... Vorsicht. Die Vorfreude ist die Falle. Fast 100° F. 80 % Luftfeuchtigkeit. Keine Lust, das Schwarzseidene anzuziehen. Daß er so kurz hinter einander dreimal angerufen hat. Paß doch auf, Mensch. Bitte, paß ja nicht auf.

Wer sollte ihr helfen. Sie durfte, konnte nicht mehr

schreiben. Sobald sie sich hinsetzte und schrieb, stand nachher auf dem Papier: Kommmm. Gerade blitzte es. Lautlos. Ach nein, der Donner kam zögerlich hinterher. Kein Regen, aber doch Entladung. Immerhin.

Von Wut übermannt (!). Gestern. Sie, im Abteilungsbüro, schnell mal am Schreibtisch der Sekretärin, was tippen, da kam ihr leibhaftiges Über-Ich namens Glen O. Rosenne herein, sah sie und sagte: Oh, do we have a new … Sie fuhr auf und ihm dazwischen: Don't even think of it. Und er: If you don't want to be the new secretary, I take it you're there for purely decorative purposes. Und sie, tollkühn: Boy, that's a sexist remark. Und er: Some women would take it as a compliment. Und ließ sein lippenloses Lächeln lieblich gefrieren. Die Wut: Säße Steve oder Tom oder Rick auf diesem Stuhl, würde er sie fragen, woran sie gerade so eifrig arbeiteten!

Sie vermißt Gottlieb. Jemanden vermissen, der noch nie da war. Geht das?

Sich der Nicht-Zensur hingeben. She indulges herself in that feeling. Aber sobald sie dort anrief, tat die Distanz mehr weh, als wenn sie nicht anrief. Nach jedem Gespräch erwies sich, was sie gesagt hat, als das Falscheste, Schlimmste, Lächerlichste. Nie war es das, was sie hatte sagen wollen. Ihr fehlte ein innerer Air Conditioner, den sie auf high und low stellen könnte. Dr. Douglas über ihre Angst vor dem Schreiben: Ob sie insgeheim befürchte, dafür nicht richtig ausgestattet zu sein! Sie widerspricht, aber so schwach, daß der Widerspruch nichts heißt. Pen as a metaphorical penis. Jahrelang hat sie sich vor der Vaterfigur Rosenne vor Bewunderung gekrümmt, jetzt, da sie selber ein bißchen Bewunderung bräuchte, tut er so eisig wie freundlich wie bösartig: You don't have to worry about not getting a job. You're attractive and will probably get married in no time. Hat das jemand je zu einem männlichen Doktoranden gesagt? Diese zu nichts führende Wut ist alles, was ihr bleibt.

Geträumt: In einem gewaltigen Gebäude, Kirche plus Turnhalle, Rick und sie beobachteten seinen Sohn beim Kerzenanzünden. Sie fühlte sich bedroht. Beider Kleider waren auf der Empore. Dort sollten sie die Nacht verbringen. Sie zu Rick: Er solle die Sachen herunterholen, dort oben wären sie ja gefangen. Rick ging hinauf, ging ihr zu langsam hinauf. Und wie er die Sachen zusammensammelte, gefiel ihr auch nicht. Vergiß meine Jeans nicht, rief sie. Er warf sie ihr von oben zu. Dr. Douglas fand das Wort Jeans interessant. Er hörte darin genes. Und to drop one's pants ... Oh je.

Wünschen muß nicht entsprochen werden. Das wollen wir doch mal klar sagen. Sonst würde man sich ja nicht trauen, überhaupt noch etwas zu wünschen. Seine Stimme ist zärtlich, egal was er sagt. Daß Wörter so streicheln können. Das kommt von der Stimme. Eine solche Nähe, bei soviel Distanz. Sie wünschte sich, daß er das auch empfände. Zugeben müßte er das nicht. Vor allem wünschte sie sich ein langes Gespräch, direkt, ohne die Einheiten klikken zu hören; ein Gespräch, das so lang wäre, daß es nicht auf das ankäme, was da gesagt wurde. Ihr neues Buntgeblümtes, das sie ihm per Photo vorgestellt hat, sollte endlos besprochen werden. Without any thought about the other's telephone bill. Trotzdem: Nichts gegen das Telephon. Wenn zwischen ihm und ihr etwas entstanden ist, dann fernmündlich. Fernmündlich. Falls dieses Wort für das Telephonische je aussterben sollte, muß man ihm ein Denkmal setzen, auf dem steht:

FERNMÜNDLICH
Von allen behördlich gezeugten Wörtern das schönste.

Solang sie keinen Brief von ihm bekam, konnte sie ihm nur ihre Träume schicken. Aber das will er ja. Sein Wille geschehe. Wie im Traum, so am Tage. Und so ging's letzte Nacht zu: Man stülpt ihr Plastik, eine Tüte, einen Ballon, ein Kondom über den Kopf. Sie wußte, sie würde erstikken. Beiße ein Loch in die Hülle! Dann schuldbewußt. Sie hat etwas zerstört. Dr. Douglas: If you are in a condom, what are you then? Sie: A writer, a pen-is. Oh je.

Daß er doch wieder angerufen hat. Against all odds! Dem schrillen Wecker zuvorkommend. So aufzuwachen! Sie sollte seinen Gefühlen vertrauen. Seine letzten Briefe waren doch, trotz des alles beherrschenden Konjunktivs, Liebesbriefe. Und gerade das bezweifelte sie. Die ganze Briefschreiberei nur ein Spiel. Wenn nicht, dann wäre doch dieses Hin und Her längst hinaus über einfaches Verliebtsein. Der Ventilator summte. Die Nächte kühlten nicht mehr ab. Er hat ihre Selbstzensur zersetzt. Thanks for lending yourself to my fiction. In zehn Tagen begann der normale Unterricht. Jeden Morgen von 8 bis 10 Uhr 30. Nur noch leise Wut auf sich selbst. Weil sie sich nicht rechtzeitig abgefangen hat. Wann wäre das gewesen, rechtzeitig? Und schon vermißte sie morgens sein Wecken. So schnell entsteht eine Erwartung. Alberta Hunter. Ihre Trösterin. Und bügeln. Drei Ladungen Wäsche. Und Haare waschen. In der Hitze jetzt: abschneiden lassen. Nein. Durchhalten. Seinetwegen. Bis März. Bis …

Immer noch fehlten ihr seine Hände. Auf der Terrasse hatte sie – es dauerte ja, alles in allem, nur zweieinhalb Stunden – nichts als sein Gesicht mitgekriegt. Mund und Augen, sonst nichts. Wahrscheinlich hat das Cordhemd mit seinem verzehrenden Lichtblau die Hände praktisch verschwinden lassen. Vielleicht hat sie deswegen von einem Dr. Douglas mit amputierten Händen geträumt. Schlicht beängstigend: daß sie sich nicht mehr am Ausmalen seiner Anwesenheit zu hindern vermag. Und jedesmal läuft der selbe Film ab. Sie wird auf ihn warten, er kommt auf sie zu, und blitzartig wird klar sein: was sie einen Sommer lang gesponnen, geredet, geschrieben haben, hat mit dem jetzt Wirklichen nichts gemein. Irgendwann wird dann doch einer von beiden etwas sagen. Sie weiß: nur jetzt kein falsches Wort. Vor allem: kein Wort zuviel. Und hört sich reden wie einen Sturzbach. Sie war doch dort auf der Terrasse mit Tarte Tatin, Frau Anna, dunkelstblau gewandet, und mit einer dicken glatten rein runden Goldkette bewehrt, mit Calvados und den pünktlichen Schwänen und der Orgel La Mettrie, da war sie doch zu self-conscious – deutsch sagt man wohl, eher rätselhaft, *befangen* dazu –, um von ihm mehr als die Augen und den Mund für spätere Abrufbarkeit zu speichern. Der Mund, der sich selber andauernd zurücknehmende und eben dadurch auf sich aufmerksam machende. Die meisten Männer hier sind, darf man sagen, dünnlippig. Oberlizard: Glen O. Rosenne. Zuzugeben ist, daß sie, bevor er wirklich hier eintreffen wird, gern ein Photo hätte, eins ganz von vorn, vielleicht MIT Händen, einfach daß sie, was sich in ihr zusammengebraut hat, ein bißchen der Wirklichkeit angleichen kann. Diese Angleichung etwa zu verschieben, bis er auf ihrem Sofa sitzt, hält sie für riskant. Ihr Sofa, das sie übrigens aus dem Hinterlaß einer Mörderin gekauft hat – Mörderinnen-Hausrat ist der billigste –, ihr hellbeiges und trotzdem fleckenloses Sofa eignet sich nicht zu solchen Maßnahmen. Sobald er und sie bei ihr sind, verliert sie den Verstand. Sie hält es für fair, ihm das schon vorher mitzuteilen. Heiliger Julien Offray, steh uns bei. Sie können sich doch, wenn er da ist, kalifornischen Rotwein einflößen, vorsätzlich, mildernder Umstände wegen. Und wie kommt sie überhaupt dazu, sich ihn hier vorzustellen! Hierher wird er nie kommen. Vier Tage Kalifornien. Oder fliegt er dann noch mit nach NC? Schlüpft hier herein und unter. Schlüpfen! Deutsch ist toll!

In genau 6½ Stunden ist es eine Woche her, daß er sie geweckt hat. Sie wünscht sich, die Zeit zurückdrehen zu können, daß sie die letzten drei Telephonate noch vor sich hätte. Daß er telephonisch die sogenannte Fassung leichter verliert als auf dem Papier, erfüllt sie mit den rosigsten Hoffnungen! Daß er beim gestrigen Morgengespräch fragte, was sie denn heute anziehe, hat sie sozusagen bezaubert. Noch keinen Mann hat das bisher interessiert. Da war immer sie diejenige, die sich dem Jeweiligen ausmalen mußte. Denen schien ihre aktuelle Erscheinung immer nicht der Rede wert. Könnte es sein, glutet sie sich jetzt vor, daß er der zartestaufmerksamstegefühlvollste Mensch ist, den sie bis jetzt getroffen hat? Ach nein. Bitte, keine ungebührliche Erwartung, gar Forderung. Er soll das schurkischste Nullundnichts sein. Ihr ist es (er) recht. Daß sein schriftliches Immerallesgesagtewiederzurücknehmen eine Art Ehrlichkeitstalent verrät, weiß sie. Aber als geschulte Textauslegerin weiß sie auch, daß sein rührender Eifer im Zurücknehmen alles jeweils Gesagten auch eine stürmische Zärtlichkeit bedeutet. Glaubtsiehofftsie. Hopelessly hopeful. Thémire wird im März in ihrer Kleidung, um nicht noch ungesünder auszusehen, jede leuchtende Farbe vermeiden. Sie war ja auch noch nie in Kalifornien. Das Licht dort soll ziemlich stark sein. Entblößend. Aber daß er und sie sich deshalb ausschließlich in der Lichtlosigkeit der chinesischen Restaurants treffen – wie er sarkastisch oder wirklich vorschlägt –, wird sie nicht zulassen. Sie will ihn sehenhabenbegreifen, so grell wie möglich.

Sein Sich-durch-sie-lebendig-fühlen. Zwei verschiedene Arten zu fühlen. In Rosennes Phänomenologie-Vorlesung war zu lernen der Unterschied zwischen otherdirectedness und intentionality. Sie möchte das genau so praktizieren, wie sie es braucht. Alles. Nur sie und er sollen das Thema sein. Wie Patron Julien Offray es vorgemacht hat. Allerdings brauchte sie schon lang keinen Patron mehr. Der war ein Vorwand, ein ebenso liebens- wie schätzenswerter. Aber im März, wenn die Papier- und Telephonierepoche vorbei ist, dürfen sie allein und sich alles sein.

Als sie aus dem Klassenzimmer trat, regnete es, goß es. Ein tropisches Gewitter. Sie ging durch den Regen nach Hause. Zehn Minuten. Sie lächelte. Triumphierend. Sie hatte aus ihrem Fach einen Brief geangelt. Den trocken heimgebracht. Geöffnet. Gelesen. Enttäuscht. Ernüchtert. Niedergeschlagen. Fernmündlich sind sie soviel weiter als in dieser perfekten Allesbedenken-Stilistik. Alibi-Stilistik ist das. Feigheits-Syntax. Fernmündlich hatte er den Ventilator beneidet, und sie hatte gewünscht, er wäre der Wasserfall ihrer Dusche. In seiner Briefstilistik bringt er sich praktisch wieder zum Verschwinden. Sie dagegen sagt ihm einfach, sie liebe ihn und täte nichts lieber als sich ganz in ihm auflösen, das heißt, sie verschwindet nicht ihm, sondern in ihm. Wissend, daß sie danach (was für ein Unwort) weiterleben MUSS.

Den Wetterbericht, hot, hazy and humid, findet sie in sich, an sich, durch sich bestätigt. Ihm muß sie gestehen, daß sie sich nicht mehr daran erinnern kann, wie das war, ein Leben ohne ihn. Er sei, sagt sie, nicht mehr wegzudenken. Also eine göttliche Eigenschaft sei schon seine Allgegenwart. Wo sie ist, ist er bei ihr, im Bett, im Bad, in der Bibliothek. Wie sie sich fühlt –, das muß ein schwerer Koffeinschock sein. So verrückt war sie noch nie. Vielleicht ist sie zum ersten Mal normal. Und das hält sie nicht aus. Also zwischen Ulrike von Levetzow und ihrem Anbeter lagen 55 Jahre. Sie hat nachgeschaut. Von Jahrgängen will sie nichts mehr hören. *Ain't misbehavin'* läuft bei ihr. Fats Waller, *I've got my fingers crossed / not that I'm superstitious / I'm afraid / it's too good to be true.* Andererseits hat seine Stimme, die fernmündliche, zugenommen an Zudringlichkeit und Nichtanderskönnen und eben doch auch an Häufigkeit. Dreimal täglich. Das ist doch nicht nichts, oder. Täglich dreimal. Und sie gesteht's ihm inzwischen: Sie hat ihn einfach unterschätzt. Und er: Er sich auch. Und sie: Aber sie sich nicht. Butterflies in the stomach. Wenn er sie irgendwo abholt, wird sie ihr Kosmetikköfferchen in der Hand haben. In der linken. Sie hat in Gedanken schon alles hinter sich, was je zwischen ihnen sein wird oder sein kann oder sein könnte. Also, wenn er das übertreffen will, muß er sich einiges einfallen lassen. Keine Angst. Sie kann sich auch in himmelblaues Schweigen hüllen und so weiter. Jetzt soll sie unterrichten und drei Kapitel Rohfassung liefern und will doch nur seine Briefe bis zum Auswendigkönnen lesen und die Telephongespräche vom innersten Tonband noch einmal und noch einmal ablaufen lassen. Es wird vorstellbar, daß er, falls sie einander je sehen, über Altersunterschiedszahlen nichts mehr zu jammern hat, sie wird nämlich durch dieses irrsinnige Ihn-nicht-Haben, durch den Wahnsinn des Ihn-Vermissens, durch den Ohne-ihn-Seins-Schmerz wird sie so gefoltert, so bis zur Erschöpfung verzehrt, daß von ihr nur noch eine Alte Frau übrig sein wird. Und hat sich, diese vor Sehnsucht Hinkende, die feinsteverruchteste Unterwäsche gekauft. Und sie strickt wieder! Total regressiv. Die Mutter übernimmt das Kommando. Tiefviolett, ein Seidenpullover soll's werden. They're setting themselves up for major trouble, does he know that. Im Krieg wie in der Liebe, sagt der Patron, gilt der Satz: Die Pflicht ist alles, die Gefahr ist nichts. Nach dem Pullover, der sozusagen im Handumdrehen fertig sein wird, kommt sofort eine schmutziggelbe Strickjacke dran. Sie muß sich die Finger wundstricken. Weil sie nicht schreiben kann. La Mettrie ist der einzige, der das versteht, das weiß sie. Ach, Sylvandre, seufzt Thémire. Ja, soll sie denn dem Herrn Rosenne beschreiben, daß Sylvandre es dreimal hintereinander mit Thémire tat, weil sie, die Schlampe Thémire, erst beim dritten Mal so weit war? Das war schon im Jahre 1745 den Herrschaften zuviel. Und das richtig, das heißt, nach der Erfahrung dargestellt, das heißt: nicht nur moralisch klimatisiert davon geredet, wie es üblich war von Lessing bis Lange (du weißt, *Geschichte des Materialismus*), der viel versteht, aber die *Lust*-Schrift doch *cynisch* findet. Na ja, Marburg 1873, dafür war er doch auch mutig. Wenn sie ihren La Mettrie darstellen würde, das heißt, die La Mettrie-Sätze messen an ihren eigenen Erfahrungen und Beobachtungen, dann würde das entweder niemanden interessieren oder sie wäre ihren Job los. Wahrscheinlich beides. Aber da sie im Januar von den erwarteten drei Kapiteln Rohfassung so gut wie nichts liefern wird, wird man sie entweder für faul oder für unfähig halten. Wahrscheinlich für beides. Womit sie dann endlich als die, die sie ist, erkannt sein wird. Daß er heute am Telephon alles, was ihn dort hält, als *ehrenwerte Gesellschaft* bezeichnete, hat ihr gut getan. Daß sie ihn nicht befreien kann, selbst wenn sie alle Kaltblütigkeit der Welt aufbrächte – und das wird sie definitely not –, ist sicher. Also ist ihr aufbrandendes Geseire, seins und ihrs, Gischt und nochmal Gischt. Oder Geflunker. Oder Funkenflug in einer eisigen Winternacht. Oder sie sind eben eine stinknormale Affäre. Wie Madelon und ihr Brian, und-und-und. Sie hat doch gemerkt, daß er zu heftiggroßen Sätzen flieht, um sich und sie nicht der nächstbesten Affärenlächerlichkeit auszuliefern. Könnte es sein, daß sie, er und sie, nur so lächerlich sind, weil sie einander so ernst nehmen? Kann etwas komischer sein als der Anspruch, unvergleichlich zu sein? Und das mußte noch geträumt werden: Statt der gelbgrünen Gretel saß ein ganz kleiner tiefvioletter Vogel beim blauen Hänsel. Dieser Kleine biß dem Hänsel das Bein ab. Sie schrie nach ihrem Vater. Der nahm das nicht weiter wichtig. Sie stand, konnte nicht wegschauen von Hänsel, der versuchte, auf dem dünnen Bein die Balance zu halten. Als sie aufwachte, rannte sie gleich zum Käfig. Die waren ja wieder zu Gast. Und beide gesund, der Blaue und die Gelbgrüne.

Im letzten Brief hatte er beschrieben, wie er unter ihrem blauen Laken erwachte und sie darauf aufmerksam machte, daß er tot sei. Das hat sie schaudernd genossen. Heute fernmündlich seine Bemerkung, daß die horrenden Telephonrechnungen erst nach seinem Tod ins Haus kämen, hat sie aber doch erschreckt. Sie weiß schon, es war, es sollte ein Witz sein. Warum sagte er so etwas? Sagte es einfach so hin.

Jesus, sie – er und sie – haben doch nicht einmal eine normale Affaire. Madelon wird zweimal pro Monat vom farbigen Fahrer Louis, einem hübschen Fahrer sogar, abgeholt und zu Brian Dewey, dem genialen Erfinder der feinsten Wasserreinigungsmaschinen der Welt, nach Wilmington oder Charleston chauffiert, um dann verwöhnt zu werden und so weiter, und dann wieder zurückchauffiert vom dunkelschönen Louis und so weiter. Soll doch ihr Wendelin Gottlieb ... Jetzt hat sie's, sie wird ihn jetzt, ganz ernüchtert, mit dem hier üblichen Vornamen-Zweierpack nennen, à la John F.! Soll doch ihr Wendelin G. einmal pro Woche vor Anna hintreten, zum Kegeln müssen, jeden Donnerstag, zum Beispiel, immer in Turnschuhen, soll seine Anna doch zugeben, es tue ihm gut, auch wenn er danach ziemlich erschöpft sei, bis eben die Kegelbahn eines Tages schließt oder er einfach nicht mehr kegeln, sondern die Donnerstagabende wieder daheim verbringen will. Ihre blütenweiße Spitzenunterwäsche aber liegt sorgfältig im Schrank und wartet auf einen März, der, je heftiger sie ihn ersehnt, um so weniger vorstellbar wird. Heiliger Julien, wo bleibt l'imagination! Aber der Pullover ist fertig. Inklusive Ärmel. Ob er ihr gefällt, könnte von Gottlieb W. (so herum ist es besser) abhängen. Lila. Erikafarbener Schal-Kragen. Der, wie grobe Spitze. Das Lila durchlocht. Das ganze seidig. *What now, my love?*

Könnte sein, daß sie in seiner Art Zärtlichkeit unerfahren ist. Dachte sie heute, nach seinem zweiten Anruf. Als sie auf den dritten, der nicht kam, gewartet hat. Zum Glück gibt es die Hits.

You make me feel like a natural woman.

Das mußte sie summen und singen gegen die entnervende Angst, alles könne nur ein Sprachspiel sein und bleiben, fernmündlich wie schriftlich, folgenlos. Schnell wieder mit Madelon ins Kino.

Falling in Love. Mit Meryl Streep. Auch eine Vassar-Frau. Sie hatte den selben Schauspiellehrer wie Meryl Streep. War aber unentdeckt geblieben. Madelon und sie nach dem Film, stumm. Dieses Sichfinden, Sichtrennen, Sichwiederfinden und Wiedertrennen bis zum Gehtnichtmehr beziehungsweise Dochnochhappyend. Eine freche Spekulation mit der menschlichen Bedürftigkeit. Und das Beleidigendste: die Genauigkeit, mit der sie da berechnet werden. Aber daß sie dem Streep-De-Niro-Getrapse lechzlechz hinterhertrapsen, gibt Hollywood recht. Die ähnlich operierenden Religionen versprechen ihren Opfern wenigstens eine Belohnung im Jenseits. Hollywood kassiert unser Geld und unsere Seelen und liefert dafür neunzig Minuten.

Weil sie von ihrer Mutter geweckt wurde, fernmündlich, fing sie sofort an, mit ihr zu streiten, weil sie nur noch von ihm geweckt werden will. Die Schmutziggelbe ist fertig. Die schönste, die sie je gestrickt hat. Und das in neun Tagen. Und es hat eine Zeit gegeben, und die hat sie überlebt, da kam nur alle drei Wochen ein Brief von ihm. Und überhaupt kein Anruf. Steinzeit. Nein, Eiszeit. Und jetzt. Hier heißt es It's not over till the fat lady sings (Opernspruch). Sein Hegel nennt's Begierde, Freud versteckt sich hinter Libido, Lacan veredelt es als Begehren, sie sagt Sehnsucht, mehr -sucht als Sehn-. Jetzt wird sie ihm in jedem Brief mindestens drei Polaroids schicken, in gerade noch gebremster Obszönität. Aber wenn man diese -roids vergrößerte auf 2 x 3 Meter, dann wären das Rembrandts. To be sure. Und er hat gesagt, er trage die Polaroids jetzt immer bei sich. Auf seinem Körper, hat er gesagt. Und das nicht aus Sicherheitsgründen! Und: Er fühle sich so gesund wie noch nie!

Am Telephon, seine Stimme! Sie möchte am ganzen Körper Ohren haben!

Die Naturgeschichte der Seele. Und löst sich auf in ihm. Vergißt, daß er von der *ehrenwerten Gesellschaft* umgeben, umringt, bewacht ist. Er muß seiner Thémire schwören, nie mehr anzurufen, wenn er gezwungen sein kann, einfach aufzulegen.

Gestern sein schönster Brief, so far. Zum ersten Mal ist sie «Liebste», zum ersten Mal gibt er sich ausführlich mit ihren Küssen ab. Es hilft tatsächlich, das Wort Sehnsucht auszusprechen. Hilft ist falsch. Es heizt. Reizt. Die Sehnsucht erwacht eben, wenn man sie nennt. Die Jahre, die er zwischen ihr und ihm aufbaut wie ein unpassierbares Gebirge, putzt sie weg wie nichts. Dazu paßt, daß er dann auch in jedem zweiten Brief vorschlägt, nur in chinesischen Restaurants zu essen, weil es in denen so schummrig ist. Sie wird ihn in die Helle führen. Tag und Nacht. Unter eine Operationslampe wird sie ihn legen zum Küssen und so weiter. Sie ist nämlich S & M. Das sagt man hier für pervers. Er weiß eben nicht, daß sie als Kind gefährdet war, weil sie alles in den Mund genommen hat. Nach dem Regen hat sie aus Pfützen getrunken. Ihre Mutter, Weltmeisterin in Reinlichkeit und Peinlichkeit, verzweifelte schier. Es gab jetzt Träume, die sie Dr. Douglas nicht hinplaudern konnte. Ihm auch nicht. Nein, ihm auch nicht. Noch nicht. Vielleicht im März. Ins Ohr. Sie saß an einem Kindertisch und hatte den Mund voller Kot. Um sie herum mehrere Gleichaltrige, die, obwohl sie den Kot verbergen wollte, merkten, was sie im Mund hatte. Sie versuchte, den Kot hinter vorgehaltener Hand auszuspucken. Er fiel unter den Tisch und war jetzt erst recht sichtbar. Dann spuckte sie den Rest noch in eine Serviette, mit der sie dann auch noch den Boden säuberte. Dann sagte Patricia Best, sagte es aber wie zum Spaß, daß sie mit ihr intim werden wolle. Das sei ihr Traum, von einer jungen Frau zum Auto gebracht zu werden. Sie aber rief nach Glen O. Rosenne. Aber der kam nicht. Patricia bot ihr den kurzen Arm und sagte: Komm, Kind. Und zeigte auf den Kot, der wieder unter dem Tisch lag, sichtbarer als je zuvor. Aus der Traum.

Im Fußballstadion läuft gerade die Nationalhymne. Sie hört's durchs offene Fenster. Sie erträgt kein geschlossenes Fenster mehr. Weder bei Tag noch bei Nacht. Sie war jetzt stundenlang mit ihren Finger- und Zehennägeln beschäftigt. Wie eine Künstlerin. Vielleicht. Davor, in der Wanne liegend, hat sie Beine und Achselhöhlen ab- und ausgeschabt. Da fühlt sie sich amerikanisiert. Aber, bitte, keine falschen Vorstellungen: Rot auf Nägeln kann sie jetzt nicht mehr ausstehen. Nur noch Naturtöne. Vielleicht La Mettries Einfluß. Natur ist alles. Alles ist nichts als Natur.

Sie wird das Grüngeblümte anziehen, weil er sich das schon zweimal genau beschreiben ließ. Daß sie die einzige in der Abteilung ist, die so gut wie nie Hosen trägt, gesteht sie. Gestern abend Women's Study Group. Dreißig Frauen. Sie die einzige nicht in Hosen. Findet alle drei Wochen statt. Feministische Filmtheorie. Bei Einstellungsinterviews wird nach Filmkursen gefragt. Unter Frauen, unter diesen Frauen, ist sie weniger self-conscious als in der Gesellschaft von Männern. Self-conscious übersetzt sie sich so: sich selbst peinlich sein. Sie hat Männern gestattet zu sagen oder sie gar eingeladen zu sagen, ihre Hüften könnten schmaler sein, ihre Brüste bescheidener. Dann hat sie sich mit den Augen dieser Männer angeschaut. Daß er immer wieder ihre Brüste erwähnt, sich nach ihren Brüsten erkundigt, als wären das Lebewesen, mit diesen Brüsten alles mögliche anstellen will, ist für sie Zauber pur.

Sie hat Dr. Douglas den neuesten Traum hingeplaudert, hingerotzt, gekotzt, zumindest hingetrotzt. Es hat ihr gutgetan, ihm mit diesem Traum seine Grenzen zu zeigen. So wird sie nie von ihm träumen. So träumt sie nur von Gottlieb W., Herr Doktor. Nämlich: Wieder im Kinderzimmer, Schwester Bettina spielt Karten mit ihrem Mann, dem ostwestfälischen Samenhändler, inzwischen umgeschult auf Programmierer. Beide sitzen an einem kleinen Fenster. Der Schwager fragt, ob sie nicht mitspielen wolle. Ihr Gottlieb W. lag schon oben, auf dem oberen Bett eines bunk bed, ihr fällt jetzt der deutsche Ausdruck nicht ein, zwei Betten übereinander, wie man's für Kinder hat. Sie legte sich zu ihm. Aber abgewandt. Sie spürte seine Erregung. Griff nach ihm. Sie hatte Angst, daß die Schwester und deren

Mann durch das jetzt entstehende Geräusch alles mitkriegten. Sie fühlte sich unfähig zu allem. Schwester und Schwager sangen *Brüderlein, Brüderlein und Schwesterlein. Fledermaus.* Gottlieb W. kam völlig ungeniert. Und zwar in ihren Mund. Für Dr. Douglas repräsentierten die Schwester und ihr Mann die ehrenwerte Gesellschaft jenseits des Atlantik. Als Traum-Nachgeburt lieferte sie Dr. Douglas ihre Stimmung beim Erwachen: März, Gottlieb W. Krall-Zürn will bleiben, bis er und sie ihre La Mettrie-Dissertation durchgesprochen haben. Sie weiß, daß sie zuviel erwartet. Und erwartet trotzdem weiterhin zu viel. In dem Samenerguß in ihren Mund sieht Dr. Douglas diese übermäßige Erwartung ausgedrückt. Influence. Sie: Er hat ihr etwas in den Mund gelegt. Die Einladung des Samenhändler-Programmierer-Schwagers bezeugt ihre Angst, der sexuelle Kontakt mit dem ersehnten Mann könne sie vollends um ihre professionelle Zurechnungsfähigkeit bringen. Also das Ersehnteste als das Gefährlichste. Er müßte, ehe er hierherkommt, noch *Madwoman in the Attic* lesen. Manchmal kommt es ihr vor, als gebe es nichts von dem, was sie sich einbildet. Alles nur ein verzweifeltes Schließen aus diffusen Daten, die auch ganz anders zu deuten wären. Aber gestern hat er fernmündlich ihre Brüste geküßt, das sagt ihr auch jetzt noch, daß es ihn gibt, daß, was sie redeten, im landläufigen Bezeichnungswesen für Erotisches eingestuft werden kann als oral sex.

Ihr Kurs muß wegen zu großem Andrang geteilt werden. Also täglich zweimal. Heute das Formular *Employment Eligibility Verification.* Sie hat kein Arbeitsvisum, aber Lehren gehört zum Ph.D.-Programm. Nach drei Stunden Telefonieren die Auskunft: Die Visumsübertragung von NATO-2 zu F-1 dauert vier bis sechs Wochen. Ohne dieses Visum kein Gehalt mehr. Neue Formulare geholt und ausgefüllt. Sie soll unterschreiben, in diesem Land nie Arbeit zu suchen. Jane zeigt Mitgefühl. Dann geht die Tür auf, Frederick fragt, ob für seine Frau Evelyn, die genau so weit ist wie Beate, heute die Green Card, die endgültige Arbeitserlaubnis, gekommen sei. Jane: Evelyn habe die doch schon am Vormittag abgeholt. Jane zu ihr: Das hat er gewußt. Der hat das nur gefragt, um Beate zu ärgern. Jetzt mußte geweint werden. Mit verheultem Gesicht zum Graduate Student Meeting. Und gleich wieder raus. Zu Rosenne. Bevor sie etwas von sich sagen kann, muß er mitteilen, daß er in seinem Nietzsche-Kurs mehr als hundert Studenten hat. Sie hat zum Glück die Sonnenbrille vor ihren verquollenen Augen. Aber Rosenne sagt dann, er werde helfen. Im Fakultäts-Casino zwei Martini Extra Dry. Ein Cheeseburger. Rick Hardy kommt samt Tablett an ihren Tisch, benimmt sich demütig, wanzt sich richtig an, sie spürt, daß sie das brauchen kann. Bietet ihm an, ihn heimzufahren. Er hat ja, weil immer Elaine fuhr, nie einen Führerschein gemacht. Vor seinem Quartier reden sie weiter. Das heißt, Rick redet. Er redet und heult. Daß sie ihn nicht angezeigt hat wegen seiner Attacke, die keine war, aber ein Unsinn war es, eine Schwäche, ein totaler Ausrutscher, eine Jämmerlichkeit, die man sich nicht, die man sich niemals verzeihen kann, daß sie ihn aber nicht denunziert hat, daß sie sofort diesen Rückzieher gemacht hat, sie hätte ihn doch vernichten können, und hat's nicht getan, eine kann einen vernichten, und tut's nicht, wo gibt's denn so was, also wirklich, das sitzt bei ihm so tief oder traumatisch, tut auf jeden Fall weh, er hat das Gefühl, er müsse ihr irgendwann einmal die Hände um den Hals legen, um ihr zu beweisen, daß er diesen Griff eher zärtlich als drohend meine, ein bißchen Drohung gehört zu jeder Zärtlichkeit, ob sie das anders sehe? Jetzt protestierte die Nachbarin. Der Motor lief noch. Wurde abgestellt. Richard redete weiter. In dieser schürfenden Art. Bis kurz vor Mitternacht. Auch als er nichts mehr hatte in dieser schürfenden Art. Aber er hat immer etwas, das man nur von ihm erfahren kann. Wahrscheinlich wäre er, wenn er nicht andauernd die gesamte UNC ausspionieren müßte, längst Harvard-Professor. Wenn er dann aber ein paar Bytes aus seinen Nachrichtendateien aufmarschieren läßt, ahnt man, daß man eine Karriere genau so gut auf Nachrichtenbeschaffung wie auf Wissenschaft gründen kann. Und er weiß, was er wem zu servieren hat. Glen O. Rosenne ist also seit drei Jahren Klient von Dr. Douglas. So etwas läßt Rick Hardy verlauten unter der Rubrik: Wie du ja weißt. Und er weiß genau, wie sensationell diese Mitteilung wirkt. Und macht so weiter. Zwischen Sue-Ann Rosenne und dem Gatten Glen reime sich nichts mehr. Dr. Douglas habe erklärt, er sei mit seinem Latein bald am Ende. Natürlich wollte Beate jetzt mehr wissen. Wenn möglich, alles. Aber Rick war auch darin Meister. Für heute reicht's. Vielleicht schon bald mehr. Dann vielleicht sogar ALLES. Und drückte ihr die Hand, als wolle er nur den Unterschied zum Professor demonstrieren. Und ging.

Als er verschwunden war, wollte sie den Pontiac starten. Aber der reagierte nur mit einem erbärmlichen Gurgeln. Die Batterie leer. Sie rannte hinter Rick her, der war schon im Haus verschwunden. Sie rannte zurück zum Auto. Der Schlüssel drin. Die Türen auf Schließen gedrückt. Zu Fuß heim. Morgen AAA anrufen. Mit Ersatzschlüssel hin. Warten bis die Batterie geladen ist.

Die Stelle in Vassar, die ihr in Aussicht gestellt worden war, wird nicht frei. Die Frau, die man dort loswerden wollte, hat durchgesetzt, daß sie bleiben kann.

Das Ticket nach San Francisco liegt vor ihr auf dem Tisch. Billigflug. Daß er jetzt vorsorglich sein Alter grell beleuchtet, findet sie sowohl lustig wie auch lieb. Männer stehen doch zu ihrem Äußeren, egal, wie alt sie sind. Sie war zwei Jahre mit einem Mann zusammen, dem es bei einem Autounfall die Kopfhaut verbrannt hatte, der ein dezentes Haarteil trug, das sie erst als solches erkannte, als sie von anderen darauf aufmerksam gemacht wurde. Genügt ihm das?

Ob er ahnt, daß es Wörter gibt, mit denen sie noch nie bedacht wurde. Liebes nennt er sie. So hat sie noch niemand genannt. Und sie mußte nicht lachen. Daß seine Wörter einen Oberton haben, der aufs zarteste komisch ist, muß er ahnen. Daß er solche Wörter trotzdem benützt, offenbar nicht anders kann, als sie zu benützen, das geht ihr durch und durch. Daß er gefürchtet hat, die durch Magdas unerklärliches Verschwinden entstandene achttägige Unterbrechung des Telephonierens und des Briefeschreibens werde sie benützen, sich von ihm zu trennen, hat sie eher belustigt als gerührt. Danebener kann man (wenn er ihr diesen Komparativ gestattet) nicht treffen. Sie hofft, Magda melde bald, daß sie wohlbehalten ist. Vielleicht hat sie sogar jemanden getroffen, der sie vergessen ließ, wo sie zu Hause ist oder daß es wißbegierige Eltern gibt. Das wünscht ihr die amerikanische Geistesschwester. Tatsächlich glaubt sie, Magda näher zu sein als Julia. Julia siegt zu sehr. Ach, nichts ist weniger gefragt als ihre Nähe oder Nichtnähe zu den Erztöchtern Regina und Magda und Julia und Rosa. Sonntagmorgen. Bald auch im März. Um nicht über den März hinausdenken zu müssen, weidet sie den März aus, fieselt ihn ab, nagt an jeder Minute herum, bis nichts mehr dran ist. Zuerst einmal das nicht enden könnende Frühstück. Sie, ER und SIE, mit der *New York Times*. Das all American couple. Donnerstag, Freitag, Samstag, Sonntag in San Francisco und Berkeley. Nur noch für einander. Geliebtester Mann. Aber wie lange kann er überhaupt bleiben? Solche illusionsschädigenden Fragen werden nicht gestellt. Am besten, er ist eines Morgens abgereist, sie sieht's, fällt in Ohnmacht und erwacht erst Jahre später aus ihrem Koma, das allem Gedächtnis den Garaus gemacht hat. Rosig erwacht sie, im Bergwerk von Chapel Hill. Allen Zeugen ein Augen- und Seelenschmaus. Ihr erstes Wort: La Mettrie. Worauf sie für eine Französin gehalten wird. Zweites Wort: L'Homme Machine. Worauf sofort ein paar Roboter hergerufen werden. Die sollen sich mit ihr beschäftigen. Und so kommt es, daß sich einer der Roboter in sie verliebt, daß sie heiraten, Kinder zeugen, so schöne, wie sie nur in Mischehen gezeugt werden. Amen.

Den ersten Gewinn aus der März-Tagung: Der Professor wird einsehen, daß sie, um aus der Tagung noch Nutzen zu ziehen, nicht im Januar, sondern erst im April drei Kapitel Rohfassung abliefern wird.

Eine Art count down setzte ein. Sie wehrte sich. Erfolglos. Sie hätte es lieber als Weihnachtskalender gehabt. Oder als Kalender eines Gefangenen. Jeder Tag ein durchgestrichener Strich an der Zellenwand. Dieses Panikgefühl, weil sie ihrem Ersehnten so gut wie nichts verraten hat von sich. Alles, was sie ihm geschrieben hat hoch zehn, das käme hin. Das würde er aber nicht ertragen. Das hält kein Mensch aus, daß sich ein anderer so abhängig fühlt von ihm. Und das nach zweieinhalb Stunden Terrasse und ein paar Monaten Briefwechsel und Telephon. Vor San Francisco, im Pacific, wurden gestern zweihundert Blauwale gesichtet. Das hat sie sofort als Signal empfunden. Hoffnungsignal. Also sind sie doch nicht ausgestorben, die Blauwale. Das Wunder von San Francisco! Das heißt, es geschehen noch Wunder! Wenn es nur so wäre: Er dürfe sich, sagt er, um sich vor der drohenden Zukunft zu schützen, nicht eingestehen, wie sehr auch er sie braucht, liebt, ersehnt, begehrt. Das heißt, er sei so schlimmschön dran wie sie. Es darf nur nicht ganz heraus.

Fernmündlich kam manchmal doch ganz schön was heraus. Manchmal blutete er doch geradezu. Und sie dachte und konnte es nicht sagen, daß er Hand an sich legen sollte und denken, es sei ihr Mund. Und wie sie es, ihn herbeschwörend, sich selber machte, konnte sie auch nicht sagen. Nichts konnte sie sagen. Was für eine Welt oder Kultur, in der einem der Mund verschlossen und die Seele vernagelt ist. Heiliger La Mettrie, du bist nicht schuld daran! Du hast es anders gewollt und gesagt. Aber gesiegt haben die Vorschriftenmacher! Die Quälgeister. Die großen Quälgeister. Die beherrschen noch immer die Welt.

Frühlingfrühlingfrühling. So nah war Deutsch ihr noch nie gegangen. Wenn sie nicht aufpaßte, war sie gleich stolz auf diese Sprache; weil, glaubte sie, *Frühling* nirgendwo offenbarender, und doch nicht flach werdend, ausgedrückt sein kann. Frühling, ein schöneres Wort dafür konnte es nirgendwo geben. Sie liebte Wörter, die etwas eindeutig offenbarten, ohne daß sie das, was sie offenbarten, aussagten. Eine Zeit lang muß es Dichter gegeben haben wie Sand am Meer. Ganz genau wie Sand am Meer. Selbst als das Wort *Behörde* geschaffen wurde, waren noch Dichter am Werk. Nicht mehr bei *Beschuldigung, Charakterlosigkeit, Sittenverfall, Pflichtverletzung, Selbstmord* und dergleichen. Wohl aber bei *Frühling*. Und bei *fernmündlich* natürlich. Nur halb geglückt kam ihr allerdings *Muttersprache* vor. Chapel Hill flaggte grün mit gewaltigen Bäumen. Und ließ pflichtgemäß die Staatsblume blühen. Dogwood. Sie wird ihm erklären, was ihr der geborene South Caroliner Rick erklärt hatte, daß der Gast erführe, wie man sich in einem aufgeklärten Land etwas erklärt: Dogwood heißt die Blüte, weil sie nicht genug getrauert hat, als am Golgatha-Freitag Trauer angesagt war, und bis in alle Erdenklichkeit muß jedes ihrer weißen Blätter das Profil der Nägel zeigen, mit denen Christus gekreuzigt worden ist. Das hat Linné noch nicht gewußt.

Sie sei zu seiner Zuflucht geworden: Diese Art Mitteilung war die Verführung schlechthin. Daß er sie brauchte, wie sollte sie denn das ertragen, in Ruhe, oder gleichmütig, oder sonstwie gefaßt? Wie oft würde sie noch, bevor er käme, die Haare waschen, wie oft noch that time of the month durchstehen, wie oft noch tanken, wie oft noch vor die Klasse treten mit dem Ich-liebe-euch-alle-Gesicht, wie oft noch Glen O. Rosennes Nicht-Lippen nach einem Lächeln absuchen und sich in Patricias kurze Arme flüchten? Wie oft noch sich die Hand von Rick zerquetschen lassen, wie oft noch das und das, bevor er kommt? Madelon gibt's nicht mehr. Madelon hat sich verabschiedet. Plötzlich. Keine Dissertation mehr, Freud adieu, fast triumphal, wie sie sich verabschiedet hat. Von der Abteilung. Von ihrer Freundin hat sie sich zärtlich verabschiedet. Sie hat geheiratet. Ohne es wissen zu lassen. Der Mann ist Louis, der sie so lange hin- und herchauffiert hat, bis es ihm und ihr klar wurde, daß es längst unzumutbar war, sich weiterhin dem uninterruptible power system des Erfinders hinzugeben, weil Louis' Augen ein Versprechen signalisierten, das ihr einfach lebendiger vorkam als die fein kalkulierte Untreue-Ökonomie des genialen Erfinders. Glückliche Madelon. Kein Neid. Tränen schon. Beim Abschied hatten dann beide geweint. Und sie hatte herzhaft gesagt, sie komme bald nach. Und Madelon hatte gesagt, daß sie Beate J. erwarte. Auf der Insel Trinidad nämlich.

Daß sie dann, vier Wochen vor dem Tag X, der Nacht Y, auch noch schwarze Unterwäsche gekauft hatte, nahm sich Beate übel. Ihn glücklich machen, wie er noch nie war. Solches Zeug mußte sie andauernd niederringen, wissend, daß jede niedergerungene Schummervision dieser Art die nächste produzierte. Seine Erregung spüren. Sie fühlte sich umstellt von Giergespenstern. Halbwegs erträglich fand sie sich erst wieder, wenn sie solche Sätze an sich selbst adressieren konnte: So darf man sich einfach keinem Menschen ausliefern. Wahrscheinlich war es zu spät. Er hatte sicher alles schon erfaßt, bewertet, abgelegt. Seine neuerdings spürbare Angst vor dem 22. März war eine kluge Angst. Die Wut wachsen lassen! Ihre einzige Rettung war immer ihre Wut gewesen. Wenn die Grenze des Zumutbaren deutlich überschritten war … Am besten wäre es, eine objektive Katastrophe verhinderte alles. Natur, Politik, Technik … Aber statt einer Katastrophe, jeden Tag neue Jubelmeldungen über die Blauwale. Daß sie niemanden hatte, mit dem sie darüber reden konnte, wie sie nach dem Soundsovielten weiterleben sollte! Daß Madelon jetzt fehlte, tat weh. Dafür einmal pro Woche eine Karte aus Port of Spain. Louis hat schon einen Job in einer Fabrik, in der eine US-Gesellschaft Fernsehgeräte zusammensetzen läßt. Sein Brian G. Dewey hat ihm nobel bescheinigt, daß er in einem Technologie-Unternehmen der feineren Art einen erfahrungsreichen Job gehabt hat. Also machten sie ihn dort sofort zum Vorarbeiter. Und Madelon am Independence Square im *Tourist Board* aussichtsreich, die US-Touristen strömen. Und du? Wenn sie so weitervegetierte, würde sie ihm am zweiundzwanzigsten mit verquollenen Augen entgegengehen. Dann konnte sie das Kosmetikköfferchen gleich daheim lassen. Und die Wäsche auch. Und erst recht sich selbst. Sie hat noch einen Kimono gekauft. In seinem letzten Brief kam, zum ersten Mal, das Wort sehnen vor. Daraus wollte sie sich nicht vertreiben lassen. Sie war doch nicht ihr eigener Feind. Amour-propre, bitteschön. Sie war jetzt gierig auf Anzeichen der Bedürftigkeit, der Schwäche seinerseits. Sie sollte ihn bergen, schützen, wärmen, retten müssen. Die ganze Welt eine Feindseligkeit, und sie, der nackte Engel ... Ach nein, bitte ... Sie nahm sich vor, ab sofort keine Telephonate mehr. Stimmungsabbau jeder Art. Zur Ermöglichung eines glimpflichen Übergangs vom hemmungslosen Gieren und Schwärmen in ein erträgliches reales Visavis. Vielleicht sollten sie von jetzt an nur noch La Mettrie behandeln. Ein jäher Briefwechsel über La Mettrie. Das fiel ja zusammen: Sobald er wieder abgereist sein wird, hatte sie ihre drei Kapitel Rohfassung zu liefern. Bei dem Wort Rohfassung konnte sie verweilen. Tatsächlich konnte sie sich von Gottlieb W. durchaus Brauchbares versprechen. Er arbeitete seit Wochen an dem Vortrag für die Konferenz in Berkeley. Jetzt, zwei Wochen vor ihm, war der Text bei ihr eingetroffen, daß sie ihn übersetzen konnte. *Entsprechen ist alles.* So sein Titel. Klang da Shakespeare durch? *Entsprechen* würde im Englischen abstrakter daherkommen als im Deutschen. Im letzten Kapitel ihrer Dissertation würde Wendelin Krall dominieren. Daß sie so, wie sie jetzt fühlte, noch nie gefühlt hatte, mußte sie sagen dürfen. Es ging nicht darum, ihn glücklich zu machen. Gelogen, eben darum ging es doch überhaupt. Wenn ihr das gelänge, würde er sie genau so glücklich machen wie sie ihn. Trotzdem, egal, wie er ankommen würde, wie er sich dann fühlen würde, sie mußte schlicht loswerden, daß sie so, wie sie jetzt fühlte, noch nie gefühlt hatte, daß sie sich also so nicht kannte, also unsicher war hinsichtlich ihres Benehmens ihm gegenüber, aber daß ihr das auch egal sein würde, sollte er sie doch am Arsch lecken oder auch nicht, es muß ein Menschenrecht sein zu sagen, wie man im Augenblick fühlt. Basta. Zuerst jetzt der Text. Her mit dem Text. *Entsprechen ist alles.* Ihr schwebte sofort vor: *Rise to the Occasion.* Und las.

I. Es war einmal ein Verbrechen zu sagen, es gebe keinen Gott. Und die, die das sagten, meinten nur, es gebe den Gott nicht, der verkündet wurde, gelehrt wurde, an den zu glauben Pflicht war, höchste Pflicht. Und wenn es den nicht gab, gab es überhaupt keinen. Das war die furchtbare Folge der Einschränkung des Göttlichen auf diesen kirchlich verschriebenen Mastergott. Und die Philosophie war die Magd der Theologie. Primus motor immobilis. So durfte man ihn schon nennen. Dann kam La Mettrie, der alles, was bisher Gott zugeschrieben worden war, der Natur zuschrieb. Der entscheidende Unterschied zwischen Gott und der Natur: Die Natur war mit den Sinnen erfahrbar, studierbar, prüfbar. Und soweit sie nicht erkennbar war, durfte sie nicht in den Dienst der Erkenntnis genommen werden. Das war die Leistung La Mettries: nicht zu spekulieren. Er sagte, welche Vorstellungen von welchen Erfahrungen kommen. Religion, Moral und Politik müssen nützen, Philosophie muß die Wahrheit sagen. Man hat sich geeinigt. Man hat die Sprachgebräuche jahrhundertelang kultiviert zu dem einen Ziel: wie kann das, was uns als Religion wichtig geworden ist, so formuliert werden, daß die Vernunft damit leben kann. Der studierte Arzt La Mettrie entzieht die Philosophie diesem Dienst. Die Philosophie hat es nur mit der Natur zu tun. Ihr muß sie entsprechen. Dem, was die Sinne erfahren können, muß sie entsprechen. Dann wird sie, hat er zumindest angedeutet, den Segen, den Religion und Moral stiften, nicht nur nicht mindern, sondern vermehren. Er wollte keinen Streit. *Es liegt in der Sanftmut meines Charakters (la douceur de mon caractère), jeden Streit zu vermeiden, solange es nicht darum geht, eine Unterhaltung zuzuspitzen.* Aber als Arzt, der die Natur erforschte, und als Philosoph, der sich verbot, über die Erfahrung hinauszugehen, mußte er formulieren, *daß es im ganzen Universum nur eine einzige Substanz – in unterschiedlicher Gestalt – gibt.* Und diese Substanz, die Materie nämlich, kann empfinden, und das nicht nur im Menschen, sondern auch schon im Tier, ja, die Materie ist sogar gewissensfähig.

Das hat ihm nichts als Hohn und Zorn eingebracht.

Friedrich II. hat ihn aufgenommen und beschützt, als er zum zweiten Mal – diesmal aus Holland – emigrieren mußte. *Salomon des Nordens* hat er seinen Potsdamer Philosophenkönig genannt. Er lebe an Friedrichs Hof, hat er bezeugt, *in einem Paradies für Philosophen.* Er hat, so sanftmütig und lebenslustig er sich fühlte, seine Einsichten immer auch mit fröhlicher Schärfe formuliert. Nicht streit-, sondern wahrheitssüchtig. Daß die Materie empfindungs- und gewissensfähig beziehungsweise daß auch der empfindungs- und gewissensfähige Mensch rein stofflicher Natur sei, das verzieh ihm weder die Kirche noch die Universität.

Inzwischen haben die Naturwissenschaften das Sagen, wenn unterschieden werden soll zwischen unbelebter Materie und Lebewesen. Zirka zwei Milliarden Jahre lang seien sich, heißt es jetzt, Nukleinsäuren und Proteine begegnet, ohne daß eine Zelle entstanden wäre, die lebend genannt werden könne, also eine Zelle, die aus ihrer Umwelt die Energie entnimmt, die sie zu ihrer Reduplikation beziehungsweise Fortpflanzung braucht. Also zwei Milliarden Jahre lang keine Evolution, kein Kampf ums Dasein. Vom ersten Einzeller bis zum heutigen Menschen dauerte es dann nur noch eine Milliarde Jahre. Und dieser Mensch wird jetzt erklärt mit einem genetischen Code. Das ist ein Übersetzungsschlüssel, der angibt, welche Nukleinsäureschrift welcher Proteinschrift jeweils entspricht. Die Sprache der Naturwissenschaft kann uns Nichtnaturwissenschaftlern diese Vorgänge nicht ohne Vergleiche näherbringen, die nicht mehr rein wissenschaftlich sind. Leben habe nur entstehen können aus einer Arbeitsteilung zwischen Proteinen und Nukleinsäuren, die Zufälle zuließ;

die Zufälle heißen in der für uns bestimmten Sprache Ablesefehler, entstanden bei der Codierung der Proteinbausteine durch die Nukleinsäuresequenzen. Und, heißt es, es bedurfte ungeheuerlicher Zufälligkeiten, daß sich der genetische Code durchsetzen konnte, der jetzt auf diesem Planet bei allen Lebewesen maßgebend ist. Und das ist das, was La Mettrie l'organisation genannt hat. Manfred Eigen hat es genannt *das Problem der Selbstorganisation von Makromolekülen zu autokatalytischen Hyperzyklen.* Das ist die neueste Sprache für die Erfahrung, daß die Natur alles enthält, was wir sind. Zwei Milliarden Jahre lang folgenlose Begegnung zwischen Nukleinsäuresequenzen und Proteinbausteinen, dann kommt es zu einer Kombination, zu kombinierten Kreisen aus DNA-Molekülen und Proteinmolekülen, diese Kreise werden als höhere Gebilde geführt. Reine DNA-Gebilde konnten nur stagnieren. Hyperzyklen nennt Manfred Eigen diese kombinierten Kreise; die Nukleinsäuren seien sozusagen die Legislative, die Proteine die Exekutive bei diesem Prozess, der jetzt einsetzte und der eben durch weitere Zufälle Mutanten hervorbrachte, die mit einander um das Überleben konkurrierten. Der Zufall, der letzten Endes zum einzelligen Lebewesen geführt habe, sei so ungeheuerlich, so ganz und gar nicht erwartbar gewesen – dieser Zufall, dem wir letzten Endes entstammen –, daß auch unter Naturwissenschaftlern wieder eine Art göttliche Mitwirkung gedacht werden konnte. Gott als der geduldigste Experimentalphysiker, dem es nach drei Milliarden Jahren gelingt, ein Wesen zu produzieren, dem er beibringen kann (durch Offenbarung), ihn anzubeten. Aber auch diese frömmeren Physiker können den universellen genetischen Code nicht mehr außer Kraft setzen. Und wie hat es La Mettrie gesagt: *Man sieht, daß es im Universum nur eine Substanz gibt und daß der Mensch die vollkommenste ist.* Daß alles aus Nukleinsäuresequenzen und Proteinketten entstanden ist, hat La Mettrie in der auf Bilder angewiesenen Sprache so sagen müssen: *Der Mensch ist aus keinem wertvolleren Lehm geknetet; die Natur hat nur ein und denselben Teig verwendet, bei dem sie lediglich die Hefezusätze verändert hat.*

Jeder Satz über La Mettrie, der im Allgemeinen endet, verfehlt ihn. Er beschreibt die Wohlgefühle, die der Geist dem Körper bereiten kann und begründet: *… denn ohne Zweifel zirkulieren dessen Säfte besser, wenn die Seele in ausgezeichneter Verfassung ist.* Das ist Psychosomatisches, 1748. *Wäre es nicht … eine Art Unmenschlichkeit, eine Rose verwelken zu lassen, ohne ihr die geringste Aufmerksamkeit geschenkt zu haben?* Das ist La Mettrie. Ein Frühlingsausbruch sondergleichen. Empfindung als Erkenntnisquelle. Genuß als Denkbedingung. Lust als Seinserfahrung. Und Glück als Sinn des Daseins. Ganz schnell und ein für alle Mal: Absurd, diesen Mann für jemanden zu halten, der den Menschen zur Maschine machte, ihn also der Kybernetik, der Roboterei auslieferte. Verfehlter als die Verladung dieses Lebensphilosophen ins Technologische konnte nichts sein. *Maschine* war für ihn das Wort, mit dem er den höchsten damals vorstellbaren Organisationsgrad ausdrücken wollte. Die sinnliche Empfindlichkeit, eben die Natur, war das schlechthin Unabdingbare. Von heute aus gesehen, gibt es für die Schrift *L'Homme Machine* keinen irreführenderen Titel. Man vergesse doch nicht, daß La Mettrie danach noch verfaßt hat *L'Homme*

Plante und *Les Animaux plus que Machines*. Letzteres versehen mit einem Motto von Molière: *Les Bêtes ne sont pas si bêtes que l'on pense.*

Es lohnt nicht, die vom Vorurteil lebenden Verfälschungen ins Sciencefictionhafte zu widerlegen. Aber vielleicht hilft es, sich vorzustellen, was alles *machine* im Französischen in der ersten Hälfte des 18. Jahrhunderts bedeutet haben kann. Im *Dictionnaire Universel* aus dem Jahr 1752 ist alles aufgeführt, was La Mettrie bei der Arbeit an diesem Buch in den Jahren bis 1747 wissen konnte, welche Vorstellungen, auch Empfindungen, dieses Wort in ihm weckte. Außer den Maschinen-Bedeutungen, die sich bis heute gehalten haben, ist damals der deus ex machina mehr als ein Theatertrick. Der Dictionnaire von 1752 versteht unter deus ex machina jede Art von dichterischen Einfällen oder Handlungen, mit deren Hilfe unlösbar gewordene Schwierigkeiten überwunden werden. Und es ist eben die Mitwirkung von etwas Göttlichem (de quelque Divinité), die dann als machine übernatürliche Wirkungen erbringt. Göttliches und Maschinelles in einer uns nicht mehr vorstellbaren Intim-Kooperation. Die Maschine ist da alles andere als ein seelenloses Gefüge. La Mettrie hat, zum Beispiel, die Maschinen-Vorstellung benutzt, um zu beweisen, daß die Willensfreiheit ein Irrtum ist. Wie kann ein Mensch eine Maschine, die er nicht selber gebaut hat, die er aber ist, nach seinem Willen lenken? Maschinell muß für ihn ein Wort gewesen sein wie für uns *automatisch*. Da denken wir auch nicht mehr an einen Automaten, sondern an *von selbst*. Aber daß er mit *Maschine* das Gegenteil von allem Kybernetisch-Roboterhaften gedacht und beschrieben hat, sollte zweihundertfünfzig Jahre nach seinem Tod auch in der deutschen Sprache denkmöglich werden. Seine *esprits animaux* sind keine Mega- und Gigabytes. *Les Poètes apellent le monde la machine ronde.* So offerierte es der *Dictionnaire von Trévoux* im Jahr 1752. Erwähnenswert ist die historisch bedingte Unfähigkeit der deutschen Sprache, auf dieses französische Denkangebot, vernünftig, das heißt: nicht ideologisch zu reagieren.

L'Organisation est le premier mérite de l'Homme heißt es in *Die Maschine Mensch.* Das wird so übersetzt: *Dieser organische Bau ist das erste Verdienst des Menschen.* Etwa zu sagen: *Der Mensch ist vor allen anderen Lebewesen ausgezeichnet durch seine Organisation* ging nicht, weil in der deutschen Sprache in *Organisation* nichts Organisches mehr mitklingt, während im *Dictionnaire Universel* von Furetière, 1725, steht: *Organisation. Terme d'Anatomie,* und: *Il signifie ainsi, la figure de l'organe de la génération.* Also das Geschlechtsteil selbst heißt *l'Organisation.* Mehr Körper kann man dem Wort kaum mitgeben. Und zum Seelischen steht da, daß also die Seele sich bildet, wie der Körper sich organisiert. Also: daß die Seele jeweils dem Körperlichen entspricht. Und deshalb sah eben ein La Mettrie das Organische als das, von dem die Entwicklung der Seele bestimmt wird.

Ein solches Angebot war keinem deutschen Denker je beschieden. Unsere Sprache lebte, wie es La Mettrie einmal aus der deutschen Philosophie zitierte, von der *symbolischen Erkenntnis.* Er aber lebte von der durch die Sinne, durch die Erfahrung, durch das medizinische Studium genährten Erkenntnis, was eben heißt: wenn die Philosophie noch eine Magd war, dann nicht mehr die der Theologie, sondern die der Natur. Alle Fähigkeiten der Seele seien abhängig *de la propre Organisation du Cerveau et de tout le Corps, qu'elles ne sont visiblement que cette Organisation même. Voilà une Machine bien éclairée!* Übersetzt wird: *Da aber alle Fähigkeiten der Seele so sehr von dem eigentümlichen Bau des Gehirns und des ganzen Körpers abhängen, daß sie offensichtlich nur dieser organische Bau selbst sind, so haben wir es mit einer gut erleuchteten Maschine zu tun.* Daß die Seele nichts ist als die Organisation selbst, diese Seinsintimität ist der deutschen Sprache offensichtlich nicht zumutbar. Wenn La Mettrie Materie des Höchsten für fähig hält, nämlich der Gewissensregung, ruft er geradezu aus: *L'organisation suffiroit-elle donc à tout? Oui, encore une fois.* Und wieder kann das Deutsche nur hinkend folgen. *Sollte der organische Bau allem genügen? Noch einmal Ja.*

Der Übersetzer und Herausgeber Bernd A. Laska ist, soweit ich sehe, der einzige, der gewagt hat, l'Organisation Organisation sein zu lassen. Mit eindeutschender Umständlichkeit wäre La Mettries letzte große Schrift, der *Anti-Seneca*, nicht zu übersetzen gewesen. *Das Glück, das aus unserer Organisation stammt, ist das beständigste und am schwersten zu erschütternde.* Oder über die Erziehung: *Alte Prägungen sind schnell einmal vergessen.* «Maschinenmäßig» gewinnt dann die Organisation zurück, was die Erziehung ihr geraubt zu haben schien, so als ob die Formung nach einem Ideal eine Verformung gewesen wäre. Hier denkt man bei *maschinenmäßig* automatisch an *automatisch* beziehungsweise *von selbst.* Wenn es einem Übersetzer erlaubt wäre, ein Wort nur auf seine Bedeutung hin zu übersetzen, dann wäre *L'Organisation* am vollständigsten mit *Natur* zu übersetzen.

Manfred Eigen, der gedankenreiche und sprachbewußte Physiker, hat, als er die Zusammenwirkung von Nukleinsäuremolekülen mit Proteinmolekülen bei der Entstehung des Lebens beschrieb, formuliert, *daß die Selbstorganisationsfähigkeit der Materie bisher eher unter- als überschätzt wurde.* La Mettrie war nicht der erste und nicht der letzte, der das Organische beziehungsweise die Natur zur Bedingung für alles machte. Es gab vor ihm Spinoza, der alles, was La Mettrie erlebte und beschrieb, schon systematisch entwickelt hatte – die materielle Einheit der Welt bis zur empfindungsfähigen Materie –, und er hat dafür genug Feindseligkeit geerntet; aber er hat offenbar die Erfahrung, daß die Materie fähig ist zu empfinden, nicht aus seinem eigenen Körper und dessen Bedürfnissen und Ansprüchen abgeleitet. Er hat der Natur göttlichen Rang erobert. Aber um sie so zu erhöhen, brauchte er doch noch Gott. Den braucht La Mettrie nicht mehr. Ohne Gott aktiv zu leugnen, entwickelt er eine vor Freude und Farben strahlende Welt an diesem Mastergott vorbei: Deshalb konnte Lessing, der La Mettrie als Pornoschriftsteller verachtete, sagen: *Es gibt keine andere Philosophie als die Philosophie Spinozas.* Und später Albert Einstein, von einem Rabbiner gefragt, ob er an Gott glaube: *Ich glaube an den Gott Spinozas ...* Auch wenn er dann den allzu menschenähnlichen Gott verwirft und aus Spinoza einen Gott der Superstruktur bezieht, auf La Mettrie wird sich keiner berufen, wenn er nach Gott gefragt wird. Er ist als Arzt so erfahrungshörig wie als Philosoph. Daß er nicht von sich absehen kann, befreit ihn aus den Zwängen zum System, das nachher nicht mehr weiß (oder sogar verbirgt), woher es kommt und stammt.

Die *Empfindung bzw. Wahrnehmung* erklärt er zur Quelle allen Urteilens. So kann er gegen Ende seines *Anti-Seneca* sagen: *Ich habe das Thema meinen Empfindungen entsprechend abgehandelt und sozusagen meinen Charakter zu Papier gebracht.* Trotz dieses nichts als persönlichen Schreibens geht ihm der gesellschaftliche, ja menschheitliche Anlaß nie verloren. Wenn er sich gegen Anfeindungen jeder Art wehrt, beteuert er, daß er nur danach strebe, *die menschliche Gattung von Schuldgefühlen zu befreien.* Er hasse, ja verabscheue alles, was der Gesellschaft schade. Der Philosoph muß formulieren: *Die Tugend ist nichts als eine willkürliche Konvention.* Die aber will er, auch wenn er sie nicht absolut gelten läßt, doch achten. Genau so wie er nichts tut oder tun will, was ihm *Schuldgefühle* verursacht, obwohl er erkennt, daß *Schuldgefühle nur ein Produkt der Erziehung sind.* Er ist ein Moralist der höheren Art. *Die Ketten der Vorurteile und Schuldgefühle zerbrechen:* Das ist sein unerschöpfliches Motiv. Sein Ziel: die Glückseligkeit der ganzen Menschheit. Daß er, wie kühn er auch wird, immer sich, seine Erfahrung und Empfindung, seinen *amour-propre* anruft zur Bestätigung oder Widerlegung alles Gedachten, das macht seine Verläßlichkeit aus. Im Beiläufigsten wie im Anspruchvollsten. Wenn er müde sei vom Denken und Schreiben und sich ganz leer fühle, lese er Montaigne und empfinde dann dessen Geschriebenes wie eine leichte Brise, die über die äußeren Fasern des Kopfes streicht und so auf die inneren des Gehirns wirkt und dem überanstrengten Gehirn die Schwere mildert. Und merkt dazu an: *Die gleiche Wirkung hat auch ein Guß kalten Wassers: Das durch die Anspannung gestaute Blut kann wieder frei zirkulieren.* Pfarrer Kneipp läßt grüßen. Aber auch an Rom und Griechenland wird man als sein Leser oft erinnert. *Überhaupt reichen wir an die Alten nicht heran.* Das läßt ihn sich zu Cicero und Plinius d. J. zählen, *daß die nur ihre persönlichen Vorlieben überschwenglich dargestellt haben.* Aber er geht nie unter in einem Gedankenimpressionismus, sein Thema bleibt *die Natur,* auch wenn er es ganz und gar aus seiner Empfindung, seinem amour-propre behandelt.

Trotz aller Bildung kommt er wie ungelehrt daher. Normatives ist ihm fremd. Das Denken geht den Sätzen nicht voraus, sondern findet in ihnen, durch sie statt. Es gibt, was er gibt, nur in seinen Sätzen. Die Sätze bezeugen unmittelbar, aus welcher Erfahrung sie stammen. Sein Gedachtes drückt immer die Stimmung aus, aus der es entstanden ist. Eben diese erfahrungsgesättigte Kenntlichkeit, diese immer aus dem eigenen Leben stammende Stilistik hat ihn in Verruf gebracht. Bei den Theologen und bei den Aufklärern gleichermaßen. Es charakterisiert ihn gewaltig, wie Lessing und Diderot auf ihn geschimpft haben. Lessing empfahl ihm in der Rezension von *L'Art de jouir* als Titel *Porneutik. Priapeische Ausrufungen* seien das. Und Diderot: *Einen in seinen Sitten und Anschauungen so verdorbenen Menschen schließe ich aus der Schar der Philosophen aus.* Das gibt es ja bis heute, daß Intellektuelle, die es zu Ansehen, also Einfluß, also Macht gebracht haben, einen anderen Intellektuellen, der ihnen nicht liegt, aus der Branche ausschließen möchten. Das ist, auch unter säkularisierten Umständen: odium theologicum. Ein Eifer, der entsteht, wenn man sein eigenes aufgeklärtes Normatives universalisieren will. Noch fünfzehn Jahre später hat Lessing es in seinem vor Wahrnehmungslust und Folgerungskraft blitzenden *Laokoon* nicht lassen können, des längst Verstorbenen böse zu gedenken. Es geht um La Mettries Porträtbild. Beim ersten Hinschauen halte man den Gesichtsausdruck des Abgebildeten für Lachen, schaue man noch einmal hin, *wird aus seinem Lachen ein Grinsen.* Warum reizt er die Anständigen so? Weil er mutwilliger schreibt als sie. Er fühlt sich erst wohl, wenn er das Gefühl hat, er sei zu weit gegangen. Zu weit, was Anstand und Sittlichkeit angeht. Er lebt geradezu davon, das öffentlich zu bezeugen, was bisher jeder ausgeklammert hat. Dieser Leidenschaft verdanken wir diese Zeugnisse, die uns sagen, daß im 18. Jahrhundert kein bißchen anders empfunden wurde als heute. Und wir erkennen, was alles, etwa in der aufklärerischen Enzyklopädie, ausgeklammert wurde. Und das war sein Vergehen: Er hat die Sinne zu seinen Philosophen gemacht, er hat versucht *gleichsam im Durchgang durch die Organe die Seele zu entwirren*, aber – und damit entspricht er immer noch moderner Quantenphysik, die ohne die Statistik nicht auskommen will – aber, sagt er, er könne zwar nicht mit letzter Eindeutigkeit die Natur selbst des Menschen entdecken, aber er suche den *größten Wahrscheinlichkeitsgrad dies betreffend zu erreichen.* Weil er alles, was er denkend erfuhr und dadurch erkannte, auch wieder auf sich anwandte, auf sich als Mann und Mitbürger, also auf seine Lust und auf seine Moral, und so zu einer Sprache kam, Lust überhaupt und Moral überhaupt betreffend, deshalb wurde er beschimpft und verleumdet wie sonst keiner. Und hat doch geschrieben: Sich um *die Gesellschaft verdient machen – darin besteht ... alle Tugend.*

Keiner hat so leidenschaftlich gegen die Todesstrafe geschrieben. Der Verbrecher habe getötet aus bestimmten Gründen, aus Not, Verzweiflung oder sittlicher Beschränktheit; der Henker töte (den Verbrecher) für nichts als Geld. Und so weiter. Wo immer man ihn aufsucht, er wirkt immer wie ein Mensch mozartischer Heiterkeit, Sinnenfreudigkeit und Offenheit. Aber um das Niveau seines auf die Materie gerichteten Denkens noch einmal der heutigen Sprache auszusetzen, noch einmal Manfred Eigen: *Wir verstehen – um es ganz klar zu sagen – unter «Selbstorganisation der Materie» nichts anderes als die aus definierten Wechselwirkungen und Verknüpfungen bei strikter Einhaltung gegebener Randbedingungen resultierende Fähigkeit spezieller Materieformen, selbstreproduktive Strukturen hervorzubringen.* Oder – und man stelle sich vor, mit welchem Enthusiasmus La Mettrie solche Sätze gelesen hätte: *Indem wir das Phänomen Leben auf die Gesetze der Physik und Chemie zurückführen, stellen wir keineswegs in Abrede, daß diese neue Ebene der Organisation sich in einer für diese allein typischen und charakteristischen Form äußert, ja, daß aus der materiellen Organisation schließlich auch nicht-materielle Wirkungen hervorgehen.*

Bleiben wir innerhalb der philosophischen Sprache, die jetzt das Sagen nicht mehr hat, wenn es um Natur geht. Der Anspruch La Mettries an das Denken existiert noch. Seine *esprits animaux*, seine *organismische Struktur*, seine *Zirkulation des Blutes, der Lymphe*, sein Bedürfnis, *bei der Natur in ihrer großartigen Einfachheit zu verweilen*, das alles hat inzwischen andere Namen, aber diese neuen Namen bestätigen, daß seine Wörter, die entstanden waren gegen das Himmel und Erde verfinsternde Vorurteil, ihre

Helle nicht eingebüßt haben. Und die, die ihn als einen philosophierenden Unhold verdammten, hat er schon vorweg überholt mit dem Satz: In der Gesellschaft, in der er trotz seiner Kühnheit kaum mit Einfluß rechnen könne, sei seine *einzige Maske die Maskenlosigkeit* gewesen. Die Zeit, in der die gewissermaßen radikale Bezüglichkeit des Denkens auf den, der denkt, anstößig wirkte, ist vorbei. La Mettrie ist zwar ziemlich unbekannt geblieben, aber er müßte, um akzeptiert zu werden, nur noch gelesen werden.

II. Wenn man in einem anderen das entdeckt, worin er nicht übertroffen werden kann, ist man glücklich. Und wenn man das in einem Denker entdeckt, der vor mehr als 250 Jahren gedacht und geschrieben hat, ist man glücklich und fröhlich. Daß man zu jeder Zeit Unüberholbares aussprechen oder schreiben kann, darf einen auf fröhliche Art festlich stimmen. Aber verfehlt man ihn nicht doch, wenn man sich so emsig um ihn bemüht? Der von Montaigne geerbte Anspruch: sich selbst zum Thema zu machen! Und La Mettrie hat, wie weit er dann auch ausgreift, nichts anderes getan, als eben sich, seinen Charakter zu Papier zu bringen, ohne daß ihm die radikale Inanspruchnahme der eigenen Erfahrung je zum Bloßprivaten verkommen wäre. Jetzt, mach's auch so. Ohne es nachzumachen. Dein durch La Mettrie geschärftes Thema: die Erziehung als eine Ausbildung zum Gefangenen. Von Anfang an war kein Mensch und keine Institution daran interessiert, dich zu dir selbst kommen zu lassen. Die Erziehung als Zumutung. Aber dann hast du angefangen, deine Erzieher zu betrügen. Du hast mehr als eine Persönlichkeit entwickelt.

Das tut jeder. Keiner ist nur das, was die Erziehung aus ihm machen wollte. Wieviele Persönlichkeiten einer dann ausbildet, hängt davon ab, wieviele er zur Befriedigung seiner Bedürfnisse braucht. Ein paar Berufspersönlichkeiten und ein paar Privatpersönlichkeiten sind es allemal. Der Erfolg dieser Persönlichkeitenentwicklung hängt davon ab, wie sehr es dir gelingt, jede Persönlichkeit, wenn du sie brauchst, wenn sie also agiert, als deine einzige zu produzieren. Dazu mußt du jedesmal selber glauben, das jetzt seist du ganz und gar. Dann wird dir das auch von anderen geglaubt. Dieser mozartische Kettenzerbrecher hat dich hingewiesen auf deine Gefangenschaft. Also, dem Befreier La Mettrie gewidmet: Du als der Gefangene. Von Anfang an.

Was auch immer du an Fluchten geplant und ausgeführt hast, du bist ausgebrochen als der Gefangene, und wo du hinkamst, warst du der Gefangene auf der Flucht. Die Lage ist schwieriger als zu La Mettries Zeiten. Sein Haß gegen die Vorurteilsfürsten seiner Zeit, gegen die Theologen und gegen die das Vorurteil kultivierenden Philosophen, war leicht zu haben. Die Szene war danach. Die Szene hat sich verfeinert. Wessen Gefangener bist du denn? Auf jeden Fall erleidest du eine Daseinsminderung auf Schritt und Tritt, weil du nicht dein Leben lebst, sondern ein Gefangenenleben. Das ist geworden aus einem Erziehungprogramm, dem man nichts Böses nachsagen kann. Du darfst dich für typisch halten. Andere, die du liebst, wieder andere, die du nicht liebst, kommen dir verwandt vor. Durch Erfahrung oder Schicksal. Ihr könnt euch in allem vergleichen, aber daß ihr Gefangene seid und wie sehr, das verschweigt ihr vor einander. Du bist jetzt immerhin so weit, daß du dir, sobald du dein Gefangensein verheimlichst, nichts mehr glaubst. Von allen Persönlichkeiten, die du hast entwickeln müssen, hat sich keine so übermäßig entwickelt wie die des Gefangenen. Daß du nicht sagen darfst, wessen Gefangener du bist, macht dich mundtot. Daß dir erlaubt ist, dich für frei zu halten, du aber von dieser Erlaubnis keinen Gebrauch machen kannst, macht dich vor dir selbst zum Feigling. Denen, die mit dir zu tun hatten, ist es gelungen, ohne Plan gelungen, ganz von selbst gelungen, dich zu einem Menschen zu machen, der von keiner angebotenen Freiheit Gebrauch machen kann. Er kann einfach nicht. Er ist ein Gefangener. Jeder Versuch, dich frei zu fühlen oder gar zu benehmen, mündete bis jetzt im Schuldgefühl. Das angeborene oder anerzogene Gewissen. Ob angeboren oder anerzogen, es ist die mächtigste, wachsamste, unerbittlichste, unbetrügbarste Regung, deren du fähig bist.

Die Gegenwelt, deren Gefangener du von Anfang an bist, ist das Gute. Das jeweilige Gute. Das immer so genannte, das immer anerkannte, das herrschende Gute. Du kannst den Mund nicht aufmachen gegen das Gute, ohne dir schlecht vorzukommen. Du erkennst das, was als das Gute gilt und herrscht und es wahrscheinlich sogar ist, du erkennst es nicht an. Aber du wagst es nicht, daraus Handlungen werden zu lassen. Du bist der Gefangene, das heißt, du darfst nicht sagen, was du denkst; du darfst nicht handeln, wie du willst, sondern du mußt leben, wie du mußt. Und daß Rousseau meint, wer glaube, der Herr über andere zu sein, sei noch mehr ein Sklave als jene, über die er Herr ist, hilft dir nicht. Das ist die Gerechtigkeitsillusion. Von dir wird sogar verlangt, daß du dein Gefangensein kein bißchen sehen, spüren, merken läßt. Alle deine Verrichtungen, Äußerungen, Handlungen müssen aussehen, als geschähen sie freiwillig. Bis zum Aberwitz werden Wörter gedrillt, wird die Grammatik gequält, um zu beweisen, der Mensch habe einen freien Willen. Das wiederum findet statt, um ihn bestrafbar zu machen. Dabei ist zuzugeben, daß schon die Frage, ob der Mensch einen freien Willen habe, ein Witz ist. Jede Frage kann so beantwortet werden, wie sie es wünscht. Mehr noch, sie enthält die Antwort ganz und gar. Anders wäre dein Leben die stummste Trostlosigkeit. Aber da du durch Erfahrung weißt, daß du genau so keinen freien Willen hast, wie du einen freien Willen hast, kannst du dir einbilden, es gebe überhaupt Spielraum. Eines Tages wird das Leben auf deine Träume hören. Es kann nicht anders. Und das Wichtigste: Du hast in deinen Träumen keine Schuldgefühle. Du unterliegst zwar regelmäßig und mußt Mißhandlungen und Demütigungen hinnehmen; aber immer erst, wenn du ausgebrochen bist, aufgebrochen bist, wenn dir eine im Traum nicht meßbare Zeiteinheit lang Freiheit gelungen ist. Shakespearisierend kannst du dir in deinen Träumen vorkommen. Trotz der Bestrafungen, denen du dann regelmäßig unterworfen wirst, trotz der Gemeinheiten, die dir dann körperlich und seelisch angetan werden, du hast Freiheit gehabt. Du warst nicht meßbare Zeiteinheiten lang frei von Schuldgefühlen. Das wird durch nichts so deutlich wie durch das Erwachen. Der Sturz des Gefangenen in sein Zeug. Das Verstummen. Das Verneintsein. So sehr, daß du es nicht nur geschehen läßt. Der Grad des Verneintseins produziert eine diesem Grad entsprechende Kraft. Zuerst nur als Vorstellung. Aber je unverfälschter du dein Gefangensein als Verneintsein erlebst, um so deutlicher erlebst du diese Kraft, die wirkt, als könntest du alles, was du willst. Das kann doch nicht nur eine Einbildung sein, ein Schattenkringel an der Wand der Zelle, in die keine Sonne fällt? Die Frage ist die Antwort. Kolumbus hatte die Himmelsrichtung. Der Rest war See-mannschaft. Die Sprache, in der du es jetzt ausdrückst, ist eine Sklavensprache. Sie ist ein Signal. Verständlich, hoffst du, denen, die auch in einer Gefangenschaft leben. Viel-leicht ruft einer zurück. Oder viele rufen zurück. Illusion. Des Gefangenen. Daß das so ist, ist dir denkbar geworden durch den emsigen Umgang mit dem, der die Ketten des Vorurteils und der Schuldgefühle zerbrach. Julien Offray de La Mettrie. Der Umgang mit ihm wird fortgesetzt. Am 20. Mai 1887 schrieb Nietzsche an einen Freund: «Die Be-hauptung Plato's, daß man mit Massage sogar Gewissens-bisse heilen könne, verdiente, erprobt zu werden.» Heu-reka!

Das durfte sie doch wohl Glück nennen. So muß es auf dem Kolumbus-Schiff gewesen sein, als die Neue Welt in Sicht kam. Ein aus dem Innersten stammender Jubellaut, der da drin schon so lange gewartet hatte, immer unter-drückt, immer wieder belehrt, daß es noch nicht so weit sei, daß es vielleicht überhaupt nie so weit sein werde, daß er, der Jubellaut, wahrscheinlich, höchstwahrscheinlich sogar, für immer und ewig im dunkelsten Innersten zu bleiben und dort gespensterhaft zu verkümmern habe. Und jetzt durfte er heraus, der Jubellaut. Der Laut entrang sich ihr. Er hatte Mühe, herauszugelangen. Es war die Ge-burt eines Lauts. Sie, die Befreierin. Und das würde Gottlieb W. Zürn in Berkeley öffentlich kundtun! Er würde nach Amerika gekommen sein, weil er sich, wie Montaigne-La Mettrie es empfehlen, zum Thema gemacht und damit der Aufgabe, über La Mettrie zu sprechen, beispielhaft entsprochen hat.

Und sie fing an, den Schicksalstext zu übersetzen. Das Befreiungsevangelium, die Frohe Botschaft. Sie hatte noch nie einen Text übersetzt, den man, wenn man ihn las, vollkommen versteht, aber nachher, wenn man ihn übersetzen will, sträubt er sich. Deutsch teilt er sich einfach mit. Aber wenn man diese Einfachheit ins Englische überträgt, ist sie nicht mehr da.

Den Verfasser anrufen. Egal, wer da an den Apparat kam. Und prompt kam sie. Mein Mann ist im Augenblick nicht zu sprechen. Die wußte Bescheid. Die würde *ihrem* Mann nicht einmal mitteilen, daß er aus Amerika angerufen worden war. Es geht um den Vortragstext, hatte sie noch, zunehmend hilflos, in den Hörer gerufen. Aufgelegt. Das Transatlantikrauschen. *Mein* Mann. Das besitzanzeigende Fürwort. Aber Beate konnte nicht aufgeben. Sie rechnete. Wenn die Frau in Pfullendorf und sonst wo war, mußte er an den Apparat kommen. Der Gefangene. Und er kam an den Apparat. Sie jubelte. Ihm zu. Dem Text zu. Gestand aber unterwürfig, daß sie das nicht ohne ihn ins Englische zu bringen wage. Sie macht eine Rohfassung. Dieses Wort endlich in einer sie begeisternden Verwendung. Er kommt, dann schmiegen sie gemeinsam den Text ins Englische. Das heißt aber, daß er nicht vierundzwanzig Stunden vor der Tagung eintrifft, sondern vier, fünf, am besten sechs oder sieben Tage. Am Montag, dem 19. März. Sie wird freinehmen. Das wird nicht leicht sein. Sie kann das nur fordern, weil die Übersetzung das fordert. Er klang sowohl glücklich wie bedenklich. Am liebsten käme er vierzehn Tage vorher, aber er wisse schon jetzt, daß mehr als vier Tage vorher nicht drin seien. In was drin, dachte sie und sagte: Wenn du meinst. Er so kleinlaut wie noch nie: Ich nicht, aber … Und ließ den Satz routiniert hängen. Sie sagte: Ich verstehe. Und er: Danke. Sie legte auf. Warum wurde es ihr jetzt nicht schlecht! Warum kotzte sie jetzt nicht! Weil sie es nachher selber wieder aufputzen müßte. Nein, nein. Einer Frau in historischer Funktion und Mission wird es nicht mehr schlecht. Sie wird gebraucht. Sie ist die Befreierin. Und das ist weder Anmaßung noch Einbildung. *Rise to the Occasion.*

Wie immer Anfang März, die floridasüchtigen Eltern. Die Wellensittiche als Vorwand, in North Carolina Station zu machen und der Tochter zu Taten zu raten, zu Elternentlastungstaten. Keine Antique Malls diesmal. Die Mutter machte einen gesättigten Eindruck. Sie hatte gerade per eBay ein zwölfteiliges Meißen-Service, produziert 1935, für ganze sechzehnhundert Dollar erschachert und in abenteuerlicher Fahrt droben in New Hampshire selber abgeholt. Der Vater fragte wie immer, ob ein Heiratskandidat in Arbeit sei, und fragte wieder so, daß er seine Art zu fragen für taktvoll halten konnte. Sie klagte nicht – und über nichts. Schon lange nicht mehr. Sie hatte einmal, beiläufig, eine Verstimmtheit mit these days of the month begründet, darauf der Vater: Was sie beklage, habe sie sich selbst zuzuschreiben, solange sie sich ihrer weiblichen Bestimmung verweigere. Seitdem vermied sie in seiner Gegenwart jede Art Klage. Er dagegen klagte auch diesmal und wie immer: Noch nie sei es so schwer gewesen wie jetzt, deutsche Autos in New York zu verkaufen. Und dann auch noch von Mercedes. Die oberschlauen Bayern hätten in New York einmal einen installiert, der sei beim Jungvolk gewesen, B'nai Brith habe das als harmlos bezeichnet, da der hier schon zweimal verheiratet gewesen sei, zweimal mit einer Jüdin, zweimal nach jüdischem Ritus. Und schaute dabei seine Frau fast vorwurfsvoll an. Also sagte sie: Dann hau doch ab. Er nickte ganz langsam und sagte, er wolle doch nur sagen, daß es nicht leicht sei. Und sie vollendete: Deutsche Autos zu verkaufen, ja, ja. Und er, weil sie das ausgelassen hatte: In New York. Da mußte die Tochter dann doch sagen: New York ist Spitze. Und der Vater: Eines Eisbergs. Sie mußte sagen: Ach, Papa. Und ihn ein bißchen küssen.

Am dritten Tag lag der Blaue, also Hänsel, reglos im Käfig. Und der Gelbgrüne, also Gretel, saß reglos stumm auf der Stange und sah auf Hänsel hinab. Hänsel war tot. Alt war er noch nicht gewesen. Als sie gestern heimgekommen war, hatten beide sich benommen wie immer. Immer ein bißchen zu laut. Vielleicht hatte Hänsel das Genick gebrochen. Hatte Gretel mit einem Kunststück imponieren wollen. Sie wickelte ihn ein, trug ihn hinaus, kratzte in dem kleinen Park mit der Büroschere ein Grab, beerdigte ihn, am nächsten Morgen kaufte sie im Zoogeschäft einen Nachfolger. Taufte ihn Hänsel. Der benahm sich überlebendig. Der benahm sich genau so wie sich Hänsel noch gestern benommen hatte. Gretel akzeptierte ihn. Also würde die Mutter nichts merken. Die Eltern rauschten floridagesättigt herein, bedauerten ihre arme Tochter ebenso sehr, wie sie sie bewunderten – Tag und Nacht sitzt die und übersetzt diesen vertrackten Text für die Tagung –, luden Hänsel und Gretel ein, verstanden, daß die Tochter dieses Mal überhaupt nicht gesellig war, und waren fort.

Er würde an einen Pfeiler gelehnt stehen. Sie war allmählich im Stande, sich nur noch mit Konkretem zu beschäftigen. Keine Panikszenarien mehr. Nur noch, was Sache ist beziehungsweise sein wird. Wie geht es dir, wird sie sagen. Und er: Ich liebe dich auch. Und ohne das *auch* wäre ihr der Satz lieber. Vielleicht läßt er dieses *auch* weg. Dann der Gang zum Hertzschalter. Nein, das hat er ja schon erledigt. Er ist ja schon seit dem Vormittag im Land. Im Hotel. Also, der Gang zum Auto.

Bis zuletzt wußte sie nicht, was sie anziehen würde. Sobald sie sich für ein Kleid entschieden hatte, drängten sich die Nachteile dieses Kleids vor. Also das nächste. Bis sie wieder beim ersten war. Dessen Nachteile waren durch den Vergleich mit den anderen Kleidern nicht weniger grell geworden. Es war ein Spiel. Ein Aufregungsgenußspiel. Eine Befreierin kann anhaben, was sie will. Sie mußte ohnehin, sobald sie *anziehen* dachte, an *ausziehen* denken. Sie wußte, sie war jetzt verrückt. Aber gefahrlos verrückt. Sie war selig verrückt. Ihr Begleitpaar Angst und Wut gab es nicht mehr. Sie wußte nicht mehr, wie das war, eingeklemmt zwischen Angst und Wut. Sie war so leicht wie noch nie. Steine in die Manteltaschen, das brauchte sie. Sonst hob sie ab.

III.

Auseinanderkommen

1.

Im Zimmer riß er sofort ein Fenster auf und hörte dem
Geräuschgemenge zu wie einer Botschaft. Daß die Fenster
des Flughafenhotels sich öffnen ließen, machte ihm den
Hotelkasten sympathisch. Jenseits der weiten Betonpi-
sten, der abgestellten Flugzeuge, der hohen Zäune das
Meer. Wenigstens der Teil, der San Francisco Bay heißt.
Die farbigen Flugzeuge, Riesenvögel, aber kein bißchen zu
groß für die Wasserweite. Obwohl sich die Bay keine
Brandung gestattete, war das Ufer an diesem Mittags-
augenblick von einer weißen Schaumrüsche geziert.
Bräutlich, dachte Gottlieb.

Von seinen zehntausend Dollar versorgte er gleich einmal neuntausendfünfhundert im Safe. Und kam sich vor
wie im 19. Jahrhundert. Nach einem Code gefragt, fiel ihm
nur Annas Geburtsdatum ein. Im Flugzeug, beim Ausfül-
len der Fragebögen für die Einreise, hatte er die Zehntausend, die er bei der Bank aufgenommen hatte, nicht an-
gegeben. Seinen Bankherren hatte er ein Geschäft in
Kalifornien vorgegaukelt. Landkauf im Sonoma Valley.
Zukunftsreichstes Weinland der Welt. Er fliegt da für einen Kunden hin. Sogar Anna gegenüber hatte er getan, als
werde er in den drei Wochen nebenbei noch einen Ange-
botskatalog für deutsche Anleger aufreißen. Das mußte er
auch sich selber vormachen. Selbst wenn man weiß, daß

das, was man sich vormacht, nur etwas Vorgemachtes ist, wird aus dem Vorgemachten etwas Spürbares, Fastreales. Man kann überhaupt nicht lügen, ohne an das, was man lügt, zu glauben. Ein bißchen. Man kann nicht andere hereinlegen, ohne sich selbst hereinzulegen. Zumindest Gottlieb konnte das nicht. Schau lieber hinaus auf die bräutliche Rüsche. Das ist doch die reine Möglichkeit. Und dieses Hotelzimmer in seiner grandiosen Vermeidung von allem Persönlichen! Auch der geringste Anhauch von Persönlichem, gar Geschmack, könnte falsch sein, könnte stören. Dieses Zimmer aber, in seiner blaßgrünen Dienlichkeit, diese Nichteinengung in Persönliches, diese Nichtbehauptung, dieses Nichtsbeweisenwollen! Dieses dich ganz und gar gelten lassende Zimmer ist der Aufbruch. Und war so aufgeregt, daß er nicht im Zimmer bleiben konnte. In dreieinhalb Stunden würde er drüben im Flughafen vor Gate 68 stehen, bis sie auftauchte.

Im Aufzug wieder ein paar von diesen Fez-Trägern, durch die er sich schon bei der Ankunft den Weg zum Empfang gebahnt hatte. Was daheim eine Fasnachtsgesellschaft gewesen wäre, war hier, laut Informationstafel, ein altägyptischer Orden und hieß SCIOTS. Roter Fez, schwarzer Fez, glitzernde Kinkerlitzchen, alles ältere Männer beziehungsweise Herren, sie staksten mehr als sie gingen. Aber jeder stakste anders als der andere. Keine zwei litten unter der selben Beeinträchtigung. Das fand Gottlieb interessant. Im Aufzug sagte ein solcher Fez-Träger zu den anderen Fez-Trägern: This is the best chance we ever had to paint these bastards into a corner. Gottlieb war gierig darauf, möglichst viel von Amerika mitzukriegen. Wovon redeten die? Er vermutete, von Feinden der USA, die man nicht länger schonen durfte. Er fühlte sich angeschaut von einem mexikanisch aussehenden Buben, vier oder fünf Jahre alt. Der hatte eine fast zu große Puppe im Arm, die Gottlieb vom Fernsehen her zu kennen glaubte. Gottlieb mußte das Puppenmonster anschauen statt den Buben. Er hatte den Eindruck, das Puppenmonster habe den Vierjährigen im Arm.

Als er in der Halle einen Sessel suchte, der ein wenig Abstand erlaubte, blieb eine Dame, die einen Fez-Träger führte, seinetwegen kurz stehen und rief: I am ninety-two and I love you. Wahrscheinlich hatte er ihr leid getan, weil er weder den roten noch den schwarzen Fez trug und auch sonst mit keinerlei Kinkerlitzchen ausgezeichnet war. Einige Fez-Träger hingen in Sesseln, streckten die Beine von sich und schliefen mit klaffenden Mündern. Gottlieb fühlte sich mit allen, die er sah und hörte, solidarisch. Im Stimmengeräusch gaben Frauenstimmen den Ton an. Er fand einen Sessel, der mehr als einen Meter von der nächsten Sitzgelegenheit weg war. Er streckte die Beine auch von sich. Er spürte sich. Wahrscheinlich würde, bevor Beate landen konnte, San Francisco in einem Erdbeben untergehen. Wie 1905. Er spürte, wie sich in der unteren Mitte Wärme sammelte. Sie floß förmlich zusammen. Die Muskulatur schwoll. Sein Geschlechtsteil wollte auf sich aufmerksam machen. Außer ihm sollte nichts mehr spürbar sein. Der angenehme Schmerz des übersteifen Teils. Endlich wieder einmal. Ihm war nach Fortpflanzung. Anfallartig. Drastisch buchstabierte sich in ihm die durch nichts gehemmte Fortpflanzungssucht. Die Wörter droschen auf ihn ein. Beate, kleiderlos und fortpflanzungssüchtig wie er. Das, von beiden empfunden, als Steigerung dessen, was zwischen ihnen, mit ihnen stattfinden konnte. Schluß mit dem grotesken Verhinderungs- und Verhütungszirkus. Scheiden schlämmen. In das schwarzrote Dunkel ihrer Scheidenschlucht den taghellen milchigen Samen träufen, bis von allen Rändern und Wänden nur noch die lichten Samenschwaden flossen, die Schlucht überschwemmten und schlämmten. Nicht Koitieren macht traurig, sondern der Betrug, das Sichnichtfortpflanzendürfen.

Gottlieb konnte sich wieder loslassen. Der Anfall war zu Ende. Er stakste zur Bar. Bourbon on the rocks. Drei nacheinander. Sollte er Kaltblütigkeit imitieren, hinauf ins Zimmer, den Samen verschleudern, daß dann der Ernstfall keiner Übereilung zum Opfer fiele?

Vor zehn Jahren, ja. Aber jetzt? Sechzig vorbei! Aber einen alkoholischen Dämpfer schon. Keine Details mehr. Wir sind ein Orchester, das keines Dirigenten bedarf. Und warum nicht alles auf Englisch stattfinden lassen? Sie gleich so begrüßen. Und holte sich sofort einen Stoß Zeitungen und jagte nach starken Wörtern. *New wavers in skinny tights and fluorescent high heels. Lipstick lesbians in biker chic. Crowds of backstage sycophants with their perpetual condescending sneers. A white button-down collar oxford cloth shirt open at the neck. The possible validity of TA (transactional analysis). Card-carrying highbrows. Viciously homophobic stereotypes. Dogeared quotations from the gurus of yesteryear.* Zu spät. Diese Verbalarena schaffst du nicht mehr. Allenfalls ein paar flabby clichés. Self consciously hip.

Dann las er sich noch fest im *Investor's Business Daily.* Den würde er, solange er im Land war, täglich kaufen. *US. A Safe Bet.* Und zwar im Real Estate Geschäft. Schon daß hier

142

die Immobilie Real Estate hieß! Estate, ein Wort, in dem nur Feines mitschwingt: Klasse, Eigentum, Besitz, Landbesitz. Dank des schwachen Dollars sind Real Estate Geschäfte für, zum Beispiel, Deutsche 35 Prozent billiger als vor zwei Jahren. *I see a lot of German money coming over this year*, sagte gerade der Präsident der *Prudential Property Company*. Gottlieb interessierte sich nur Annas wegen für die US-Immobilien. Ach nein. Ach doch. Jetzt die Seite *Real Estate Business* aus dem heutigen *Investor's Business Daily* heimfaxen, daß Anna sähe, er denkt ans Geschäft, das wär's. Aber das schaffte er nicht. Anna könnte die Kartei durchblättern und die Seite gezielt weiterfaxen. Ach, Anna. Er verbrauchte hier Geld, das Anna verdient hatte. Und es ist spürbar toll, Anna, hier dein Geld zu verbrauchen. Jawohl. Er investiert ins Leben. Versteh's, wer will. Daß dieses Mädchen ihn liebt und wie sie ihn liebt, das ist doch ein Wunder. Und über Wunder muß man nicht nachdenken. Man muß sie pflücken, basta. Sorry, Anna. Was hatte er gerade noch im *Investor's Business Daily* gelesen? Das war doch sein Satz, sein Reise-Motto! Auf der Titelseite des *Investor's Business Daily*, einer ist verurteilt zu zwei Jahren, Spitzenfigur des Wallstreet-Rings für verbotene Insider-Geschäfte, und, bitteschön: *In a clear firm voice, Kowalski told the judge he «abused the system I believed in and I will never forgive myself»*. Und kriegt statt möglicher zwölf Jahre nur zwei, weil durch seine Kooperation der ganze Ring aufflog. Fabelhaft. Dieses Schuldgefühl. Großartig. Das läßt sich noch lernen. 12,6 Millionen hat er gemacht. Bewundernswert. Und dafür zwei Jahre, Anna, sei deinem Gottlieb gnädig, he will abuse the system he believes in, but he will never forgive himself, never, Anna. Die Wörter sind

Huren. Zum Glück. Ach ja, *Meine Gedanken sind meine Dirnen.* Diderot. Nicht umsonst hat Dostojewsky einen seiner begabten Lügner, nämlich den Karamasow-Vater Fjodor Pawlowitsch, verkünden lassen, Diderot sei zum Metropoliten gepilgert, sei dem Kirchenfürsten zu Füßen gefallen und habe geschrieen: Ich will mich taufen lassen. Diderot, den Gottlieb nicht liebt. La Mettrie liebt er ... *ich werde nichts, was meine Sinne nicht erreicht, als ein unerforschbares Geheimnis gelten lassen. Meine Sinne.* Und mit denen ist kein Bund zu schließen. Wir sind ein Schiffbruch, der sich als Stapellauf gibt. Großartig.

Als Reiselektüre hatte er den XV. Band der Werke Rousseaus dabei. Ein Bändchen mehr als ein Band. Es hatte zum Nachlaß eines homosexuellen Barons gehört. Gottlieb hatte den Nachlaß erworben, als er die Villa dieses Barons vor vielen Jahren an einen Käufer vermittelt hatte, der von der Bibliothek nichts wissen wollte. Auf der Seite vor dem Titelblatt war mit einer breit ausfallenden Feder eingetragen worden: *Von Dr. Wiedersheim aus dem Schloß Sassoz, Marg., Argonner Wald, am 28. IX. 1914 «requiriert» & mir am 1. Nov. 1914 geschenkt. V.v.L.* Das Bändchen, verlegt 1823, wurde eröffnet mit den *Lettres à Sara.* Sara ist dreißig Jahre jünger als der, der ihr vier Briefe schreibt. Der Autor im Vorwort: Auch ein alter Knacker könne bis zu vier Liebesbriefe schreiben und immer noch aller Ehren wert sein, aber sechs Liebesbriefe könne er, ohne sein Gesicht zu verlieren, nicht schreiben. Gottlieb hatte sich die Stellen anstreichen müssen, die ihn ganz direkt angingen.

*Die schlimmste Folter für mich ist, mich zu sehen,
wie Du mich siehst.*

Seine Thémire hatte ihm in keinem Brief das WARUM verständlich machen können, warum sie ihn angeblich liebe. Und sein französischer Vorgänger war erst fünfzig gewesen. Die unglaubwürdigen Zärtlichkeiten der Zwanzigjährigen seien für ihn nichts als eine weitere Demütigung. *Ich liebe in der furchtbaren Gewißheit, nicht geliebt werden zu können.* Gottliebs Reiselektüre. Er stimmte zu. Und widersprach. Wehrte sich. Forderte für sich die Ausnahme. Das Wunder. Je mehr er dem Rousseauschen Briefschreiber zustimmen mußte, desto heftiger widersprach er ihm. Und kramte in seiner Tasche nach dem Blatt mit der La Mettrie-Stelle, die jetzt seine Lieblingsstelle war. *Hier darfst du dich zwanglos dem willkommenen Drängen der Natur überlassen. Dort mußt du dich verkrampfen, mußt die Natur bekämpfen. Hier genügt es, sich nach sich selbst zu richten, zu sein, was man ist, und gewissermaßen sich selbst zu ähneln; dort mußt du, ob du willst oder nicht, den anderen ähneln; leben und bald auch noch denken wie sie. Was für ein Affentheater!* Und er hatte sich für das HIER entschieden: *Se laisser doucement aller aux agréables impulsions de la nature.* Aber auch dazu paßt (in seinem Fall) der Ausruf: *Quelle comédie!*

2.

Fast als letzte kam sie. Also nicht mehr zwischen Passagieren. Fast allein kam sie aus der Tiefe eines langen, breiten Gangs. Das Kosmetikköfferchen hatte sie in der Linken, angewinkelt vor der Brust. Wahrscheinlich aus Gleichgewichtsgründen, weil sie mit der Rechten ein Gepäckstück am ausgefahrenen Griff hinter sich herzog. War das so schwer? Schleppte sie? Oder spielte sie eine, die schleppt? Sie spielte die Schwache, Kleine, die vor Schleppenmüssen gleich Ohnmächtige. Ihre Hand, in seiner Hand. Nicht quetschen wie Rick Hardy. Aber auch nicht so lasch fingern wie Glen O. Rosenne. Zeig, was du gelernt hast. Er zog sie an sich, nahm dann ihren Kopf in seine Hände wie etwas Kostbares und küßte sie eher andächtig auf die linke und auf die rechte Schläfe. Keine wilde Küsserei. Andacht. Andacht empfand er, wollte er ausdrücken, vielleicht sogar noch mehr, als er empfand. Ihr wollte er grell zeigen, daß er aus sanftester Andacht bestand. Alles, was gezeigt wird, verselbständigt sich doch. Die Mischung zwischen Inhalt und Form kann bei keinem Schauspieler anders sein. Er hatte ja nichts vorgehabt, aber jetzt, da er ihren Kopf in seinen Händen hatte, überwältigte ihn diese Andacht. Und machte sich eben selbständig. Dann hielt er ihren Kopf weiter weg. Offenbar zur Betrachtung. Sie ließ sich betrachten. Er betrachtete sie. Sie ihn eben nicht. Sie war ganz in seinen Händen. Das war eine Rolle. Die füllte ihn ganz schön aus. Mein Gott. Wer war er, daß er ein Mädchen betrachten durfte, als habe er es gemacht! Ihre Nase hatte er vergessen gehabt. Die hatte es schwer, sich zwischen den großen Augen und dem fast geschwollenen Großmund zu behaupten. Ach, du, sagte er. Und ließ es erstaunt klingen. Du auch, sagte sie. Und wie sie das sagte. Universell. Allumfassend. Und schloß nach dem *auch* den Mund nicht mehr. Die ziemlich großen Lippen hingen auseinander, die Zähne zeigten sich, das wirkte in diesem Augenblick kühn. Mit dem Coach Service zum Hotel. Da war man, zum Glück, nicht allein.

Er hatte, zum Glück, bevor er das Zimmer verlassen hatte, die Vorhänge so weit zugezogen, daß ein Zwielicht entstand. Sie sehe bestimmt aus wie Wum, sagte sie. Er wußte nicht, wer Wum ist. Der Hund, den Loriot erfunden hat. Das haue sie doch glatt um, die ganze Welt kennt den melancholisch-witzig-dümmlichen Loriot-Hund. Vor lauter Verwunderung ließ sie sich auf das Bett fallen, schlüpfte dann aus den Schuhen, drehte sich und imitierte, auf dem Bett kniend, den Kopf in Schieflage, diesen Hund. Er hatte das Gefühl, er müsse Beifall klatschen. Und tat's. Sie sagte, sie sei Loriot-Fan. Und fügte hinzu: Gewesen. Und produzierte gleich ein paar Figuren und Gesten und Witze, die sie zum Fan dieses Comic-Virtuosen hatten werden lassen. Und unterstützte, was sie sagte und zitierte, durch Mimik und Gestik. War sie wirklich so hingerissen oder wollte sie ihm vorführen, wie hingerissen sie sein konnte? Er mußte Beifall spenden. Sie konnte ja noch ganze Sketche von dem auswendig. Es wurde ihre Show. Er setzte sich. Als Zuschauer. Dann sprang sie plötzlich vom Bett, schlüpfte aus ihrem Kleid, ließ es auf den Boden rutschen, und setzte sich auf ihn und umschlang ihn und küßte ihn. Da konnte er wieder mitmachen. Er mußte die sogenannte Initiative übernehmen. Sie mußte noch sagen, sie geniere sich nicht, zuzugeben, daß sie Loriot-Fan gewesen sei. Er tat so, als begriffe er nicht, wieso sich jemand genieren sollte, Loriot-Fan gewesen zu sein. Er sagte aber nicht, daß er das Wort Fan überhaupt nicht schätzen könne. Offenbar war er schon zu alt gewesen, als es zum ersten Mal bei ihm auftauchte; Scharen oder Massen meist junger Menschen strecken ihre Hände in die Höhe, immer einem oder einer Angebeteten entgegen, Augen und Münder gleichermaßen irre aufgerissen, Ekstase als Massenwahn, so hatte er das Wort Fan kennengelernt. Dieses kreischende Außersichsein blieb ihm fremd. Jetzt war sie also auch ein Fan gewesen. Er hatte das Gefühl, er müsse sie zurückküssen. Beim Küssen gewann er wieder Präsenz, das spürte er. Ihre Münder gingen in einander auf. Wie für immer. Es gab wirklich keinen Grund, das je zu beenden. Das waren auch schon längst keine zwei Münder mehr. Das war ein Drittes. Ein bei keinem von beiden so Vorkommendes. Das waren sie, beide, als Einzahl. Als ein Einziges. Aber da es noch andere Körperteile gab, die drankommen wollten, lagen sie dann doch im Bett. Da wollte er alles richtig machen. Je mehr sie davon haben würde, desto mehr hatte er davon. Er hielt es sogar für möglich, daß sie auch so dachte. Das hätte er als eine Minderung des Möglichen empfunden. Sie sollte nichts sein als eine, der es gut ging. Sie sollte nur sich empfinden. Natürlich durch ihn. Er mußte ihr möglichst unaufwendig verwehren, daß sie sich gleich mit dem Mund seiner bemächtige. So nah waren die Leiber einander noch nicht. Sie führte. Das konnte ihm nicht recht sein. Er übernahm. Wenn sie führte, lagen sie in zehn Minuten neben einander wie zwei abgebrannte Feuerwerkskörper. Das kann doch nicht der Sinn dieser quälend langsamen Annäherung gewesen sein. Sollten sie nicht zuerst einen Wörterabtausch durchspielen? Wie heißt bei dir das, wie nennst du das? Sie waren doch Sprachmenschen. Und schon der erste Versuch glückte. Er nannte, was er zur Verfügung stellte, Ding und fragte, wie sie sein Ding nenne. Und sie: Ding an sich. Schließlich seien sie Philosophen. Und dann genießerisch weiter: Du weißt, wie Schopenhauer, bekanntlich kein Kant-Fan, das

Ding an sich nennt? Gottlieb wußte es nicht. Sie streichelte ihn und sagte: Amateurliga muß das nicht wissen, geträumtes Unding, so Schopenhauer zum Ding an sich. Gottlieb: Das nehmen wir. Sie wechselte jäh in die Aktivsprache: This is no time for talk, it's time for performance. Let's have it in English. Und als wären sie im Studio und sie die Regisseurin, rief sie: Action! Ihm gelang es trotzdem, den bloßen Aktionismus zu steuern. Als es dann so weit war oder als sie beide gleich so weit sein würden, fühlte er sich vorbereitet, den ersten Wortbeitrag auf Englisch zu liefern, und zwar mit einem Zitat aus ihrem Briefwerk, und das war jetzt, da das Gelingen ja schon begonnen hatte, eher eine Floskel fröhlicher Ironie: It ain't over till the fat lady sings. Sie schrie auf, fuhr hoch, warf sich weg von ihm, riß, was sie an Decke kriegen konnte, über sich. In ihr wurde offenbar weder die opera noch die Briefstelle wach, sie war bestürzt, getroffen, beleidigt, because of the fat lady. Sie fühlt sich fat. Und dann sagt er's ihr auch noch in diesem Augenblick ins Gesicht. In dem Augenblick, dem sie seit Monaten entgegenlebt. Und selbst wenn ER das nicht so gemeint hat, ES war so gemeint. ES hat es so gemeint. Ein Freudian slip.

Gottlieb eilte zur Minibar, holte sämtliche verfügbaren Martinis und flößte ihr ein, soviel sie bereit war, sich einflößen zu lassen. Und entschuldigte sich ernsthaft. Eins wisse er sicher: Wenn er sie für fat hielte oder wenn sie ihm so vorkäme, wäre ein Zitat, das dieses Wort mit sich führte, nie nie nie über seine Lippen gekommen. Aber als er sich das so sagen hörte, merkte er, daß es nicht ganz so war, wie er das sagte. Aber es war auch nicht so, wie sie das gesagt hatte. Also küßte er innig drauflos, spielte Thémire und Sylvandre mit ihr, bis sie so weit waren, das vorher Begonnene fortzusetzen und zu einem glücklichen Ende zu bringen. Dann lagen sie aneinandergeschmiegt und flüsterten ihr Schicksal ins grünliche Zwielicht dieses alles ermöglichenden Zimmers. Er flüsterte, er habe, als er drunten in der Lounge die Minuten bis zu ihrer Ankunft gezählt habe, zum geträumten Unding gesagt – nebenbei, er halte das für eine brauchbare Startbezeichnung, das heißt, von da aus gehe es weiter zu immer besseren, das heißt brauchbareren Wörtern –, da habe er also, hingefläzt im Loungesessel, seinem ungeduldigen Unding gesagt: Heute noch wirst du im Paradiese sein. Und jetzt könne er im Namen seines Undings melden, daß ihm nicht zuviel versprochen worden war. Sie flüsterte zurück: Sag noch was Schönes, Sylvandre. Er: Danke, Thémire. Sie: Ist Danke was Schönes? Und als ihm nicht gleich eine Antwort einfiel, sagte sie, und das sollte offensichtlich lustig klingen: Are you all set, Sir? Daß das eine Kellnerfloskel war, begriff er. Und antwortete: Not at all. Und sagte, was alles er noch nicht habe, also, was alles er noch wolle und wünsche. Nämlich sie, sie, sie. Also gleich dreimal, sagte sie. Er erschrak ein bißchen, weil er es so konkret nicht gemeint hatte. Er tat aber so, als gebe es keine Grenzen. Und tatsächlich gab es die im Augenblick noch nicht.

Dessen versicherten sie sich noch vor dem Abendessen. Aber da setzte sie ihre Mündlichkeit ein. Nahm ihm, was er noch hatte, so ab und sagte dazu, sie beide seien doch Katholiken, also sei das ihre Kommunion. Da sie so hymnisch dran war, konnte er nicht sagen, er sei gerade nicht so hymnisch gestimmt, könne also ein so weitgehendes Zusammenkommen nicht so natürlich praktizieren, im

Gegenteil, er fühle, das gehe zu weit, noch oder überhaupt, aber das war nicht aussprechbar, er mußte, was ihr möglich war oder gar notwendig war, geschehen lassen, er mußte es mitmachen. Um ihretwillen. Obwohl ihm nicht danach war. Am liebsten hätte er, als sie ihn so bediente, gesagt: Sprich doch mit mir. Aber wenn er gesagt hätte: Sprich mit mir! hätte sie sagen können: Mit vollem Mund spricht man nicht. Und schon war er in der Assoziationsfalle. Philipp, Rosas Pastor, sprach nur mit vollem Mund. Sobald er nicht mehr aß, war er ein stiller, in sich gekehrter Mensch. Aß er, sprach er. Und nicht mit vollem, sondern mit vollstem Mund. Er schaufelte Essen in den Mund, bis die Backen platzen wollten, dann sprach er, sprach, als wolle er beweisen, daß er auch mit vollstem Mund sich immer noch verständlich machen konnte. Und das konnte er. Das war sogar das Gemeinste, daß er seine radikal dialektische Theologie so mampfend verkündete. Und ruderte dabei mit Messer und Gabel wild durch die Luft. Gott, kein Kamerad, sondern eine Zumutung. Das war seine Verkündigung. Und das im vollsten fränkischen Dialekt, als solle auch noch dieser sonst so herbschöne Dialekt geschunden werden. Als das zum ersten Mal im Hause stattfand, hatte Gottlieb aufstehen und hinausgehen müssen. Natürlich so, daß nicht deutlich wurde, warum er ging. Inzwischen stand er, wenn Rosa mit dem Mampfer zu Besuch war, nicht mehr auf, aber dabei sitzen bleiben zu müssen, war jedes Mal eine Nerven aufreibende Anstrengung. Daß Rosa, die Feinfühligste von allen, ihrem Philipp, wenn er mampfend dialektische Theologie predigte, förmlich am Mund hing, konnte er nicht begreifen.

Komm zurück! Sprechen ist hier im Augenblick nicht

angesagt. Mitmachen ist dran. Rise to the occasion. Aber in ihm fragte es sich doch: Ist das jetzt das Kind, das alles in den Mund nimmt, oder die amerikanisch gestimmte Frau, die die Rolle spielt, die hier die Frau zu spielen hat? Angenommen, die Frau habe von diesem Munddienst weniger als der Mann, dann hieße das, in diesem freiheitsberühmten Land hätten es die Männer gern, daß die Frauen ihnen etwas leisten, wovon die Frauen weniger haben als die Männer. Aber ein Mann hat doch von diesem Munddienst auch weniger, als wenn er sein Teil dahin bewegt und darin bewegt, wo es hingehört. Das hieße, beide haben weniger davon, aber eine Unterwerfung oder gar Erniedrigung der Frau wird erlebbar beim Munddienst. Für beide. Könnte es dann sein, daß die Frau etwas davon hat, daß sie diesen Dienst tut? Sie hätte dann etwas davon, weil sie ihm etwas zuliebe tut, wovon sie nichts hat. Und er hätte als seinen Genuß auch hauptsächlich ihre unterwürfige Dienstbarkeit. War er hier bei einem fremden Volksstamm, dessen Praktiken er zu studieren hatte? Ist also bei denen hier der Geschlechtsverkehr eine Veranstaltung hauptsächlich zu Gunsten des Mannes? Aber wenn es zu seinem Genuß gehört, daß sie auch genießt, muß sie doch auch genießen oder, wenn sie das nicht kann, so tun, als genösse sie. Wehe ihr, wenn sie, falls er es genießen will, ihr Genuß zu verschaffen, diesen Genuß nicht zeigen kann. Aber vielleicht soll hier die Frau, um den Mann zu steigern, beweisen, daß sie ihn mehr liebt als sich selbst. Und: daß sie ihn mehr liebt als er sich selbst! Das wär's überhaupt. Da könnte er sich strecken und recken und räkeln, der hiesige Mann. Auf jeden Fall eine Vormachorgie, ein Täuschungszirkus. Da träumt man unwillkürlich von

etwas Gemeinsamem. Daß sich die beiden, was das Dabei-
sein angeht, nicht mehr von einander unterschieden, nicht
mehr einer des anderen Besorger wäre, ein Gemeinsam-
keitsgenuß eben. Gottlieb fand, daß er, wenn er so dachte,
ihren für ihn tätigen Mund schon in einer verheißungsrei-
chen Art erlebte. Irgendetwas mußte er ja denken, wenn
sie sich so heftig mit ihm beschäftigte. Warum dann nicht
etwas Schönes, Zukünftiges. Nachher beim Essen konnte
er das ja zur Sprache bringen. Dann also die Vollendung,
die wirkliche Kommunion, er würde es nachher Ausschüttung nennen. Schließlich war er auch ein Geschäfts-
mann. Und Ausschüttung ist ein Wort für geglückt Er-
gebnishaftes. So dachte er sich über den Höhepunkt
hinweg. An der religiösen Sprachanleihe wollte er sich
nicht beteiligen. Das bringt nichts. Dachte er. Ausschüttung. Basta.

Als sie merkte, daß er Mühe hatte, so hoch zu fliegen,
wie sie flog, sagte sie: Bei einer Gefangenenbefreiung bestimmt der Befreier, was geschieht. Und als er nichts sagte, sagte sie noch: Auch wenn der Befreier eine Befreierin
ist.

Er hätte beinahe wieder Danke gesagt. Aber er konnte
nicht schon wieder Danke sagen. Also zog er sie heftig zu
sich herauf, preßte, drückte und küßte sie, als sei er außer
sich. Erst jetzt. Als begriffe er erst jetzt, was sie für ihn getan hatte. Sie hatte ES geschluckt. Sie schmeckte noch danach. Ja, da muß man doch außer sich sein. Wo denn
sonst? In ihr, bitte. Dann sagte sie: In der letzten halben
Stunde seien die Jahreszahlen überhaupt nicht mehr spürbar gewesen. Und als er nicht wußte, wie er darauf reagieren sollte, sagte sie: Das war jetzt frech, gell. Um sie vor

weiterem Übermut zu bewahren, küßte er sie. Das konnte falsch sein. Dann fing er einfach von Rosa an. Die älteste Tochter, bald zehn Jahre älter als Beate, ja. Wieso jetzt Rosa, sagte Beate. Er habe gerade an sie denken müssen, sagte er, weil sie auch eine Abtreibung hinter sich habe. Das zog. Das wollte sie genauer wissen. Zuerst als komische Eröffnung: Max Stöckl, Kamera, Regie, Urbayer beziehungsweise -viech. Wenn der da war und Gottlieb ging früher ins Bett und bat Rosa, daß sie nicht vergessen solle, nachher die Lichter zu löschen, sprang der auf, tanzte auf der Terrasse herum und brüllte: Genau wia mei Oidda. Auf jeden Versuch, anderer Meinung zu sein als er, lief Bayerisch ab. Sie senga jo dees net vu Ehnarem hiesigen Standpunkt aus, naa, wirkli, gengas zua, lossns Ehna des song, di Rosa, des Madl is z'schood firs Studiern. Dann war sie schwanger, er benimmt sich so, daß Schluß sein muß, Rosa treibt ab, tritt über, studiert, heimlich, Theologie, meldet sich eines Tages als fertige Theologin, heiratet einen Pastor, ist Pastorin, beide in Ingolstadt, er schlägt sie manchmal, dafür verlangt er aber jedes Mal, daß sie ihn bestrafe. Daß der Pastor seine Rosa gelegentlich schlägt, kann Gottlieb ertragen, es sind eher Ringkämpfe als Schlägereien, und Rosa ist dem dünnen Pastor durchaus gewachsen, aber daß der, wenn er am Familientisch sitzt, nur mit vollem, nein, mit vollstem Mund spricht, breitestes Fränkisch, und Rosa bemerkt es nicht, das läßt Gottlieb manchmal einfach aufspringen und hinausrennen. Gottlieb kann Rosa von seinen Töchtern für die Versorgteste halten. Da muß man fränkisches Mampfen eben in Kauf nehmen. Rosa muß ja nicht ihren Mann ernähren, wie Julia, wie Regina. Daß auch Anna ihren Mann ernähren muß, verschwieg er. Julia, Regina, Anna. Frauen für Männer, die Unterschlupf suchen. Beate war, zum Glück, eingeschlafen, er konnte aufhören.

3.

Jetzt wisse er, warum sie so zu schleppen hatte, sagte er, als sie den voluminösen Webster aus ihrem Gepäck hob. Drei Tage lang bot sie Webster-Wörter an, er sollte wählen. Und wies hin auf die Schwächen ihrer englischen Sätze, die ihren Grund hätten in den deutschen Sätzen. Immer wenn die deutschen Sätze mehr wollten, als sie könnten, und dies auch ausdrückten, also gestünden, daß sie mehr ausdrücken wollten, als sie könnten, immer dann sei dieses Mehrwollen als Können im Englischen nicht mehr spürbar.

Rise to the occasion, das, hoffe sie, sei ihr gelungen. Sein Entsprechen ist alles geht im Englischen nur in der Befehlsform. Sprechen kommt nicht mehr vor, das zeigt schon, welche Sprachkörperlichkeiten beim Übersetzen verschwinden. Aber sie gibt noch nicht auf. Drei Tage lang wird sie jetzt mit ihm Sprachrettung treiben. Daß sie die Sprachrettung betreibt, um ihn zu retten, nicht nur hier, jetzt, sondern überhaupt, das müsse er, um den Grad ihres Dabeiseins zu begreifen, wissen. Er werde es schon noch merken. Also, los jetzt.

Wie soll sie denn das, bitte, übersetzen: *Shakespearisierend kannst du dir in deinen Träumen vorkommen*? Oder, wenn der Gefangene erwacht: *Der Sturz des Gefangenen in sein Zeug*? Ist das Heidegger oder was? Zum Glück hat sie im letzten Sommer diesen Kurs *Deutsch für Philoso-phen* gegeben, sonst wäre sie noch ratloser gewesen. Als sie dem Professor andeutete, daß die Übersetzung kein Spaziergang sei, habe der geraten, Rick Hardy zuzuziehen. Das sei geschehen. Der habe gegrinst wie die Sphinx persönlich. Dann habe er gesagt, da er ja in Berkeley die Veranstaltung mit Mr. Krall zu moderieren habe, werde er sich jetzt nur zu den Fragen, die Übersetzung betreffend, äußern. Das habe er getan. Sie müsse zugeben, ihr sei, was er dazu zu sagen gehabt habe, nichts als hilfreich gewesen. Intelligent sei der. Manchmal fast zum Fürchten intelligent. *Erfahrungsgesättigte Kenntlichkeit* hätte sie ohne Rick kaum geschafft. Vor allem hat er für alle deutschen und französischen La Mettrie-Stellen die in Amerika vorliegenden englischen Übersetzungen beigebracht. Und dann auch noch die Manfred Eigen-Sätze! Die gibt's natürlich auch schon auf Englisch. Und Rick schaffte sie her.

Gottlieb genoß es, daß er nicht leicht zu übersetzen war. Er vermutete allerdings, daß Beate J. (so wollte sie mindestens genannt werden) zu vorsichtig, zu bedenkensüchtig sei. Aber seine Versuche, sie bedenkenloser zu stimmen, blieben erfolglos. Er würde dort stehen, Berkeley, Dwinelle Hall, Hörsaal soundsoviel, und vor ihm säßen einhundertsiebzig Zuhörer, darunter Professor Glen O. Rosenne, Patricia Best, Rick Hardy und dann noch die notorischen Berkeley-Intellektuellen, sophisticated bis zum Gehtnichtmehr. Sie wollte ihm Angst machen und ihn so zwingen, das Übersetzen nicht nur als einen Spaß zu erleben, sondern als ein Spiel um alles oder nichts. Er solle sich doch vorstellen, wie er da stünde, wenn er erlebte, daß er an denen vorbeiredete, über die hinweg! Also sie habe vor jedem Referat Angst. Deshalb rackere sie sich dann so ab, daß das Schlimmste jedesmal gerade noch vermieden worden sei. Sie wollte nicht begreifen, daß für Gottlieb nicht soviel auf dem Spiel stehe. Er war Amateur. Er spielte in einer anderen Liga. Er hat La Mettrie dargestellt, wie er ihn erlebt hat, und er hat La Mettries Wichtigstes, sich selbst auf's Papier zu bringen, wichtig genommen. Und das ist geworden: Der Gefangene wird sich durch La Mettrie seines Gefangenseins bewußt und fliegt nach Kalifornien, um dort Zeugnis abzulegen für eine Wirkung La Mettries, die diesen Philosophen mehr ehrt und erklärt als alle Wissenschaftelei. Und sie: Wenn er das in der Diskussion nach seinem Referat sage, riskiere er, daß das Auditorium ihn auspfeife. Einmal abgesehen davon, daß sie als seine Dolmetscherin sich unfähig fühle, *Wissenschaftelei* englisch auszudrücken. Das allerdings wäre ein Glück, denn er spräche ja zu Wissenschaftlern und solchen, die es werden wollten.

Er hatte vorgeschlagen, einen der drei Tage am Meer zu verbringen. Sie lehnte das ab. Mit jedem Wort, für das sie eine erlebbare englische Entsprechung fänden, werde es den hiesigen Highbrows schwerer gemacht, den Amateur aus Germany zu belächeln oder gar zu beschimpfen. Letzteres glaube sie allerdings nicht. Ein Campus sei ja kein Bierzelt. Aber sie habe eben diesen Gast vorgeschlagen, also wäre sein Nichterfolg ihr Mißerfolg. Also kein Tag am Meer, sondern ein Ringen um jedes Wort, jede Nuance.

Diese Beate J. war viel stärker, als er geahnt hatte. Ihre Angstbereitschaft war Stärke. Ihr Ernst, ihr Genauigkeitswille, ihre Niezufriedenheit, ihre Vollkommenheitsvorstellungen, alles nichts als Stärke. Sobald wieder ein Ausdruck gelungen war, jubelte sie. Wenn das nur nie aufhörte, konnte sie dann sagen. Immer so weiter. Immer und ewig mit dir um Wörter ringen, Bedeutungen retten, Nuancen leuchten lassen.

Dann die Sprechproben. Er mußte seine Mund-, seine Gesichtsnerven und seine Seele mit diesen englischen Sätzen so vertraut machen, daß er jede gleich zu produzierende Tonnuance schon im voraus wußte, einen Sekundenbruchteil, bevor dieser Ton fällig war. Alles wie von selbst: So sollte Englisch aus ihm kommen. Intonation! Und die größte Schwierigkeit: die französischen Sätze. Die verlangten doch einen ganz anderen Laut. Die französischen und die englischen Vokale sind einander so fremd wie eine Mondnacht und ein Diamantcollier. Beides blitzt, aber wie verschieden! Da heißt es, das ganze Nervensystem in Nullkommanichts umzustellen. Hier gewölbte Mondscheinlaute und da vor Energie blitzendes Gesteinsfeuer. Eine Sprache ist ja zuerst eine Melodie und erst dann ein System aus Grammatik und Wortbedeutungen. Jetzt war es an ihm, nicht nachzugeben. Jetzt war er unersättlich genau. Ihm war die Performance dort in der Dwinelle Hall wichtiger als die Übersetzung. Er wollte die überraschen, eine flawless performance wollte er, die sollten staunen. Zehn Seiten, zu lesen in dreißig Minuten. Fünfzehnmal hatte er die zehn Seiten sicher gelesen, bis er, von Beate J. kritisch abgehört, alle Töne so herausbrachte, daß die englische Sprache nicht aller wunderbaren Laute beraubt zu sein schien. Er hätte noch weitergelesen, aber die Regisseurin warnte: Dann bringe er zwar die Intonation, aber die Stimmbänder schlügen nicht mehr an. Er ging sofort auf Flüstern über. In diesem Augenblick, sagte sie, sei sie so glücklich wie noch nie in ihrem Leben. Der Text funktioniere jetzt auch auf Englisch, Gottlieb W. sei ziemlich musikalisch, das heißt, seine Aussprache sei nicht mehr barbarisch.

In der letzten Nacht vor Berkeley träumte Gottlieb, daß Professor Rosenne zu ihm sagte: Ihr Englisch ist so exzellent, daß ich Sie nicht mehr für einen Ausländer halten kann. Das sagte er vor allen Zuhörern. Gottlieb bedankte sich für dieses Kompliment mit einem englischen Satz, in dem ihm ein grober Fehler unterlief. Die Zuhörer lachten laut, Professor Rosenne lachte auch, aber er lachte so, daß klar wurde, er habe das Kompliment nur gemacht, um Gottlieb zu dieser Selbstentlarvung zu provozieren. Gottlieb erzählte den Traum Beate J. Thémire, bat aber darum, von Dr. Douglas' Auslegungen verschont zu bleiben. Und sie: Hättest du's lieber à la Goethe? Wieso, wie geht's à la Goethe? Na ja, sagte sie fast genießerisch, Frau Herder hat einmal nichts Besseres zu tun gewußt, als Goethe einen *närrischen Traum* zu erzählen, und er rät ihr überhaupt ab, so zu träumen, wie sie träumt, und sagt, das Schlimmste sei, die Träume machten den Verstand krank. Und bevor Gottlieb reagieren konnte, sagte sie energisch, daß Goethe hier wohl Ursache und Wirkung verwechselt habe. Ja, sagte Gottlieb, er hing dann sehr am Beherrschbaren.

Sie stand jetzt schon vor dem Spiegel, sie kämmte sich, sah sich an und sagte: Immer wenn du mit mir geschlafen hast, bin ich doppelt so schön wie vorher. Immer? sagte er. Und sie: Jetzt schon viermal, Sylvandre. Und gab ihm einen kleinen Schubs, der genügte, ihn aufs Bett zu werfen. Und sofort war sie neben ihm und halb auf ihm und, als gäbe es keine Termine, fuhr sie mit ihrem Zeigefinger seine Ohren nach, die Augenbrauen, die Nase, die Lippen. Die Lippen immer wieder. Da ihm das guttat, fuhr er ihr auch so sachte mit dem Zeigefinger ihren Gesichtsplan nach. Ihm blieb nichts anderes übrig als zu sagen, so habe er, als seine Töchter noch Kinder waren, auch deren Profile mit einem liebenden Zeigefinger nachgefahren. Wahrscheinlich nur bei Julia, sagte sie, weil sie auf die, vom selben Jahrgang, eifersüchtig zu sein vorgab. Er griff nach Julias Namen wie nach einem Rettungsring und spulte vaterschmerzbewegt die Julialegende herunter. Fährt neuerdings mit Bus und Boot durch Berlin und erklärt Ausländern die Museumsinsel, die Nationalgalerie, den Potsdamer Platz und den Reichstagsbau plus Geschichte, die Kuppel. Auf Englisch. Hat ja zwei Jahre mit und bei einem irischen Alkoholiker in Dublin gelebt. Sie hat den nicht ernähren können in Irland, also mußte sie gehen. Ihren jetzigen Alkoholiker, und es ist wieder ein Ire, kann sie ernähren, aber eben in Berlin. Die Verbindung hält. Sie hat in ihrem Leben noch keinen Tropfen Alkohol getrunken. Wahrscheinlich zieht das die Alkoholiker an. Der Jetzige hat noch nie etwas gearbeitet. Und ist stolz darauf. Er werde, sagt er, sich nie ausbeuten lassen und werde nie andere ausbeuten. Und da das bei Arbeit immer die Gefahr ist, meidet er Arbeit. Weil Beate wissen wollte, wie der seine Zeit verbringe, mußte er ihr erklären, daß dieser Ire Tag und Nacht lese und schreibe, also keinesfalls untätig oder gar faul sei. Dann wäre ja alles einfach. Aber er lese und schreibe eben ununterbrochen, sage allerdings, es habe keinen Sinn, sein Geschriebenes jetzt anzubieten, da es so viel besser sei als all der Mist, der zur Zeit die Szene beherrsche, daß das Seine mit keinerlei Verständnis rechnen könne. Noch nicht! Wann, das wisse allein Gott, und den gebe es bekanntlich nicht. Da in Julia die Botschaft eingebrannt war, Iren seien genial, glaubt sie, hofft sie, liebt sie und erklärt weiterhin das Reichstagsufer und lernt jetzt nebenher Japanisch. Sie will es so weit bringen, japanischen Reisegruppen Berlin in deren Muttersprache zu erklären. Das gäbe einige Euro mehr.

Beate, die vielleicht nicht mehr zugehört, auf jeden Fall spürbar von ihm abgelassen hatte, sagte: Wir müssen gehen. Oh ja, sagte er und sprang auf und zog sie hoch und war fast froh darüber, daß es ihm nicht gelungen war, sie für Julia zu interessieren.

4.

Durch San Francisco, über die Bay Bridge, hinüber nach Berkeley. Gottlieb wußte, daß er nicht wichtig war. Andererseits: Warum bauen sie Städte, die nichts demonstrieren als deine Unwichtigkeit. Diese Bankmonsterflanken, die spiegelnden, und spiegeln doch nichts als ihresgleichen. Dann diese lächerliche Pseudovertrautheit mit all dem, hundertmal im Film gesehen. Der farbige Taxifahrer machte klar, daß das auch ein Dschungel ist, in dem Menschen zu unliebsamen Wesen gedrillt werden. *Hotel Durant* hatte Beate J. geordert. Der reagierte gereizt. Berkeley, was ist denn das wieder für ein Scheißhotel, können Sie nicht in was Besserem, also Bekannterem absteigen, wahrscheinlich keine Knete, und so was muß ich kutschieren, an mir bleibt's hängen, *Hotel Durant*, oh boy. So etwa reagierte der. Gottlieb nahm sich vor, ihn nachher durch ein Trinkgeld zu beschämen. Der nahm das Trinkgeld ganz ungerührt. Beate J. schimpfte.

Im *Durant* hatten sie zwei Zimmer. Und die auf zwei verschiedenen Etagen. Als sie sich eintrugen, zeigte Gottlieb ihr, was er als Beruf angab: Privatgelehrter. Ach, Herr Krall, sagte sie. Probeweise. Alle, die einem jetzt begegneten, konnten La Mettrie-Referenten sein. Das hieß: Ab sofort striktes per Sie. Zum Glück hatten sich Rosenne, Patricia Best und Rick Hardy bei Freunden untergebracht. Mit denen frühstücken! Lieber nicht. Sie fürchtete sich ohnehin vor dem Augenblick, in dem sie Gottlieb Patricia Best vorstellen mußte. Sie würde rot werden, Patricia sähe, spürte sofort, was zwischen ihr und Gottlieb passiert war.

In der Eingangshalle von Dwinelle Hall wartete schon Rick Hardy. Beate J. stellte die Herren einander vor. Patricia war zum Glück schon im Saal. Gottlieb war darauf vorbereitet, daß dieser Hardy beim Händedruck alles gibt, was er hat. Dachte der Drücker jetzt daran, daß er einmal Beates Hals im Griff gehalten hatte? Beate hatte berichtet, von den Herren hege keiner auch nur den leisesten Verdacht, sie könne Herrn Krall aus anderen als wissenschaftlichen Gründen für ein Referat vorgeschlagen haben. Davor schütze sie, ihn und sie, schon der Altersunterschied.

So raste es in Gottliebs Kopf, als er die von Rick Hardy gequetschte Hand demonstrativ besah und murmelte: Nothing broken, so far. Das wurde beifällig aufgenommen. Dann sah er dem Quetscher ins Gesicht. Eine eisige Freundlichkeit, der es nicht darauf ankam, glaubwürdig zu sein. Gottlieb spürte, daß ihm eine Gänsehaut rückenabwärts wanderte. Rick Hardy, das war ein Totenkopf. Augenhöhlen, tief drin, große Augen, eingefallene Wan-

gen und ein ebenes Lächeln um einen eher unsichtbaren
Mund. So würde einem der Tod die Hand geben. Um zu
demonstrieren, daß man von jetzt an in seiner Hand sei.

Also, wie lange wird Mr. Krall vortragen? Nicht über
dreißig Minuten. Sehr gut. Dann die Diskussion. Kann Mr.
Krall die in Englisch bestreiten? Er will es versuchen und
hofft, falls er einen Diskussionsbeitrag nicht zur Gänze
versteht, auf Beate Gutbrods Hilfe. Die wird ihm zuge-
sagt. Und, ergänzte Mr. Hardy, Beate sei ja jetzt sowohl
eine La Mettrie- wie auch eine Krall-Spezialistin.

Daß der mit keinem Laut verriet, wie er den Vortrag finde, beunruhigte Gottlieb jetzt doch. Unglaublich, du erar-
beitest einen Vortrag, fliegst um die halbe Welt, und dieser
Unischnösel tut so, als komme da einer aus der Nachbarschaft und lese zum hundertsten Mal vor, was ihm gerade
zu La Mettrie eingefallen ist. Wenigstens die Übersetzung
könnte er loben. Aber das hatte ja Beate schon verraten,
daß der Herr sich jeder Reaktion enthalten habe. Macht-
ausübung, dachte Gottlieb. Das hat der schon voll drauf.
Wahrscheinlich ist es ihm jahrelang so gegangen. Der, dem
etwas vorgelegt wird, kann den, der etwas vorlegen muß,
schon durch Nichtreagieren förmlich zermürben. Wenn
man das übersteht und dann selber der ist, dem etwas vorgelegt werden muß, zermürbt man den, der jetzt von einem
abhängig ist, genau so, wie man selber immer zermürbt
worden ist. Gottlieb dachte: Du zermürbst mich nicht. Das
hatte er hinter sich. Irgendwann muß Schluß sein mit diesem Abhängigsein von anderen. Sonst hast du umsonst gelebt. Daß er umsonst gelebt habe, mußte er sich allerdings
dann und wann eingestehen. Aber, bitte, nicht hier, zehn
Flugstunden von daheim. Hier kommt es auf nichts an. Die

wissen doch alle nicht, daß du nicht ihretwegen hier bist. Du bist hier wegen dieser viel zu jungen Frau. Das ist alles so gekommen, wie es keiner wissen darf. Und das ist deine Stärke, dein Schutz und Schirm, die können dir alle egal sein, dir kommt es nur auf sie an, Thémire. Du bist hier nur als Sylvandre. Laß alles schief gehen, aber es wird nicht alles schief gehen, nie geht alles schief, aber selbst wenn alles schief ginge, Thémire und Sylvandre sind ein Paar, La Mettrie ist Zeuge.

Dr. Wendelin Krall war der erste Referent der La Mettrie-Tagung in Kalifornien. Vielleicht war Gottlieb der Unwichtigste, vielleicht der Wichtigste. Beate hatte ausweichend geantwortet. Sie war zum Programmaufbau nicht befragt worden. Offenbar waren alle, die zur Tagung gekommen waren oder kommen würden, schon zum ersten Referat erschienen. Der Hörsaal war gut besetzt. Gottlieb zählte im Hineingehen die Reihen, multiplizierte mit zwanzig, soviel etwa saßen in einer Reihe, also, dreihundert Plätze, davon zirka zweihundert besetzt. Vorne erwartete ihn der Professor, die Vorstellung besorgte jetzt Mr. Hardy, Beate hatte sich schon im Hineingehen von Gottlieb getrennt, hatte irgendwo Platz genommen. Der Händedruck des Professors war so lasch weich unspürbar, wie der von Rick Hardy krass und aggressiv war. Man hätte wieder die Hand besehen und sie fragen können: War was? Und Frau Professor Patricia Best! Gottlieb behielt ihre Hand viel länger in der seinen, als es üblich war, und sagte aus vollem Herzen, daß er sich sehr freue, Frau Professor Best kennenzulernen. Daß er von ihr gehört und zwar nur Schönes gehört habe, konnte er, wollte er nicht verbergen. Dr. Krall durfte in der ersten Reihe zwischen Patricia Best und Rick Hardy Platz nehmen. Professor Dr. Glen O. Rosenne eröffnete die erste La Mettrie-Tagung auf amerikanischem Boden mit einem Satzfragment La Mettries: *Armez-vous du flambeau de l'Expérience!* Gottlieb fand, daß der Herr Professor den Rest des Satzes nicht hätte weglassen dürfen. In ihm ergänzte es sich automatisch: ... *et vous ferez à la Nature l'Honneur qu'elle mérite.* Aber dann hätte der Professor den Trompetenton nicht geschafft, den er für den Anfang brauchte. Sieh das, bitte, ein. Gottlieb sah's ein. Referenten aus fünf Ländern seien dazu erschienen, sagte der Professor. Und da Julien Offray de La Mettrie seit Diderot immer noch verrufen sei als der bis zu de Sade unanständigste Philosoph, sei es sicher kein Zufall, daß die Referenten eher aus katholischen als aus protestantischen Ländern kämen. Daß aber auch protestantische Gegenden aus ihrem Anstandsschatten heraustreten können, beweise das Gastgeberland, die USA.

Einen Satz des Professors notierte Gottlieb sofort und verbarg nicht, daß er das tat. Deutsch zitierte der Professor einen Satz von Nietzsche: *Der Glaube an den Leib ist fundamentaler als der Glaube an die Seele: letzterer ist entstanden aus der unwissenschaftlichen Betrachtung der Agonien des Leibes (etwas, das ihn verläßt).* Dann also, Herr Dr. Wendelin Krall. Sein Thema: Rise to the occasion. Bitte, Herr Dr. Krall.

Wenn ein Amerikaner deinen Namen mit *Herr* versieht, klingt das wie ein Distanzierung. Wenn du daheim einen als Mr. Rosenne ankündigen würdest, klänge das nicht kritisch. Vielleicht liegt es an diesem *Herr.* Vielleicht wissen die Ausländer, was für ein Wort das ist. Vielleicht denken sie tatsächlich an *Herrenrasse.* Gottlieb mußte anfangen.

Rise to the occasion. Er fing vorsichtig an, versuchte aber zu zeigen, daß es die Fremdsprache war, die ihn vorsichtig machte. Der Schwung würde dann schon kommen. Der La Mettrie-Schwung: *à la Nature l'Honneur qu'elle mérite.* Noch redete er vor sich hin. Gab den Schüchternen. Schonte er sich? War etwas mit seiner Stimme? Wagte er schon gar nicht mehr, draufloszusprechen? Und bei der ersten Umschaltung ins Französische, la douceur de mon caractère, spürte er einen Stich im Hals, sprach aber weiter, konzentrierte sich weniger darauf, ob der Stich schärfer werde, als auf den Text, versprach sich aber gleich zum ersten Mal. Der Stich nahm zu. Wenn der so zunehmen würde, könnte er bald nicht mehr weiterlesen. Aber wegen eines Stichs würde er nicht aufhören. Sollte es wehtun, das ging ihn nichts an. Er hatte einen Nagel im Hals. Bitte, dann sprichst du eben mit einem Nagel im Hals. Es gibt Schlimmeres als einen Nagel im Hals. Kein Schmerz der Welt würde ihn zwingen, das Referat, das ihn ganz enthielt, abzubrechen! Es war ihm weder schwindlig noch schlecht. Er hatte nur diesen Nagel im Hals, der bei jedem Wort zustach. Sollte er! Das tat weh. Bitte, sollte es wehtun! Nachher würde er Beate genau schildern, was das für eine Qual war, bei jedem Wort dieser Stich, und wenn er nicht das Gefühl gehabt hätte, er spreche für sie nur für sie, hätte er diese Tortur nicht überstanden. Er sprach für Beate! Aber als er zum ersten Zitat aus dem *Dictionnaire Universel* kam, machte die Stimme nicht mehr mit. Es gab sie nicht mehr. Er konnte seiner Kehle, den Stimmbändern, dem Mund befehlen, was er wollte. Nichts als ein Krächzen. Das klang grotesk. Lieber nichts mehr als dieses Krächzen. Erledigt. Aus. Da stand schon Rick Hardy vor ihm, der hatte schon Kontakt mit Beate, der sagte schon an, solange der Referent nicht bei Stimme sei, werde Beate Gutbrod, sowohl Übersetzerin dieses Textes wie gerade beim Schreiben einer Doktorarbeit über La Mettrie, den ihr durchs Übersetzen geläufigen Text vorlesen.

Bitte, Beate.

Beate sprechen die hier tatsächlich ziemlich schräg aus, dachte Gottlieb und ging, den Blick auf dem Boden, zu dem Stuhl, auf dem er schon gesessen hatte. Beate las, er konnte nicht zuhören. Sie las das Englische perfekt. Perfekt amerikanisch. Aber er konnte nicht folgen. Er schluckte, er versuchte, in der Stimmbandgegend eine Empfindung zu wecken. Er spürte nichts als den Nagel. Auch ohne daß er sprach, stach in seiner Kehle ein Nagel. Als Beate geendet hatte, wurde, auf akademische Art, ein höflicher Beifall gespendet. Aber als sie auf ihren Platz zurückging, gab's noch Extrabeifall. Deutlich für ihre Vortragsleistung.

Rick Hardy rief hell und lebhaft zur Diskussion auf. Als sich niemand meldete, sagte er, er werde einmal den Anfang machen. Vielleicht sei der Referent inzwischen wieder bei Stimme. Schon flüstern könne bei der vorzüglichen Verstärkeranlage von Dwinelle Hall eine Kommunikation ermöglichen. Gottlieb sah und hörte und spürte, wie unvollständig Beate ihm diesen Rick Hardy geschildert hatte. Eine Stimme wie ein italienischer Tenor. Eine gelbe Lederweste, aus der ein weißer Rollkragen unmäßig herausquillt. Ein vorne aufknöpfbarer Rollkragen. Wahrscheinlich aus Seide oder feinster Baumwolle. Und diese Lachbereitschaft! Er lachte seinen eigenen Sätzen hinterher. I like your attempt to conceptualize your misère propre. Und lachte. Er wolle, sagte er, mit einem Zitat von T. S. Eliot beginnen. *Bad poets copy, great poets steal.* Und lachte. Warum er jetzt Eliot zitiere, sei ihm selber unbekannt. Aber Eliot paßt immer. Und lachte. Die Unlust des Auditoriums, sich zu Wort zu melden, könne damit zu tun haben, daß Mr. Krall weniger über La Mettrie und mehr über sich selbst gesprochen habe. Let me try to elucidate what Mr. Krall was trying to say. Und spezialisierte sich auf ein Wort: *Schuldgefühle.* Ein deutscher Intellektueller kommt an eine US-Elite-Universität und versucht unter dem Vorwand, er spreche über La Mettrie, den Deutschen einen Freispruch zu erschwindeln. Zweifellos sei der späte La Mettrie eine Art Verführung zur Gewissenlosigkeit. Aber er hat aus allzu einsichtigen Gründen nicht daran gedacht, die Deutschen aus ihrer von ihnen selbst verschuldeten Schuld zu erlösen. Schluß mit Schuldgefühlen! Das aus dem Mund eines Deutschen! La Mettrie hat, als er die Menschheit von Schuldgefühlen befreien wollte, nicht an Völkermord gedacht, sondern an Ehebruch und dergleichen. Insofern ist der Coup, den ein konvertierter Altachtundsechziger hier zu landen versuche, fast schon jenseits des akademisch Tolerierbaren. Massage gegen Gewissensbisse! Und das via Nietzsche! Wer Professor Rosennes Nietzsche-Vorlesung gehört habe, könne einen so unreflektierten Nietzsche-Gebrauch nicht ohne Gänsehaut zur Kenntnis nehmen. Sollte er in seinem Versuch, die Diskussion zu entfesseln, zu weit gegangen sein, bitte er um Widerlegung dessen, was er gesagt habe und was er allerdings unter allen Umständen sagen würde. Kräftiger Beifall.

Das war eine vorbereitete, geplante, vielleicht sogar mit

dem Professor abgesprochene Diskussionseröffnung. Gottlieb stand auf, ließ sich, zur Sicherheit, von Beate den Hardy-Text noch einmal zusammenfassen, dann flüsterte er Beate ins Ohr und sie sagte es laut auf Englisch weiter: Er sei überrascht. An all das, was Mr. Hardy in seinem Vortrag entdeckt habe, habe er nicht gedacht. Trotzdem seien Mr. Hardy's Bemerkungen ernst zu nehmen. Für einen Deutschen ganz besonders. Remords nennt La Mettrie, was deutsch Gewissensbisse oder Schuldgefühle heißt, und auf Englisch vielleicht bad conscience oder feeling guilty oder self-reproach. Wie auch immer man's übersetze, La Mettries Versuch, Schuldgefühle zu demontieren, stehe im *Discours sur le Bonheur*. Und das ist nicht die witzige Abrechnung mit remords, wie sie die Boulevardkomödie pflegt. Autre religion, autre remords, heißt es da zwar, aber dann wird gründlich gefragt, wozu remords überhaupt gut sind. Für den Menschen. Für die Gesellschaft. Es geht um die Glückseligkeit der Menschheit, die nicht gestört, zerstört werden soll durch nichtsnutzige Schuldgefühle. La Mettrie fragt furchtbar nüchtern und vielleicht auch erschreckend sachlich nach dem Nutzen der remords. Sie nützen nichts. Sie verhindern nichts. Weder vor, noch während, noch nach dem Verbrechen. Von den remords geplagt werden ohnehin nicht die Bösen, sondern die Guten. Man kann sagen, er habe die Kritik des schlechten Gewissens geschrieben. Diese Kritik war für ihn das, was er für die Menschheit tun konnte. Sein größtmögliches Verdienst. Also mit Seitensprungerleichterung darf das nicht abgetan werden. Und jetzt kommt einer hierher, der erkannt hat: Wer nur ÜBER La Mettrie schreibt, ohne dabei über sich zu schreiben, der entspricht ihm nicht. Also folgt er dem von Montaigne stammenden, durch La Mettrie überbrachten Rat und macht sich selbst, auch sich selbst, zum Thema. Dann erfährt er hier in Kalifornien, daß ein Deutscher immer zuerst ein Deutscher ist und erst dann ein Mensch. Zu Hause ist er zuerst ein Mensch, so und so alt und ein Mann. Hier ist er offenbar zuerst ein Deutscher. La Mettrie hat seine Gewissenskritik nicht für eine Gesellschaft geschrieben, die sich gerade in einen Völkermord verstrickt hat. Aber er hätte wahrscheinlich in seiner furchtbaren Nüchternheit, in der Beschreibung dessen, was das menschliche Gewissen zu leisten vermag, er hätte seine Gewissenskritik nicht von Grund auf anders geschrieben. Aber zweifellos kann ein Deutscher davon keinen sein Gewissen entlastenden Gebrauch machen. Das war auch nicht im mindesten die Absicht des Referenten. Obwohl der Sachlage nach nicht ausgeschlossen werden kann, daß ein deutscher Referent die La Mettriesche Gewissenskritik auf den Fall Deutschland anwenden könnte. Vielleicht darf erwähnt werden, daß dem Deutschen Gedächtnis zu einem Synonym für Gewissen geworden ist.

Der Referent hat sich als einen Gefangenen seines Gewissens gesehen und ist nach Kalifornien geflogen, um hier zu bekunden, daß von La Mettrie eine Befreiungskraft ausgehe. Und, hat er gedacht, kein Land der Welt eigne sich so gut wie Amerika, diese Befreiungskraft zu feiern und nicht bloß zu feiern, sondern sie ganz praktisch wirken zu lassen, ganz praktisch, hier und jetzt. Wie das dann aussähe, muß jeder Tagungsteilnehmer für sich entscheiden. Dem Referenten hätte es genügt, wenn er ein wenig hätte erlebbar machen können, wie La Mettrie in sein Leben eingegriffen habe. La Mettrie plus Amerika, das hat sich im Referenten aufgeladen zur Befreiungshoffnung schlechthin. Leider hat er dabei einfach übersehen, daß ein Deutscher alles, was er denkt und sagt, zuerst daraufhin überprüfen muß, wie es, von einem Deutschen gesagt, wirkt. Daß der Referent diese Selbstüberprüfung versäumt hat, war ein furchtbarer Fehler. Den bedauert er sehr. Er hätte bedenken müssen, daß er im Ausland spricht. In den USA! Er bittet die Versammlung um Entschuldigung. Und er hofft, er habe gelernt, spät genug gelernt, aber doch noch gelernt, er als Deutscher, vor allem im Ausland, hat immer daran zu denken, daß er zuerst ein Deutscher ist und erst dann, falls sein Ein-Deutscher-sein das noch zuläßt, erst dann ein Mensch.

Eher zaghafter, aber aus ein paar hinteren Reihen dann doch deutlicher Beifall. Gottlieb schaute nicht hin. Er bedankte sich, immer noch flüsternd, bei seiner Übersetzerin. Das ergab einen allgemeinen, sogar heftigen Beifall. Beate verneigte sich. Rick Hardy, der während Gottliebs Erwiderung deutlich geduldig auf dem Podium stehen geblieben war, übernahm die Leitung der jetzt einsetzenden Diskussion. Gottlieb setzte sich auf seinen Platz, Beate auf ihren. Gottlieb konnte nicht mehr folgen. Er kriegte mit, daß hinten ein paar Frauenstimmen für ihn sprachen und daß die Mehrheit dann diese Sympathisantinnen eines Besseren zu belehren suchte: moralisch, politisch, philosophisch. Es ging um die Wörter. Guilt, debt, self-reproach, bad conscience, hypocrisy. Gottlieb war nicht mehr gefragt, das kriegte er mit. Denen, die ihn verteidigen wollten, konnte er nicht helfen. Beate beteiligte sich auch nicht. Seine Verteidigerinnen, das hörte er, ohne sich umzudrehen, mußten ältere Damen sein; eine wies darauf hin, daß sie aus einer Familie von Holocaustüberlebenden stamme. Es wurde ihr gesagt, es sei ihre Sache, ganz und gar ihre Privatsache, wenn sie sich mit einem deutschen Entlastungsmanöver dieser Art befreunden könne, kein Mensch könne ihr daraus einen Vorwurf machen, solange sie nicht versuche, ihrer Privatsache universale Gültigkeit zu erstreiten. Rick Hardy hatte so gut wie nichts mehr zu tun, so gut lief die Diskussion. Dann und wann mußte er sagen: Keep your remarks brief, und schließlich: Die Kaffeepause sei ein MUST, also noch eine letzte Wortmeldung. Die kam von Patricia Best. Sie stand auf, sprach ebenso zu Gottlieb wie zum Saal. Die kleine, eher rundliche Person wuchs mit jedem Wort. Sie wuchs wirklich. Sie sprach nicht einmal besonders laut. Mußte sie auch nicht. Ihre hohe, eigentlich sehr hohe Stimme schwebte über dem ganzen Saal. Das sah man. Gottlieb hatte tatsächlich den Eindruck, als wüchsen auch die Zuhörer. Alle Hälse wurden lang, alle Köpfe hoben sich. I liked your speech. So begann sie. Dann sagte sie, daß auch heute noch das Gewissen eines jeden Menschen von der Religion gebildet werde, in der er aufwachse. Das Gewissen sei das Kostbarste, was unsere Kindheit in jedem von uns lebendig erhalte. Und, bitte, der Atheismus sei ja nichts anderes als eine Religion, die sich zutraue, ohne Gott auszukommen. Tatsächlich sei jede praktizierte, gar herrschende Religion in Gefahr, das kostbare Kindheitsgut Gewissen zur Rezeptur verkommen zu lassen. Daß die Philosophie darauf kritisch zu reagieren habe, verstehe sich inzwischen von selbst. La Mettrie habe das getan. Einzigartig. Großartig. Nachträglich seiner Gewissenskritik Reservate anzuweisen, in denen allein sie angewendet werden dürfe, komme ihr vor wie freiwillige Kurzsichtigkeit, die gebe es aber in der Natur nicht, und die Wissenschaft sollte nicht versuchen, gerade darin die Natur zu korrigieren. Dann wolle sie, müsse und könne sie dem Herrn Referenten versichern, daß das Problem der Transzendenz vom Deutschen zum Menschen ganz und gar nicht nur sein Problem ist. Solange es noch Nationen gibt, und es wird sie ganz sicher nicht ewig geben, muß es und wird es diese Einladung zur Überwindung des nur Angeborenen geben. Die herzliche Theatralik, mit der der Referent den Emanzipationskitzel vor uns ausgelebt hat, hat mich gerührt.

Aus verschiedenen Saalquartieren heftiger Beifall. Aber da und dort gab es auch Zischen.

Rick Hardy übernahm: Er sei immer wieder glücklich, wenn er Patricia Best in ihrer sibyllinischen Laune erlebe. Und lachte. Vielen Dank, Patricia!

Jetzt Professor Rosenne. Er sei auch glücklich über diesen Anfang der Tagung. Daß La Mettrie immer noch ein Unruhestifter sei, mache ihn glücklich. Gestern Abend habe er drüben in San Francisco in Chinatown Abend gegessen. Die Chinesen lieferten ja zu jedem Dinner ein cookie, ein fortune cookie, das man, wenn man Sprachliches nicht wegwerfen kann, einstecke, in der Hoffnung, eine Situation zu erleben, in die der Spruch passe. Daß das schon heute der Fall sein würde, habe er nicht zu hoffen gewagt. Aber daß ihm der Spruch für Mr. Krall mitgegeben worden sei, sei jetzt nicht mehr zu bezweifeln. So gebe er ihn also weiter. Er reichte Gottlieb einen winzigen Papierstreifen, las aber vorher noch vor, was darauf stand: *Re-decorating will be in your plans.* Helles Gelächter. Da hinein Rick Hardy's Stimme, daß es um vier Uhr weitergehe mit William Blondel: *Machine and Morality*. Dann rief er noch das Tagungsmotto: *Armez-vous du flambeau de l'Expérience!*

Im Hinausgehen wurde Gottlieb aufgehalten von den zwei oder drei Damen, die ihn hatten verteidigen wollen. Sie boten ihm Kaffee an und sagten alles noch einmal. Er konnte keinen Kaffee trinken. Er deutete auf seine Kehle. Sie verstanden und bedauerten. Eine sagte mehr als einmal: Your speech was great. Er durfte gehen. In der Eingangshalle holte ihn Beate ein. Er bat sie, sofort zurückzugehen, dort zu bleiben, er gehe ins Hotel und warte auf sie. Sie dürfe kein Referat, keine Diskussion, keine Kaffeepause versäumen. Schon daß sie ihm nachgeeilt sei, sei ein Fehler. Also schnell, schnell. Ab. Sie schluchzte fast. Sagte nur noch: Aber Patricia war toll.

Im Zimmer griff er, bevor irgendeine Ratlosigkeit sich seiner bemächtigen konnte, zur Fernbedienung. Da erschien eine blaue Mütze, mit glänzendem Schild, schief auf dem Kopf eines Grauschwarzbärtigen, da erschien im Lederjackenglanz ein als Kapitän kostümierter Prediger. I'm God's University on the air … not just another church … my belief … god wants me … er braucht bis Mittwoch nächste Woche 780 000 Dollar. If we don't get it we are off. 780 000 bis Mittwoch, 130 000 bis Montag, er ist im Augenblick näher bei 300 000 als bei 200 000, aber bis Mittwoch 780 000. If you want me on 24 hours a day, pay the bill and if you don't do this till Wednesday we will be off, I've got to have 780 000 by Wednesday, this satellite may be the only free satellite in the sky, I'm gonna have 780 000 by Wednesday, you're not telling me what you'r gonna give, if you can't give a 1000 dollars we will never be back on NCN, we have four million households, king dollar rules down here ... in this ruthless jungle, God is in control, I want to be on His side ... NCN could sell their time to non-christian ministries which pay more than we can ... I am just tired of being spit on by some people who are not worth my spit ... put me 24 hours a day on a satellite, I am a one man university on the air ... God wants me alone ... where is all the accusation of fraud ... I am the news ... I am on every night ... I told you so ... this church has never done anything wrong ... I love to spend money for Jesus ... give me ten million dollars a day, I'll spend ten million a day, I'm happy, I'm the true university in the sky, have you all understood what I have said? It's time to move and shut up.

Dann sangen vier Schwarze leidenschaftlich innig ihre Gospels. Schnitt auf die Telephonierer, die jetzt die Anrufe derer, die tausend oder mehr Dollar spenden wollen, entgegennehmen. Die Telephonierer sind fast uniformiert, haben blauweiße oder rotweiße Mützen auf. Auf den Mützen kann man lesen: The Doc is in. Und an der Rückwand erscheint groß die Schrift: *It's not rock around the clock, it's Doc around the clock*. Und noch einmal *groß* der Prediger, mit tiefer, ruhiger Stimme: Where are the 1000-dollar pledges, I need 50 of them ...

Gottlieb schaffte den befreienden Knopfdruck. Dann konnte er Anna anrufen und sie bitten, daß sie ihn anrufe. Kaum, daß er noch die Hotelnummer herausbrachte. Sie rief sofort zurück. Der Hals also. Sie war gerade am Heimkommen. Sie hat endlich einen seriösen Interessenten für das Bauernhaus in Wintersulgen. Aber am Anfang wirke ja jeder Interessent seriös. Also, sein Hals. Kein Wort mehr, bitte. In die Apotheke. Bienenwachscreme, Eisentabletten, Fichtennadelsaft. Und dreimal die Essigwasserwaschung, von Kopf bis Fuß, besonders die Fußsohlen. Nachts einen dicken, engen Krautwickel um den Hals. Dann ist das morgen weg. Daß er erst anruft, wenn ihm etwas fehlt, ist schlimm genug. Schlimm genug, Gottlieb! Bitte, jetzt kein Wort von ihm! Sobald die Stimme wieder da ist, soll er anrufen. Aber wenn ihm nichts mehr fehlt, warum sollte er dann anrufen! Wenn sie also nichts mehr hört von ihm, weiß sie, es geht ihm besser. Mach's gut. Du furchtbarer Mensch. Sie wäre ihm dankbar, wenn er, weil er doch so schlau ist, wenn er ihr erklären könnte, warum sie ihn noch liebt. Das ist ein Leiden, gegen das sie immer noch kein Mittel gefunden hat. Aber Wintersulgen hat geklappt. Droben, hinter Heiligenberg. Weißt du noch? Im Winter, wir beim Langlauf im verschneiten Gelände, dann plötzlich quer über den sanften Hügel das Rudel Wildschweine, und wir standen und schauten zu, wie die durch den Schnee stoben. Wir müssen da ziemlich fromm ausgesehen haben. Adieu. Gottlieb konnte gerade noch Adieu krächzen, dann legte sie auf.

5.

Sie rief an wie aus dem Grab. Und auch noch so, als hörten die Toten gierig mit, sie müsse also ganz leise sprechen. In zehn Minuten kommt sie mit dem Taxi, er soll, bitte, dann schon unten sein, vor dem Hotel. Also ins Krankenhaus.

Der Arzt, der alles schon wußte, plauderte aus seiner Geschichte, was jetzt paßte. Wievielen Tenören er schon geholfen hatte. Aber zuerst mußte Gottlieb sich ausziehen, seine Kleider auf einen Bügel hängen, der auch die Schuhe aufnehmen konnte, mußte in einen grünlichen Patientenkittel schlüpfen und in ebensolche Hosen, ums Handgelenk kriegte er ein Bändchen, an dem ein Schildchen mit seinem Namen hing. Der Arzt, der die ankommenden Patienten auf die dafür geeigneten Ärzte verteilte, wollte selber einmal Sänger werden, plauderte über Bel Canto-Technik und war ganz sicher, daß er für den stimmlosen Herrn aus Deutschland den richtigen Doktor im Haus habe. Sie sollten sich entspannen, beide. Bis gleich.

Beate hatte begriffen, daß das die Vorbereitung war für einen stationären Aufenthalt. Sie eroberte die Kleidung zurück, Gottlieb mußte sich sofort umziehen, sie entkamen, bevor der Verteiler zurück war. Und Beate hatte aus einem jungen vorbeikommenden Arzt auch noch einen HNO-Arzt herausgefragt. In Berkeley. Dr. Matusaka. Ein Japaner. Beate bezahlte das Taxi, drückte die siebte Etage, verhandelte mit dem Empfangsmädchen, sie sollten sich setzen. Es waren gerade noch zwei Stühle frei. Allerdings zwei schöne Stühle. Weiß, und geschwungen und geknickt, dann wieder gerade. Es war eng. Gottlieb schob's auf die Quadratmeterpreise. Er und Beate würden unter solchen Umständen nicht sprechen. Aber Beate suchte seine Hand. Niemand sagte etwas, nur das Mädchen mit dem verbundenen Ohr. Sie sprach ungeniert laut. We have seen Indian houses. Totems. Seals floating on icebergs. Dolphins. Mating. All exciting. Was für eine Sprache! Dolphins. Mating. Dieses Mädchen war so besonders, wie die

Frau, der sie erzählte, gewöhnlich war. Michelangelo hätte aus diesem großäugigen, schlaksigen, langgliedrigen Ding einen unsterblichen Buben gemacht. Aber, dachte Gottlieb, das wäre schade um dieses Mädchen. Wie beschränkt ist das Leben. Dolphins. Mating. Und nie wirst du mit diesem Mädchen auf der hier üblichen Holzveranda sitzen, nie mit ihr durch die Eukalyptuswälder traben ... Beate signalisierte an seiner Hand, daß sie auch noch da sei. Also löste er seinen Blick von diesem langen Hals und dem halblangen Haargewell. Zum Glück wurde sie jetzt hineingerufen. Catherine. Und wie sie hineinging. Drei Schritte. Aber die wie auf einem Sandstrand. Als sinke sie bei jedem Schritt ein und müsse sich dann hochstemmen, strecken. Als sie wieder herauskam, ging sie, alle grüßend, hinaus. Gottlieb durfte sich auch gegrüßt fühlen. Dann wurden, obwohl sie noch nicht dran waren, er und Beate hineingerufen.

Dr. Matusakas Sprechzimmer war eine überfüllte Kabine. Der Doktor war entsprechend klein und zart und leise. Eine Art Astronautensitz nahm Gottlieb auf. Dr. Matusaka diktierte, was er feststellte, in ein Mikrophon, das er als schwarzen Knopf an seinem eierschalenfarbenen Mäntelchen trug. Als er dem Mikrophon alles gesagt hatte, sagte er alles noch einmal in unärztlichem Englisch. Und immer sprach er auch zu Beate, weil er gemerkt hatte, daß sie ohnehin dem Patienten nachher alles noch einmal in seiner Sprache sagen mußte. Daß der Patient über seine Stimmbänder so gut wie nichts wußte, hatte er sofort erkannt. Also: Eine adoptive Asymmetrie des linken Stimmbandknorpels und eine inkomplette Lähmung der linken Stimmbandlippe. Vielleicht sind von einer Grippe Toxine zurückgeblieben, vergiftete Eiweißstoffe, und haben den langen Stimmbandnerv angegriffen. Vielleicht war eine Verletzung die Ursache. Der Stimmbandnerv, Recurrens genannt, sei mehr oder weniger funktionsunfähig. Dieser Nerv reicht vom Kopf herab und um das Herz herum; das Embryo hat das Herz noch im Hals, dann senkt sich das Herz und nimmt den Recurrensnerv mit. Der geht dann um das Herz, um die Aorta, um die Speiseröhre herum, bis er den Muskel des Stimmbands bedient. Für eine Lähmung oder Teilweiselähmung kann es viele Ursachen geben: von einer Schilddrüsenvergrößerung bis zum Carcinom. Was tun? Antibiotika auf jeden Fall. Eine Thoraxröntgung auch auf jeden Fall. Eine Computertomographie auch. An der Universitätsklinik hat ein Professor ein Verfahren entwikkelt, das es ermöglicht, in den Stimmbandmuskel einen Sender einzusetzen, der genau meldet, wieviel das Stimmband noch bringt. Dr. Matusaka hält das hier nicht für nötig. Das rechte Stimmband des Patienten ist erstaunlich gut trainiert, es kommt mit seinen Schwingungen bis an das linke hin. Aber natürlich sind, um die Carzinomvariante zu klären, Aufnahmen, Röntgen und Tomographie, unerläßlich. Und sofort Antibiotika, um die möglicherweise von einer Virusgrippe verursachte Sekundärinfektion zu stoppen. Der Patient soll jetzt nicht nichts reden. Er soll sich um Gottes willen jetzt nicht aufs Flüstern reduzieren. Weder brüllen noch flüstern. Einfach reden. Er, Dr. Matusaka, habe unter seinen Patienten einen Pfarrer, der an ähnlichen Beschwerden leide, der sich aber jede Aufklärung über seine Symptome verbiete. Er will darüber nichts hören. Er tritt für seine Kirche dreimal pro Woche im Fernsehen auf. Vor jedem Auftritt läßt er sich eine leichte

Strychninspritze geben, die tonisiert dann die Stimmbänder so, daß sie ein paar Stunden funktionieren.

Gottlieb war sicher, daß der Arzt von dem bärtigen Geldforderer mit der schief sitzenden Mütze sprach.

Mr. Krall, sagte der Arzt, muß um eine rasche und vollkommene Aufklärung bemüht sein. Er, Dr. Matusaka, kann das organisieren. Seine Diagnose bis dahin: eine idiopathische, kryptogenetische Recurrensparese.

Beate sagte, das müßten sie und ihr Freund erst einmal verdauen. In Gottlieb war inzwischen ein solches Zutrauen zu diesem zarten Japaner gewachsen, daß es ihn richtig schmerzte, sich jetzt einfach und für immer verabschieden zu müssen. Der gab noch den Rat, einen halben Ton tiefer zu sprechen, sich das anzugewöhnen, immer einen halben Ton tiefer, und er werde sich wundern, wie heilsam das sei. Wir sprächen ja alle andauernd viel zu hoch. Und lächelte. Gottlieb hatte sofort das Gefühl, dieser Rat sei überhaupt das Wichtigste gewesen. Draußen bezahlte er die bescheidene Rechnung. Das Mädchen am Computer druckte, was der Doktor verschrieben hatte, aus und überreichte Beate das Rezept.

Als sie unten auf der Straße waren, bat Gottlieb, Beate möge Passanten nach einem Gemüsesupermarkt fragen. Dazu das Geständnis, daß er Anna angerufen habe. Dazu das Geständnis, daß sich Anna schon vor zehn Jahren zur Heilpraktikerin habe ausbilden lassen, die Prüfung gemacht habe, aber nicht praktiziere. Sie sei einfach neugierig gewesen, habe das Gefühl gehabt, in der Schule das Wichtigste nicht erfahren zu haben. Sie werde inzwischen von immer mehr Leuten um Rat gefragt. Irgendwann werde sie dafür Honorar nehmen. Der Immobilienhandel profitiere von der Naturheilkunde. Das ist Annas Begabung: zu entdecken, wie Immobilienhandel und Naturheilkunde zusammenpassen. Jeder zweite Kunde ist krank, sagt Anna. Koliken, Magenbluten, Blutspucken, kommt alles vom Penicillin. Und ohne vorherige Auspendelung der Wasseradern, der Kreuzungsquadrate, der Globalgitter und der Diagonalgitter und der Hartmann-Strahlen übernehme Anna sowieso keinen Auftrag mehr. Jetzt also eine Nacht mit Krautwickel. Das habe Anna, sagte Beate, gegen sie verordnet. Daß er und sie nicht mit einander schlafen können. Eine Nacht weniger. Er mußte Beate aufklären, daß sie wenigstens ahne, wer Anna auch noch ist: Anna hat irgendwann gemerkt, daß sie durch die Schwächen ihres Privatgelehrten genötigt worden war, den Immobilienhandel ernst zu nehmen. Und als das passiert war, ist in ihr per Dialektik die Rettungskraft erwacht und gewachsen: die Naturheilkunde. Völkle und Krezdorn, das sind ihre Herkunftsfamilien, in beiden Familien gab es über die Gegend hinaus bekannte Naturheilkundige. Der letzte, ein Vetter Leonhard aus Simmerberg oder, wie er sich selber nannte, Leonhard von Simmerberg, der ist ins Haus gekommen, hat die verstörte Regina geheilt, Anna hat sich, bevor sie ihre Ausbildung begann, für drei Wochen bei ihrem Vetter Leonhard in Simmerberg einquartiert und hat von dem alles übernommen, was sich bei dem aus den Naturheiltraditionen ihrer und seiner Familie angesammelt hat. Sie hat von ihm, weil er sich zu alt fühlte, den Leinensack und die Kupferrute übernommen. Hat aber vom Pendel-Lehrgang in Einsiedeln die Techno-Version der Rute mitgebracht: Doppelantenne mit Kugelgelenk. Und als sie beobachtet hatte, daß Magda nur noch kauernd schlief, die Beine angezogen, Knie fast am Kinn, hat sie gependelt, danach das Bett einen Meter verschoben, Magda schlief ab sofort gestreckt. Es gehört sicher nicht zum Beweisbaren und trotzdem ist es Faktum: Anna hält andere dadurch am Leben, daß sie an sie denkt. Beate lachte und sagte: Dann kann sie durch Darandenken auch töten. Gottlieb sagte: Logisch.

Es war dann eine gewaltige Halle, japanisch geleitet, Gemüse und Früchte in farbigen Bergen. Dazwischen Kraut zu finden, war nicht leicht. Daß es so viele Früchte und Gemüsearten gibt, die er noch nie gesehen, deren Namen er noch nie gehört hat! Aber sie fanden das Kraut. Und keine Apotheke gesucht. Ihm genügte es, Bescheid zu wissen. Aber im Hotel suchte er im Webster *idiopathic*. Da stand: *Gr. Idiopatheia, feeling for oneself alone, designating or of a disease whose cause is unknown or uncertain.* Beate bat er, daß sie zum Abendessen in den Faculty Club gehe. Sie gehört zum staff. Das muß sie demonstrieren. Sie darf nicht als Krankenwärterin des deutschen Durchgefallenen figurieren. Er werde, egal, wie seine Stimmbänder sich benähmen, an keiner Veranstaltung, auch an keinem Essen mehr teilnehmen. Bitte, keine Mitleidsgesten jetzt. Er fühlt sich im Zimmer wohl, vielleicht geht er noch über die Straße in ein Bistro. Sie soll dort bleiben, solange das dort geht. Beate wollte das nicht einsehen. Wenn er fernbleibe, demonstriere er eine Niederlage, die es nicht gab, dank Patricia. Er muß mit hinüber, Patricia umarmen, hellauf lachen über die dümmliche Polemik dieses und jenes Teilnehmers, vor allem über die unfaire Moderationspolitik Rick Hardy's. Gottlieb deutete auf seinen Hals. Lachen, hellauf, womit?!

Sie ging, sagte aber, daß sie sich nur noch darauf freue, zurückzukommen. Sobald sie in ihrem Zimmer sei, rufe sie an und bitte ihn dann, flehe ihn dann an, sofort zu ihr hinüberzukommen. Zur Hauptsache, sagte sie und lächelte lasziv, aber so, daß klar wurde, sie parodiere eine Filmprostituierte, aber es sei ihr auch danach.

Er konnte sich nicht entschließen, sich jetzt einen Krautwickel anzutun. Er rief das Lufthansa-Büro an und verlegte den Rückflug vom 13. April auf den 6. April. Exchange fee 150 Dollar. Es war, als habe er eine Last abgeworfen. Er hätte fast übermütig werden können. Am liebsten hätte er gepfiffen. Aber summen mußte er. Anna informieren, nein, das noch nicht. Zuerst mußte er Beate mit diesem Datum vertraut machen. Sie würde protestieren. Mehr als protestieren. Diese Umbuchung war aber notwendig geworden. Wenn er je mit sich selber übereinstimmte, dann jetzt. Er würde mit Beate am Sonntagabend nach Chapel Hill fliegen, wie geplant. Aber dann, statt zwei Wochen, eine. Diese Woche würde ihm schwer genug fallen. Das hatte nichts oder wenig zu tun mit der Reaktion auf seinen Vortrag. Auch wenn sie ihm zugejubelt hätten, hätte er umbuchen müssen. Die Niederlage in der Dwinelle Hall kann er ertragen, er muß sie nicht mildern. Ein Deutscher will den Deutschen mit Hilfe des radikalen Moralrealisten La Mettrie einen Freispruch erschwindeln! Daß La Mettrie auch für Deutsche in Frage kommen muß, darf er gar nicht denken. Hat er auch gar nicht gedacht. Darauf hat ihn erst Mr. Hardy gebracht. La Mettrie behauptet, es gebe nichts Unmenschlicheres, nichts Lebensfeindlicheres als remords. Das würde natürlich auch für den Umgang der Deutschen mit ihrer Vergangenheit gelten. Aber das hat er nicht gesagt. Er müßte dann nachweisen, daß es eine Schuld gibt ohne Schuldgefühle. Kein bißchen weglügen, nichts verkleinern, und trotzdem kein Schuldgefühl, keine remords. Das ist ein anderer Vortrag. Ein Vortrag, den er nicht gehalten hat, den zu halten er nicht wagen kann. La Mettrie hatte keine Erfahrung mit dem Gedächtnis. Inzwischen wacht das Gedächtnis über das Gewissen. Ob das lebensfeindlich ist, ist dem Gedächtnis egal.

Im Bistro aß er eine Salatplatte und ein Pastrami-Sandwich und trank ziemlich viel Bier. Dann kaufte er sich noch eine Flasche Bourbon. Den würde er an diesem Abend trinken. Ihm war nach Bewußtlosigkeit. Er war zwar ganz und gar einverstanden mit sich, aber er wußte nicht, wie er sich anderen verständlich machen sollte. Beate, zum Beispiel. Am liebsten hätte er Beate jetzt einen Abend lang, eine Nacht lang von Anna erzählt. Er mußte ihr den Traum erzählen, den er noch in der letzten Nacht daheim geträumt hatte: Er sah sich scheißen, sollte in ein tuchenes Gefäß treffen, verfehlte es, aber Anna zog seine Kotstange durch die Tuchwand durch, alle Unreinlichkeit war vermieden. Sobald sie sein Zeug durch die bereitwillig sich öffnende Tuchwand durch hatte, fing sie an, mit ihren Händen in dem Kot zu fingern, zu suchen und dazu sagte sie: Oh, was haben wir denn da? Bei wem war er denn jetzt wieder? Und hatte offenbar Beweise in ihren Händen, Beweise für seine Untreue mit einer Frau, die zu nennen nicht mehr nötig war. Nach diesem Traum war Gottlieb in einer Stimmung vollkommener Trostlosigkeit aufgewacht. Er fieberte sozusagen Tag und Nacht seinem Abflug entgegen. Dann dieser Traum. Dieser Traum vernichtete alles.

184

Jede Zukunft. Jede Gegenwart. Er wußte nicht, warum. Aber er fühlte sich vernichtet. Anna hatte das bemerkt, hatte gefragt, was ihm fehle. Welch eine Frage, hatte er gedacht. Gesagt hatte er: Ein Traum, den ich dir nicht erzählen kann. Sie hatte gesagt, sie habe auch geträumt. Da er nicht nach ihrem Traum fragte, hatte sie gesagt, sie wisse, daß ihn ihre Träume nicht mehr interessierten, da er jetzt auf andere Träume abonniert sei – womit sie bewies, wie erfolgreich sie ihn überwachte –, aber sie sage ihm trotzdem, was sie geträumt habe. Sie sei im Traum geohrfeigt worden. Von einer ihr unbekannten Frau. Und als sie gefragt habe, warum, habe diese Frau gesagt: Weil sie sich von dem habe heiraten lassen. Gottlieb hatte gesagt, genauer könne man nicht träumen.

Bis zu den ten o'clock news hatte er die Flasche Jim Beam fast ausgetrunken. Er hatte das Gefühl, der Bourbon gebe ihm die Kraft, allein zu sein. Er konnte sich gehen lassen. Er hatte nichts dagegen zu denken, wie er dachte. Wie es dachte. In ihm. Bitte. Ich lasse euch alle köpfen. Nicht gleich. Aber später. Bis dahin schmeichle ich euch. Auf eine begabte Art. Ich will den äußersten Effekt. Kein Argwohn mehr. Ihr müßt mich für total gezähmt halten. Ich gehöre dazu. Auf mich kann man sich verlassen. Ich trage dazu bei, daß das System erfolgreich ist. Immer noch erfolgreicher. Immer noch legitimer. Vor allem das: legitimer. Das ist meine Hauptarbeit: Legitimitätsbeschaffung. So gut ich eben kann. Davon lebt ja das System, daß jeder da, wo er leibt und lebt, das Großeganze legitimiert. Dann laß ich euch alle köpfen. Das wird eine Überraschung. Das hättet ihr nicht gedacht. Andererseits gibt es nichts Konformeres, Typischeres als mich. Macht alles mit und sinnt auf

Vernichtung dessen, was ihn gemacht hat. Ich glaube, ich bin der Inbegriff dieses Systems. Dieser Westwelt. Ich bin wahrscheinlich längst Amerikaner. Nicht wirklicher Amerikaner, der daheim ein liebwerter, begabter Nachbar ist, sondern System-Amerikaner, Ideologie-Fuzzi. Im Repräsentanten verliert sich nach oben hin alles, was an Ort und Stelle liebenswürdig war. In mir kommt das System zu sich selbst. Die vom System in jedem produzierte Feindseligkeit, in mir erscheint sie, bricht sie heraus. Ich werde das Signal geben, auf das hin alle losstürmen, die, ohne sich mit einander verständigen zu müssen, gewartet haben. Und in einem einzigen Augenblick liegt alles in seinem Blut. Ein Riesenmord in Nullkommanichts. Die Flasche war jetzt leer. Wieder dieser Wunsch, Alkoholiker zu sein. Das, was er jetzt fühlte, immer zu fühlen. Diese uneingeschränkte Sichselbstüberlassenheit. Nichts Verlogeneres als das Gerede von der Verantwortung. Damit halten sie uns unter der Fuchtel, und selber leben sie drauflos. Das ist das Schöne, das Drauflosleben. Photographiert wird die Verantwortungsvisage in Hochglanz oder achtbändig.

Als sie anrief, ihn hinüberrief zu sich, kam er sich betäubt vor. Oder wie betäubt. Er lächelte zwar, als er eintrat bei ihr, aber lebloser als dieses Lächeln konnte nichts sein. Das spürte er. Und sie sah es auch. Er hatte die Bourbon-Flasche in der Hand. Hielt sie gegen das Licht. Da war noch etwas drin. Eine Bourbon-Flasche ist nie ganz leer. Beate lag auf dem Bett. Im Kimono. Er setzte sich auf den Bettrand, nahm ihre Hand wie ein Arzt. Ihr Mund schien jeder Fassung entglitten. Zorn oder Tränen, etwas anderes konnte er wohl nicht produzieren in ihr. Lieber Zorn. Er dachte an Anna. Das war ihm, als er allein in seinem Zimmer war, gar nicht so deutlich geworden: Er wollte zu Anna. Die im Kimono, da auf dem Bett, diese junge Frau produzierte in ihm den Wunsch, bei Anna zu sein. Seine Sinne sind seine Philosophen!

Und, sagte er.

Beim Essen sei nicht mehr über Mr. Krall gesprochen worden, kein Wort mehr über Rise to the occasion. Zum Glück. William Blondel sei gefeiert worden, Machine and Moral. Nur Rick habe, neben ihr sitzend, schnell einmal herübergefragt: Lebt er noch.

Als Gottlieb nach der Flasche greifen wollte, die er auf dem Nachttisch abgestellt hatte, war sie schneller als er. Sie setzte die Flasche an den Mund, trank sie aus, als sei es Mineralwasser, und sagte: Du kriegst nichts mehr von diesem Zeug.

Er sagte: Zu spät.

Aber jetzt hatte er eine Rolle. Der Betrunkene. Von lauter Mißlichkeiten getroffen, hat er zur Flasche gegriffen, und jetzt ist er eben betrunken. Sie zog ihn zu sich. Schließlich hatte er dann doch nichts mehr an. Sie glaubte offenbar fest daran, daß ein Mundbehandelter zu allem, was man so von ihm verlange, im Stande sei. Er konnte sich nicht verkneifen, das mit Hiesigem zu kommentieren. Gottlieb war ja gierig auf amerikanische Prägungen, die im Deutschen nicht zu schaffen waren. Tatsächlich interessierte er sich hier weder für Gebäude noch für Brücken, sondern nur für das, was die Menschen zu sagen vermochten. Daß er keinmal den *Investor's Business Daily* ausließ, war er Anna schuldig. Gerade hatte er im Fernsehen einen Ausdruck aufgeschnappt, den er, als Beate sich in ihrer Zuwendung verlor, einfach aufsagen mußte: Oral communication skills.

Sie ließ sich nicht stören. Also probierte er selber weiter: Oral proficiency. Sie bewies ihm, daß im Augenblick Sprache nicht gefragt war. Es siegte das amerikanisch-erotische Leistungsprinzip. Rücklings auf ihm lag sie jetzt. Als komme es darauf an, daß sie beide vom selben Punkt aus in den Himmel beziehungsweise zur Zimmerdecke hinauf starrten. Und darauf kam es eigentlich auch an. Wie zur Justierung, daß sie wirklich von einem Punkt aus hinaufstarrten, steckte sie sich das geträumte Unding hinein. Jetzt waren sie aufeinandergenagelt, sahen gemeinsam nach oben. Allerdings gab es da oben in der weißen Zimmerdecke nichts zu sehen. Aber das war doch auch etwas. Fand Gottlieb. Und als alles offenbar gut ausging, sagte sie: Know the score. Gottlieb war zu wenig Sportsmann, um jetzt sofort mit Zahlen reagieren zu können, also sagte sie: Fünf zu vier. Für sie. Als man wieder bei Atem war und immer noch zur Decke statt einander in die Augen schaute, sagte sie, ihre Organisiertheit, La Mettriesch gesprochen, sei schon ein Jammer, ausgerechnet bei ihrer Lieblingsbeschäftigung habe sie immer Schwitzhände und diese kalten Füße. Gottlieb holte sie schnell neben sich, drehte sich zu ihr hin und küßte ihr den Mund zu, daß sie nicht weitere Nachrichten dieser Art spenden konnte. Aber er war auch hingerissen vom Tatsächlichkeitsniveau dieser Mitteilung. Er mußte ihr das auch sagen.

Ich bewundere dich, sagte er.

Sie: Das darfst du. Besonders wenn du noch dazusagst, warum.

Wenn er es ihr auseinanderlege, Gründe formuliere, bleibe von der fühlbaren Wucht seiner augenblicklichen Bewunderung nur noch eine Inhaltsangabe. Er bewundere sie, weil sie durch eine solche glanzlose Mitteilung ihn und sich selber geradezu zusammenschmelze. Mehr Intimität als durch eine solche Schwitzhände- und Kalte-Füße-Mitteilung gibt es überhaupt nicht.

Als er ihr und sich seine Hingerissenheit und Rührung so aufsagte, riß er sich noch einmal hin und sie dann auch. Diesmal war er es, der sagte: Know the score. Er fand allerdings, es sei höchste Zeit, daß sie wisse, was er hier bringe, sei nicht seine Normalform, sondern das Ergebnis eines fast schon epochalen Staus. Also eine Ausschüttung von Angespartem, aber dann Hochverzinstem.

Diese Mitteilung war auch eine Folge ihrer Mitteilung über Schwitzhände und kalte Füße. Er hatte zwar ihre Mitteilung stürmisch begrüßt, aber ihm selber war der Eifer, mit dem er die Begeisterung über soviel Offenheit ist gleich Nähe produziert hatte, verdächtig. Er hatte den Schrecken niederreden müssen, den ihre Mitteilung auch bewirkt hatte. Wirklich nicht nur Schrecken. Sie lag inzwischen daumenlutschend an ihm. Wie hätte er da nicht an Regina denken müssen! Und sagen mußte er ihr das auch. Auf Regina, die zwei Jahre jünger war als sie, war sie nicht eifersüchtig. Er brauchte jetzt das Reginaleben. Er floh ins Reginaschicksal. Von Julia wußte Beate soviel, von Regina so gut wie nichts. Du kannst ruhig weiter daumenlutschen. Regina hat von allen seinen Kindern am längsten und heftigsten daumengelutscht. Jetzt ernährt sie einen Künstler, einen Bildhauer, der sich weigert, Aufträge anzunehmen. Für ihn wäre das Prostitution. Er formt nur Kugeln, setzt alles, was er macht, aus Kugeln zusammen. Menschen, Pferde, Wale, Geier oder Ideen, er kann alles aus Kugeln bilden. Er nennt sich: mystischer Bildhauer und Sphärist. Eines Tages wird die Welt sein Atelier stürmen und ihm alles aus den Händen reißen, bevor es fertig ist. Bis dahin muß Regina ihn ernähren. In einer Agentur für Zirkusartisten arbeitet sie. Und das in Wien. Am Telephon klingt sie, als mache es nichts als Spaß, ein Genie zu ernähren. Er hält es für eine Auszeichnung, ihn ernähren zu dürfen. Und Regina fühlt sich ausgezeichnet. Der Sphärismus wird für eine noch nicht absehbare Zeit die Kunstszene beherrschen. Die Kugel ist nun einmal das einzige Vollkommene überhaupt, Leben konnte nur auf einer Kugel entstehen, Uwe Seeler hat es goldrichtig formuliert: Das Geheimnis des Fußballs ist ja der Ball. Gottlieb hatte dem Sphäristen einmal einen Abend lang zugehört, seitdem begriff er, warum Regina bereit war, ihr Leben im Leben des Sphäristen beziehungsweise im Sphärismus auf- oder vielleicht auch untergehen zu lassen. Die Unbedingtheit, mit der der an sich glaubte. Nein, nicht an sich, sondern an den Sphärismus. Er ist nur das Werkzeug. Das Unbedingte wirkt. Ohne Inhaltskram. Regina sagt, wenn sie nach ihrem Beruf gefragt wird: Himmelstürmerin. Rosa hat Theologie studiert, Magda Mehrwertsteuer, Julia Japanisch. Errungen wurden ein Sphärist, ein Pastor, ein fahnenflüchtiger US-Farbiger und einer, der außer Alkohol alles verweigert. Als er merkte, daß Beate eingeschlafen war, konnte er aufhören.

6.

Das hat sie geschafft. Sie hat ihn und sich von Berkeley nach Chapel Hill in die Rosemary Street gebracht, ohne daß sie von einem anderen La Mettrie-Menschen gesehen worden sind. Sie hat geglüht vor logistischer Konzentration. Gesehen zu werden mit ihm wäre für sie sozusagen tödlich. Sie flöge aus dem Ph.D.-Programm, verlöre ihre sowieso andauernd gefährdete Lehrstelle und so weiter. Jetzt, nachdem er als deutscher Schuldleugner entlarvt ist, erst recht.

Als sie in ihrem Einzimmer-Apartment die Türe hinter sich zugemacht hatten, ließ sich Beate auf ihr hellbeiges Sofa, das von einer Mörderin gekaufte, fallen und sagte: Dich vor hundert Jahren durch ein Indianergebiet zu bringen wäre sicher ein Kinderspiel gewesen dagegen. In welche Risiken sie seinetwegen geriet! Und? Fühlt er sich jetzt, bitte, daheim hier? Und das sofort, bitte! Und ganz und gar! Schau, das ist Schwesterlein Bettina. Die, die den besseren Namen erwischt hat. Aber sie werde jetzt über Beate J. allmählich zu Juliette B. übergehen. Aber das erst nach der Diss, oder mit der Diss. Bettina am Hochzeitstag. Die schönste Verlegenheit der Welt, der Gesichtsausdruck auf dem Hochzeitsbild. Wann heiraten wir, Sylvandre? Der ostwestfälische Samenhändler, jetzt Progammierer bei *Star Money*, Hamburg, schaut, verglichen mit Bettinchen, ganz plattplanfrech in die Welt. Hallo!! Gottlieb nickte so eifrig, wie er immer nickte, wenn er mehr Eifer zeigen mußte, als er hatte. Daß er das blaue Cordhemd nicht mitgebracht habe, bleibe unverzeihlich. Und sah ihn theatralisch kritisch an. Graduate Studentin erschießt deutschen Referenten, sagte sie in der Tonart, in der sie immer ihre Schlagzeilen intonierte. Er mußte mitspielen, also sagte er: Grund? Sie: Rohes Vergessen des Augenblicks der Liebe. Vergessen des Sonnenblumenaugenblicks. Er dachte daran, daß die runde umflammte Sonnenblumendunkelheit ihn an Annas Augen erinnert hatte. Seitdem waren Annas Augen nicht mehr das Meer, sie waren die Sonnenblumendunkelheit.

Dein hellblaues Cordhemd und meine Sonnenblume, das war's überhaupt, sagte Beate. Das war doch van Gogh. Daß er in der Zeit der Trennung gelegentlich gesagt habe, die Sonnenblume sei immer noch nicht im Müll, habe in ihr jedes Mal wie ein Gefühlsschub gewirkt. Zu solchen poetischen Erfindungen sei nur die Liebe fähig.

Jetzt mußte er ihr doch sagen, daß ihre Sonnenblume wirklich noch im Wasserkrug stehe und auch noch leuchte. Auf der Fensterbank. Die Terrasse sei ja doch eine warme ins Haus hineingebaute Nische. Den Rest müsse Anna bewirkt haben. Natürlich, sagte sie, Anna, die Hexe. Daß du sie, wär's an dir gewesen, verbrannt hättest, ist mir klar, sagte er. Er habe sich gehütet, sich über das Fortleben der Sonnenblume zu deutlich zu wundern. Bitte, wenn Anna träumt, daß es Julia schlecht gehe, ruft sie morgens an und hört, Julia wisse vor Magenschmerzen nicht mehr ein noch aus, überhaupt nicht mehr liegen könne sie, nur noch in der Hocke kauern, Anna diktiert: Ringelblumen-Tee, dreimal Heilerde, und geheilt ist Julia. Anna, die Zaubererin, sagte Beate. Und gab ihm eine sanfte Ohrfeige. Ja, sagte er, schlag mich ruhig. Aber ich glaube, Anna hält deine Sonnenblume am Leben, solange wir, du und ich, einander lieben. Und wenn du mal morgens vom Bett aufstehst und tot umfällst, wissen wir, daß Anna aufgehört hat, an dich zu denken, sagte sie. Und grinste. Und sagte: Der schönste Augenblick dort sei der an der Gartentür gewesen, als die Tür so grell kreischte. Ob er die inzwischen geölt habe, daß sie nicht mehr kreische? Hat er nicht. Sie hätte ihn, wenn er dieses Kreischen aus der Welt geschafft hätte, jetzt sofort hinausgeschubst, daß er die Nacht im *University Motor Inn* verbringe.

Was denkt sie eigentlich von ihm! Sie habe doch gesagt, das Kreischen sei so schön schrill und habe bei *schrill* drei l's lang ihre Zungenspitze so entblößt, daß er sofort an ihr hinunterschauen mußte und erst wieder Halt fand an dem Schlangenledermuster ihrer Schuhe. Was heißt schon Halt. Er fühlte sich hineingestoßen in den Dschungel des Lebens. Aber in einen raffinierten Dschungel. Nachher habe er versucht, ihre hochmanierierten Absätze zu zeichnen. Das ging nicht. Nicht weil er zu unbegabt sei, sondern weil Anna in jedem Augenblick hereinkommen konnte. Und auf alles, was nicht eingeführt ist zwischen ihr und ihm, reagiert Anna mit Fragen. Und vor denen, sagte Beate, hatte mein Feigling Angst. Ich liebe dich trotzdem, sagte sie. Und wie! Wann heiraten wir?

Jetzt packen wir zuerst einmal aus, sagte er. Aber dann packte nur sie aus. Er konnte nicht. Er hätte ihr doch längst den Traum mit dem Anwaltmädchen erzählen müssen. Den Traum in der Nacht, bevor sie kam. Dazu war es jetzt zu spät. Er sah zu, wie sie die Kleider und Kleidungen, die sie in Kalifornien nicht getragen hatte, wieder dem Schrank anvertraute. Er hätte jetzt am liebsten gesagt, dieses Kleideraufhängen erinnere ihn an Anna. Er mußte sich beherrschen. Anna und Beate hatten einiges mit einander gemein. Das Lichtbrennenlassen, das Wasserlaufenlassen, den Herd und das Bügeleisen eingeschaltet lassen auch. Und Anna konnte soviel, was sie nie gelernt hatte. Beate auch. Da waren sie einander näher als ihm. Er konnte soviel nicht von dem, was er gelernt hatte. Er mußte jetzt sagen – und er intonierte deutlich tiefer –, er habe in Kalifornien etwas versäumt. Sie: Jetzt sag es schon. Er habe, sagte er, im Fernsehen gehört, daß Selbstmord in Kalifornien noch nie als strafbar galt. Er mußte jetzt einfach düster daherreden. Er wollte ihr mitteilen, daß er den Rückflug eine Woche vorverlegt habe, also nur eine Woche in Chapel Hill bleiben könne. Und schaffte es nicht. Nahm einen zweiten Anlauf: Was wollte ihr Mr. Hardy mit dem Eliot-Zitat, große Dichter stehlen, schlechte kopieren, was hatte das mit seinem Vortrag zu tun? Und sie: Weiß der Geier. Ihm fiel auf, daß er sagen würde: Weiß Gott ... Gott durch Geier zu ersetzen, hielt er für übertrieben. Dazu fiel ihm ein, weiß Gott, warum, daß sie in der Stunde ihrer Ankunft gesagt hatte, sie sähe jetzt sicher aus wie Wum, sie sei eben ein Loriot-Fan gewesen, und in der ersten Nacht, das fiel ihm jetzt auch, Gott weiß, warum, ein, als sie auf ihm saß und zum ersten Mal diesem Zwang, alles in Schlagzeilen auszudrücken, nachgab, hatte sie gesagt: Frivole Studentin fickt Forscher zu Tode. Sein Gedankenzwang produzierte jetzt, daß Anna niemals Gott durch Geier ersetzen würde. Dazu kann man doch nur sagen: Na und? Wie anders verliefe jedes Leben, wenn man jedem den Text, der ihm gerade durch den Kopf geht, ansehen würde. Nicht nur ungefähr, sondern exakt im Wortlaut. Da würde man wahrscheinlich ganz anders denken. Vielleicht sogar freundlicher. Man würde schon in Gedanken lügen. Das muß man, wenn man sich zu hüten hat, ohnehin tun. Beim ersten Frühstück im *Durant*, das sie, um nicht gesehen zu werden, auf sein Zimmer kommen ließen, hatte sie, als er sie anschaute, gesagt: I can read your mind. Darauf hatte er tatsächlich mehr als einen Augenblick lang nicht mehr gewußt, was er denken sollte. Wenn wenigstens die Augen so angebracht wären, daß man sich auch selber andauernd sähe, vor allem das eigene Gesicht, beim Sprechen, dann unterbliebe viel. Andererseits hat Rousseaus dreißig Jahre älterer *barbou* mit Recht die schlimmste Folter darin gesehen, sich selber so zu sehen, wie Sara ihn sieht. Und Anna mutet er sich zu. Noch und noch. So gut wie nie denkt er daran, daß er, wenn sie ihn anschaut, genau so alt ist, wie wenn Beate ihn anschaut. Laß mich gehen, hätte er jetzt am liebsten zu Beate gesagt.

Zum Glück hatte er auf dem Flughafen Raleigh-Durham noch eine Flasche Bourbon gekauft. Man sah ihr an, daß sie, als sie ihn zum Bourbon übergehen sah, daran dachte, ihm die Flasche wegzutrinken. Sie spürte, daß er sich wieder in die alkoholische Unbelangbarkeit retten wollte. Er hätte ihr gern die Stellen aus den *Briefen an Sara* vorgelesen. Statt dessen sagte er, dieser Bourbon überrasche ihn jedes Mal wieder, der sei einfach gut. Und sie: Calvados ist besser. Das war die falsche Fährte. Die Weißt-du-noch-Fährte. Allein sein, und nichts anderes wollen. Das schwebte ihm vor als Stimmung. Und ganz akut beherrschte ihn das Wort *Studentenbude*. Das Zimmer war durchaus ein Zimmer, aber die Liege war kein Bett, das Sofa Trödel, das Sofatischchen ein aus einem Schiffbruch stammendes Brett auf Pionierzeitklötzen, der Arbeitstisch ein romantisches Gestell. Ausschlaggebend war immer das Klo. Als er noch makelte. Zeige mir dein Klo, und ich sage dir, wer du bist. Davon kam er nicht los. Ihr Klo war simpel, sauber, ambitioniert, roch leicht nach Zimt: wollte letzten Endes kein Klo sein. Gesamteindruck: lieb. Gottlieb Zürn in einer Studenten... nein, in einer Studentinnenbude. Er wollte sagen: Wir tun einander weh, nur weil wir sind. Er war froh, daß er das nicht sagen mußte. Turpe senilis amor. Das konnte er auch nicht sagen. Alles, was er sagen wollte, würde, wenn er es sagte, wie eine Ausrede klingen. Er wollte das Ende verschwiemeln, wegschummeln, schönfärben. Diese Rotzveredler, diese Fallenvergolder, diese als Philosophen geschminkten Lügenbarone! Deren Wortweisungen sollte er jetzt folgen. Alles, was er sagen konnte, war wahrhaft wertlos. Hier, in diesem Zimmer, zählte jetzt nur Empfindung. Und die fehlte ihm. Jetzt. Lieblos sein, das läßt sich nicht sagen. Und schon bildete sich flugs die Rechtfertigung. Symmetrie als moralische Qualität. Er muß hier lügen, darf hier lügen, weil er zu Hause auch gelogen hat. Durch Verschweigen hat er Anna belogen. Durch Verschweigen belügt er jetzt Beate. Durch Verschweigen hat er Beate schon während der Schreib- und Telephonierzeit belogen. Beate mußte glauben, er schlafe nicht mehr mit Anna. Sonst hätte sie die Schreib- und Telephonierzeit nicht überstanden. Sie brauchte diese Meldung; daß eine Zeit lang genau das Gegenteil der Fall war, war nicht sagbar. Er hatte sich eine Zeit lang verpflichtet gefühlt, Anna auch etwas zukommen zu lassen von seiner Beate zu verdankenden Lebhaftigkeit. Könnte man wirklich sprechen mit einander, dann hätte er Beate als einen Beweis ihrer Wirkung melden können, daß das Ehepaar Zürn, nachdem sie erschienen war, lebhafter mit einander verkehre als vordem. Aber so wie alles ist und zu sein hat, war es für Beate lebenswichtig zu erfahren, ihre Wirkung habe die Ehe außer Kraft gesetzt. Tatsächlich war die Lüge, daß mit Anna nichts mehr sei, dann immer mehr Wahrheit geworden. Auch wenn noch etwas stattfand zwischen ihnen, waren es für ihn bloße Beatebeschwörungen geworden. Beate hatte sozusagen gesiegt. Er hatte, als er ihr das beteuert hatte, die sogenannte Wahrheit gesagt. Wahrheit gibt es. Augenblicksweise.

Diese Augenblicke heißen Glück. Und sobald wieder die Verheimlichungspflicht regiert, herrscht das normale Unglück. Dafür zahlt man. Also ist dem Unglücklichen kein Vorwurf zu machen. Mit keinem Vokabular der Welt. Der Unglückliche ist quitt.

Beate sagte: Das war jetzt frech, gell.

Er hatte aber nicht gehört, was sie gesagt hatte. Sie hatte, was frech gewesen sein sollte, von der Kochecke aus gesagt. Er sagte: Überhaupt nicht. Und er war sicher, daß er das sagen konnte. Sie hatte schon ein paar Male so auf etwas von ihr Gesagtes reagiert. Jetzt paßte es, jetzt konnte er ihr Das-war-jetzt-frech-gell darstellen als Reaktion auf den Altersunterschied. Jetzt konnte er den Unterschied verkaufen als die Unmöglichkeit schlechthin. Ihre Angst, frech gewesen zu sein, sagte alles. Es war von Anfang an eine Illusion, von beiden gefühlt, von beiden geleugnet, von beiden ausgestattet mit Wahrheitswut und so weiter. Er habe sich von Anfang an als Hochstapler gefühlt. Aber der Hochstapler leistet mehr als er zu leisten glaubt. Sich als Hochstapler zu empfinden ist eine Form der Bescheidenheit. Vielleicht sogar der Schüchternheit. La Mettrie hätte zu keinem anderen Ergebnis kommen können. Und wo wir schon so weit sind, laß uns gestehen die Austauschbarkeit eines jeden Mannes, einer jeden Frau. Sie hat ihn zwar in ihren Briefen phantastisch ausgezeichnet mit Notwendigkeit, hat sich und ihn in ein Schicksal hineingeredet, das hat ihn so belebt, daß er die prinzipielle Austauschbarkeit glatt vergessen hat, also fing auch er an zu schwärmen, hat nicht anders gekonnt, als sie in eine Einzigartigkeitsgloriole zu hüllen, ihr eine Unvergleichlichkeitsaura anzutun, das war doch schön ... Sie hielt ihm den Mund zu. Wir sind keine grief party, sagte sie und fuhr fort im Schlagzeilenton: Auf dem Sofa der Mörderin vergewaltigt. Wer von wem, sagte er und griff nach dem Glas. Sie war schneller, sie trank es aus und zeigte ihm so, daß sie jedes Glas, das er einschenken würde, vor ihm austrinken werde. Das hieß: Keine Flucht in die Besoffenheit. Das hieß: Dageblieben! Er sollte ihr lieber sagen, wie sie gelebt hat ohne ihn. Sie hat es vergessen. Sie kann sich an nichts mehr erinnern. Als sie zu ihm kam, auf die Terrasse, er im hellblauen Cordhemd, wie hat sie da auf ihn gewirkt? Das war ja die, die bis dahin ohne ihn hat leben können. Bitte, er soll ihr die schildern, vielleicht kann sie sich dann an die erinnern, die sie war, bevor sie ihn kannte. Aber er hörte auch der Waschmaschine zu, die aus dem Bad hereindröhnte und stöhnte, dann wieder innehielt, als sei es ihr zu anstrengend, als müsse man ihr zu Hilfe kommen, dann legte sie aber wieder los, klang wie ein Flugzeug, das die Triebwerke aufgedreht hat, gleich starten will, noch einmal zerfällt, wie von vorne anfängt, auf die höchste Umdrehung zurast, aber mühelos jetzt, hört sich an wie Leerlauf, die Waschmaschine landet, läuft aus, es kann wirklich nichts mehr kommen. Bitte, bitte, würdige doch endlich, was Beate inzwischen hergezaubert hat, ja, gezaubert, aus dem Kühlschrank ein Spaghetti-Essen, und er hatte zugeschaut und dahin- und dahergeredet. Er mußte sie in seine Stimmung hineinreden! Und schaffte es nicht. Also, Beate-Juliette-Thémire, hör zu.

Hübsch, diese Servietten, wirklich. Wenn er sich die an-
tue, sehe er sicher aus wie ein Pflegefall an seinem Ge-
burtstag. Aber bitte. Es kommt nicht mehr darauf an. Lach
ruhig. Es gibt null Ernstes. Das ist das einzige, was sie ihm
glauben kann. Sie hat das Geschirr in der Spülmaschine
untergebracht, hat zuerst, was noch vor ihrer Abreise ge-
spült worden war, ausgeräumt und versorgt. Das sei raffi-
niert, sagte er, diese Geschäftigkeit, dieser Eifer, dieser
Fleiß, diese offenbar unverbrauchbare Bewegungskapazi-
tät. Und er, der Parasit … Pascha reicht, rief sie dazwischen. Er bat noch einmal, La Mettrie herbitten zu dürfen.
Sie bat, von La Mettrie verschont zu bleiben. Morgen, bitte, aber nicht jetzt, am ersten Abend in ihrer Wohnung, am
ersten Abend ohne Hotel, ohne Professor Rosenne und so
weiter, am ersten Abend der Zukunft. Gegenwart genügt,
sagte er hartnäckig. Aber sie wollte jetzt mit ihm im Bett
liegen, obwohl ihre Liege kein Bett sei, aber je enger sie
lägen, um so schöner sei es.

Sobald sie lagen, knipste sie das Fernsehen an, zur Um-
stimmung, sagte sie und verbesserte sich: Zur Einstim-
mung. Und da sie keine Kleidung zugelassen hatte, wußte
er, was das hieß. Auf dem Bildschirm lag ein amerikani-
sches Ehepaar im Bett, das ein Fernsehprogramm anschaute. Das fand Beate super. Wir liegen im Trend, rief sie. Und
griff nach ihm. Er sagte, die – und meinte die auf dem
Schirm – seien aber noch nicht so weit. Wir sind Avantgar-
de, sagte sie und machte weiter an ihm herum. Thémire,
sagte er, du darfst gleich weitermachen, wenn dir nach
dem, was ich dir sagen muß, noch danach ist. Sie zog ihre
Hände weg, die Augen meldeten Angst. Also, die Umbuchung konnte er in diese erschrockenen Augen hinein

nicht melden. Thémire, sagte er noch einmal, ich glaube, ich muß einen Vortrag halten. Ich weiß, sagte sie. Was weißt du, fragte er. Du willst irgendwas sagen, was mir erklären soll, warum du dich bei mir nicht wohl fühlst. Du langweilst dich. Etwas geht dir auf die Nerven. Wahrscheinlich ich.

Du willst nichts wissen von mir, sagte er. Du sagst, was du sagst, nur um zu verhindern, daß ich dir etwas sage.

Bitte, sagte sie, sprich. Sie sagte das so, als wisse sie alles, was er sagen könne, im voraus.

Er sagte, es ist, als sei vor ihm noch nie ein Mensch alt geworden. Was er erlebe, scheine noch nie erlebt worden zu sein. Auf jeden Fall hat es ihm keiner gesagt, wie schlimm es sein würde. Auf jeden Fall hat auf ihn, was er bisher über das Altsein gehört hat, keinen Eindruck gemacht. Man kann nur jung oder alt sein. Er habe seit längerem geglaubt, er sei schon alt. Das war, wie er jetzt wisse, ein naseweises Anempfinden. Das einzige, was ein wenig in die richtige Richtung ging, war eine Art Mitleid mit Alten. Jetzt weiß er, der Junge kann nichts empfinden von dem, was der Alte empfindet. Es gibt kein Verständnis für einander. Der Alte versteht den Jungen so wenig wie der ihn. Es gibt keine Stelle, wo Jugend an Alter rührt oder in Alter übergeht. Es gibt nur den Sturz. Aus. Nachher bist du drunten und kannst tun, was du willst, du reichst nicht zurück. Mit nichts. Durch nichts. Ob du lachst oder schreist, ist gleichgültig. So zu tun, als könne man sich auf diesen Sturz vorbereiten, ist unsinnig. Dieser Sturz gestattet kein Verhältnis. Der einzige Mensch, der ihn, wenn es darauf ankäme, verstünde, wäre Magda. Er habe nie den Mut gehabt, Magda seine Lebensschwierigkeit vorzutragen, sie wäre die einzige, die ihm, ohne urteilen zu müssen, zuhören könnte. Was macht sie, fragte Beate. Sie arbeitet in einem Steuerbüro, sagte Gottlieb, hat sich spezialisiert auf Umsatzsteuer. Lebt mit einem schwarzen Amerikaner zusammen. Der ist, als seine Einheit auf dem Balkan Krieg führen sollte, bei ihr untergeschlüpft. Will bei ihr bleiben. Für immer. Hat nichts gelernt, außer vier Jahre Army. Vorher in San Antonio Telephonverkäufer für ein Reinigungsmittel, sechs Dollar die Stunde, zweihundert Stunden pro Monat am Apparat. Sieben Jahre jünger als sie. Man hat sie nicht gefragt, warum sie diesen Bob aufgenommen hat, sie hat von sich aus gesagt: Er hing in der Luft.

Schweigen.

Ach, Beate, sagte er dann, wohin flieht man, wenn das Ende sich aufdrängt? Dahin, wo es am krassesten klar wird, daß man am Ende ist, zu Beate, nach Amerika. Das sind seine Empfindungsdaten. Geliefert von seinen Philosophen, von seinen Sinnen also. Er habe den Rückflug um eine Woche vorverlegt.

Er hätte sowieso nicht weitergesprochen. Aber sie schrie auf, sprang auf, übrig blieb ein längeres Nein.

Auf dem Bildschirm lag das Paar immer noch im Bett, aber der Mann hatte sich zur Seite gedreht, weg von der Frau, offenbar weinte er, es schüttelte ihn geradezu vor Weinen, die Frau kniete hinter ihm, machte ein ratloses Gesicht und streichelte ihn wie einen Kranken. Gottlieb beneidete diesen Mann.

Sie hatte den Kimono an, dessen Schwarz und Silber noch nie so gut gepaßt hatten wie jetzt, als sie sich krümmte und bog und mit den Fäusten auf das Sofa eintrommelte.

Sie würde die Nacht auf dem Sofa verbringen, er würde auf der Liege ausharren. Er trank die Flasche Bourbon leer.

Plötzlich stand er auf, ging hinüber zu ihr, legte sich eng neben sie, zwischen sie, sagte, er sei genau so erschrocken wie sie, als er sich so reden hörte. Aber müsse nicht wenigstens ein Tausendstel von dem, was in einem passiere, heraus? Zwischen zweien wie sie und er. Das Gerede vom Sturz ist Wortstroh. Das Hinab so bremsen, daß es kein Sturz wird, sondern ein Untergang. Jetzt, nach dem schönen Bourbon, hat er mehrere Bedürfnisse. Erstens will er auf sie einplaudern von zu Hause. Was er jetzt empfindet, und sie wisse, daß La Mettrie alle Erkenntnis mit Empfindung beginnen läßt, möchte er eine unschuldige Sehnsucht nennen. Nach dort. Nach dieser Familie, die er seine Familie nennen muß. Er möchte sie alle andauernd aufzählen. Inklusive Anna. Und daß er das Beate so hinsagen kann, daß er das nicht finster verheimlichen muß, das zieht ihn hin zu Beate. Er kann gar nicht sagen, wie. Er will jetzt auch einmal Schlagzeilen machen: Besoffener Gastreferent fickt Graduate Studentin ins Leben.

Danach verschraubten sich beide auf der Liege in einander. Beate löschte den Fernseher. Gottlieb lag noch wach, als sie schon schlief. Ihm war, weiß Gott, warum, fromm zumute. Er hatte dieses Hochgefühl der Biederkeit, es allen recht gemacht zu haben. Also auch sich selbst.

Am nächsten Vormittag, als Beate in ihrer Klasse war, rief Gottlieb die Lufthansa an und verlegte den Flug noch einmal, und zwar auf den nächsten Tag. Das wird teuer. Er muß die Fluglinie wechseln. Ihm egal. Oder nicht egal. Egal.

Als sie zurückkam, gab sie sich erstaunt. Sie habe gefürchtet, geglaubt, er sei, wenn sie zurückkomme, nicht mehr da. Und riß ihn an sich und aufs Sofa. Und entschuldigte sich dafür, daß sie so etwas habe denken können. Aber dieser Tag sei der Tag der Katastrophe, was lag da näher, als zu fürchten, daß die Katastrophe auch vor ihr nicht Halt machen werde. Wart, sagte sie, als sie sah, daß er etwas sagen wollte. Wart! Sie hat Dr. Douglas verloren. Für immer. Tot? sagte Gottlieb. Sie schüttelte den Kopf. Rick Hardy habe sie heute hinausgebeten in den Park und habe sich, als sie draußen waren, umgesehen und erst als weit und breit kein Mensch zu entdecken war, habe er angefangen. Sie sei da schon halb ohnmächtig gewesen vor Angst, weil sie sicher war, daß er etwas Vernichtendes über Berkeley nachzutragen habe oder – noch schlimmer – daß er, weiß der Geier, woher, wisse, wo der Gastreferent untergeschlupft sei. Aber das war es nicht. Allerdings, was der Meisterspion dann ganz kühl und leise mehr vor sich hin als zu ihr sagte, war fast genau so schlimm. Kurzfassung O-Ton: Dr. Douglas called housewives: Their husbands, his patients, are in danger of comitting suicide. If the wives would have sex with another man, that could cure the husbands. Of fifty women who now called the sexual victims' unit seven did everything the psychiatrist asked. Eine der sieben Opferwilligen war Sue-Ann, die üppige blonde Rosenne-Gattin. Klar, ihr geliebter Gatte stehe kurz vor dem Selbstmord, helfen könne nur noch eine Therapie per Vitalschock und sie, Sue-Ann, sei die einzige, die diesen Vitalschock auszulösen im Stande sei. Sie müsse mit einem anderen Mann schlafen, das ihrem Gatten sagen, aber nicht sagen, mit wem, sonst wäre die

Schockwirkung relativiert. Irgendwann, müsse sie sagen, werde er es von ihr erfahren. Die Wirkung werde absolut fabelhaft sein. Dafür verbürge er sich. Von Suizidgefahr könne dann nicht mehr die Rede sein. Dr. Douglas besorgte den therapeutischen Beischlaf. Honorarfrei. Dann schaffte sie aber das Verschweigen nicht. Oder der Gatte setzte Mittel ein, die sie dazu brachten, alles zu gestehen. Dr. Douglas ist verschwunden. Wahrscheinlich für immer.

Gottlieb streichelte Beate. Sie brach jetzt richtig in Tränen aus. Je mehr es sie schüttelte, desto heftiger mußte er sie streicheln. Sie müßte jetzt doch sofort zu Glen O. Rosenne, ihn trösten, unglücklicher als Rosenne jetzt sei, könne doch kein Mensch sein. Und sie, sie hat, als sie zum ersten Mal gehört hatte, der Professor liege bei Dr. Douglas auf der Couch, gegrinst! Dafür schämt sie sich jetzt. Ihr war, als sie das gehört hatte, eine Zeitungsnotiz eingefallen, besagend, Krokodile träumen nicht, weil sie sich zu einer Zeit entwickelt hatten, als auf der Erde noch nicht geträumt werden konnte, was also konnte Professor Lizard Dr. Douglas erzählen! Und dann das! Sie weinte weiter.

Wie ihr jetzt offenbaren, daß er den Rückflug auf den nächsten Tag vorverlegt hatte?! Irgendwann, als sie gegessen und getrunken hatten und aneinandergeschmiegt lagen, fing er an, über Rick Hardy zu staunen. Lobte ihn. Eine CIA-reife Leistung. Und was sie, Beate, betreffe, bitte, sie könne doch froh sein, daß sie diesen Dr. Douglas los sei. Wahrscheinlich sei Beate jetzt eifersüchtig. Mit diesem therapeutischen Beischlaf habe Dr. Douglas auch Beate betrogen. Da sprang sie auf, nannte das einen absurden beziehungsweise typisch männlichen Kommentar. Wie und wo sie diese Nachricht getroffen habe, wisse sie selber noch nicht. Wie bei einem Todesfall werde sie wahrscheinlich erst im Lauf der Zeit den Verlust empfinden. Da konnte er sagen – und daß er das sagen konnte, wunderte ihn selbst –, daß er das leider nicht mehr miterleben dürfe. Sie schaute erschreckt. Er hielt ihr sofort die Augen zu und sagte: Ja, umgebucht, noch einmal, morgen. Sie riß sich los, warf sich in die andere Sofaecke, zog die Beine an, umfaßte ihre Knie und legte den Kopf auf ihre Knie. Gottlieb fiel die kauernd schlafende Magda ein, von Anna geheilt. Beate weinte nicht, sagte nichts, rührte sich nicht. Einmal ein Wort: Verstoßen. Und irgendwann zwei Wörter: Nie mehr. Auf dem Sofatisch lag ein dickes Ringbuch: *The Graduate School.* Darunter: *The University of North Carolina at Chapel Hill.* Das hatte sie offenbar mitgebracht. Er hätte gern darin geblättert, gelesen, aber er wußte, daß er sich nicht rühren durfte, bevor sie sich nicht rührte. Nicht rühren durfte oder nicht rühren konnte? Um seiner menschlichen Zurechnungsfähigkeit willen entschied er sich für: nicht rühren konnte. Solange du dich nicht für einen guten Menschen hältst, ist dir nichts vorzuwerfen. In a clear, firm voice: I abused the system I believed in and I will never forgive myself. Dann ist ja alles gut. Schuldgefühl, bitte. Freie moralische Marktwirtschaft. Oh Gottlieb. Oh Wendelin. Oh Zürn. Oh Krall. Krümme dich, bis du dich wohlfühlst.

Sie rührte sich zuerst. Sie mußte aufs Klo. Sie tat das, was sie pinkeln nannte, bei offener Tür. Was zu hören war, klang tröstlich. In ihm buchstabierte es sich so: Die Sehnsucht, heimzukommen, scheint größer zu sein als die Sehnsucht, von daheim fortzukommen. *Real Estate* könnte man auch übersetzen mit *Der wirkliche Stand.*

Daß er sich nicht von ihr im rührend alten Pontiac zum

Flughafen fahren ließ, deutete sie so: Er habe Angst, der Pontiac sei auf ihrer Seite, werde also die fünfzehn Meilen zwar angehen, dann aber plötzlich streiken, daß Herr Zürn das Flugzeug versäume. Er sagte, das sei die fast poetische Deutung einer eher realen Möglichkeit. Das letzte, was sie, als das Taxi schon wartete, sagte, war: Nie mehr. Das verspreche ich mir. Nie mehr.

Er sagte: Viel Glück bei La Mettrie. Sie bohrte ihr Zeigefingerchen an die Schläfe und drehte sich weg. Drehte sich wieder her und sagte: Die Diss geschmissen, auf die Diss geschissen, adieu, Herr Dr. Zürn.

Im Taxi beschäftigte ihn eine Utopie: Nach der Geburt eines Menschen wird das Datum in einer Datei gespeichert, die durch einen PIN-Code zugänglich ist, der nur den Eltern bekannt ist. Sie können ihn dem Kind weitergeben oder nicht. Sie können das Kind von Anfang an ohne Zahlengerüst aufwachsen lassen.

Der Wechsel der Luftlinie wurde nicht nur teuer, sondern auch schwierig. Die Deskdame in Washington-Dulles, die ihn endorsen sollte, wollte davon abschrecken mit dem Hinweis, das Gepäck könne, wenn er jetzt mit einer anderen Gesellschaft fliege, vielleicht zurückbleiben. Unidentifiziertes Gepäck werde nicht befördert. Bei all den Terroristen. Aber er gab nicht nach. Sie mußte telephonieren, bis alles okay war. Er zahlte und zahlte und freute sich, als der Kapitän sagte, daß sie mit Rückenwind flögen. Extraservice: Manhattan bei Nacht. Der Kapitän: Seit Monaten kein so schöner Nachtflug. Die Avenues und die querlaufenden Straßen ergaben eine genaue Goldgeometrie. Manhattan ist ein Goldkäfig, in dem Schwärze gefangen gehalten wird.

Bevor er müde wurde, schaute er noch frühe Anna-Bilder an, die er immer dabei hatte, aber fast nie mehr anschaute. Anna vor so vielen Jahren. Daß sie so schön war, hatte er, als sie noch so schön gewesen war, nicht bemerkt. Da Schönheit immer hieß, denen zu ähneln, die gerade als schön gehandelt werden, hatte sie sich nie schön gefunden. Wenn man eine Frau schön nennt, die, normenbesetzt, sich selber nicht schön findet, vermindert man dadurch nur die eigene Zurechnungsfähigkeit. Daß sie aber schön gewesen war, sah er jetzt auf diesen Bildern. Sie müssen eben alles universalisieren, die Moralnormen wie die Schönheitsnormen. Es gibt keine mächtigere Industrie als die der Normierer. Seine Sehnsucht nach Anna war immer mit dem verbunden, was sie erlebt hatten. Er flog auf sie zu. Er war das ganze Flugzeug und flog direkt auf Anna zu. Das spürte er. Die Anziehungskraft der unlösbaren Probleme. Am meisten bindet Leid. Er hätte singen können. Keine Spur mehr von dem Nagel in der Kehle. Und sagte sich vor: Ich liebe die faltigen Äpfel im Januar, alt, gelb, als wären sie leberkrank. Ekelhaft sind mir die polierten knackigen grünen. Wie wahr alles Unwahre ist. Er und Anna haben ein Geschlechtsleben entwickelt, das auch in Zeiten tiefster Niedergeschlagenheit ausgeübt werden kann. So. Darauf kann er sich verlassen.

Die Ankunft in Frankfurt um 7 Uhr 30 sagte der Kapitän mit größter Selbstverständlichkeit voraus. Um 8 Uhr 30 nach Stuttgart, Landung dort um neun. Und wenn das Gepäck da ist und Anna da ist, dann ist alles gut gegangen. Er würde nicht von diesem Ausflug träumen. Er träumte nur von Orten oder Personen, mit denen er jahrelang zu tun gehabt hat. Er war noch nie so direkt auf Anna zuge-

reist. Anna würde nicht in der vordersten Reihe der War-
tenden stehen. Sich durch Vordrängen auszudrücken, liegt
ihr nicht. Als sie Gottlieb einmal nach einer Zehntagetour
in der Autobahnraststätte Neckarburg abholte, um 11 Uhr
nachts, erzählte sie, sobald sie im Auto saßen, was ihr am
Nachmittag ein Kunde erzählt hatte. Der war von einer
Zweiwochenreise zurückgekehrt, hatte bemerkt, daß seine Frau einen Mundgeruch hatte. Hatte sie den immer
schon gehabt? Nein. Der war neu. Wie sollte er jetzt davon anfangen. Er konnte nicht sagen: Dein Atem riecht
nicht mehr so gut wie früher. Diesem Mann war sofort
klar, daß er vorerst nichts sagen konnte. Und er fragte sich,
was alles seine Frau an ihm bemerke und nicht ausspreche.
Ein Ehepaar, zwei zunehmende Verschwiegenheiten.
Anna hatte dem Mann eine differenzierte Tee-Anweisung
für seine Frau gegeben, der Mann hat zwar die Wohnung,
die Anna ihm angeboten hatte, nicht gekauft, aber er hatte
sich bei Anna herzlich bedankt für den Rat, der Wunder
gewirkt habe. Die Frau hatte keinen Mundgeruch mehr.
Gottlieb holte diese Erinnerung herein, weil er jene nächt-
liche Heimkehr und Heimfahrt mehr erlitten als erlebt
hatte. Daß Anna ihn nach einer Zehntagetour abholt, er
übernimmt das Steuer, sie sitzt neben ihm und sie fahren
durch eine mondhelle Nacht – es war Frühling wie jetzt –,
und sie erzählt diese blödsinnige Mundgeruchsgeschichte als Erfolgsgeschichte und raucht dabei eine Zigarette
nach der anderen. Das, Anna, dachte Gottlieb, als das
Flugzeug sich auf Stuttgart hin senkte, das darf nicht noch
einmal passieren. Er hätte sich durchsetzen müssen gegen
die blöde Mundgeruchsgeschichte. Aber er war so enttäuscht gewesen. Die Ausführlichkeit Annas war das Ent-

täuschendste. Die nichtswürdige Genauigkeit. Auf ihn hatte das gewirkt wie eine geplante, inszenierte Abhaltung. Und selbst wenn es das nicht war, war es eine unbewußte, La Mettriesch gesprochen, automatische Entziehung und Verhinderung. Heute durfte sie mit dergleichen nicht kommen. Ein Wiedersehen demonstriert jedes Mal, ob die beiden auf einander zugelebt oder an einander vorbeigelebt haben. Die erste Minute sagt es, entscheidet es. Man kann sich natürlich täuschen. Und getäuscht werden. Nichts ist so ungesichert wie ein Wiedersehen. Nichts müßte so einfach sein wie ein Wiedersehen.

Gottlieb konnte sich nicht vorstellen, daß dieses Wiedersehen am Flughafen in Stuttgart mißraten könnte. Schließlich hatte er zweimal umgebucht. Das mußte ihr doch etwas sagen. Und als er seine zwei Gepäckstücke abstellte, um ihr die Hand zu geben, sie dabei ein wenig zu sich herzog und dann umarmte und dann nicht links und rechts mit Lippenberührung abfertigte, sondern sie einigermaßen drückte und presste, fast schüttelte, da spürte er: Dieses Wiedersehen ist gelungen. Es herrschte unbesprochenes Einvernehmen darüber, daß jetzt nicht viel zu reden sei. Gottlieb präsentierte ihr, was er im Flughafen Dulles gekauft hatte: Chanel Nr. 5. Dazu grinste er, damit sie sehe, daß er einen früheren Gottlieb imitiere, auch ein bißchen parodiere. Aber dann mußte er doch noch sagen: Ich liebe dich wieder einmal wie noch nie.

Die Fahrt in der Frühlingssonne empfand er als einen theatralischen, das heißt übertriebenen, das heißt sich verselbständigenden Ausdruck einer Gemeinsamkeit. Fraglos einig. Aber Anna störte noch einmal. Mitten in die Musik, von der er sich jetzt ausgefüllt und bewegt fühlte, mußte sie die neuesten Kindernachrichten bekanntgeben. Gestern habe Julia angerufen. Mit der leblosen Stimme. Die Mutter sollte leiden unter dieser leblosen Stimme. Sie sollte nachfragen: Julia, was ist los, was fehlt dir. Das habe sie getan. Und Julia: Sie weiß nicht, wer sie ist. Mehr nicht. Schweigen. Aufgelegt. Gottlieb steuerte bei: Als das letzte Mal alle dagewesen waren, hatte Julia ihn zum Essen gerufen, er war gekommen, Regina fehlte noch, also hatte er gesagt: Du hast eine schöne Stimme, ruf Regina zum Essen. Da sie sich weigerte, rief er, Julia imitierend, Regina zum Essen. Regina kam, Julia ging. In ihr Zimmer. Am Essen nahm sie nicht teil. Als sie an ihm vorbeigegangen war, hatte sie gesagt: Kabarettist. Ja, sagte Anna und übernahm. Am letzten Sonntag, unsere Erlangerin. Zwei Tage davor ein Brief, ein echter Magda-Brief, du mußt ihn lesen. Dann steht sie vor der Tür, bleibt eine kurze Nacht. Redet nicht viel. Du kennst sie ja. Inhalt: Sie habe zum Glück, seit sie aus der Schule sei, kein Glück mehr gehabt. Also auch keine Enttäuschung mehr. Ihre Arbeit sei zum Glück so spannend, daß sie nicht dazu komme, irgend etwas zu vermissen. Die Mehrwertsteuerentwicklung sei ein einziges Abenteuer. Und daran mitzuwirken, erlebe sie als Privileg. Und zweimal pro Woche im Chor zu singen sei Levitation pur. Sie habe den Chor gewechselt. Nicht mehr im Matthäus-Chor, sondern im Altstädter. Von ihrem Schwarzen nichts. Und Regina, sagte Anna. Gottlieb mußte also fragen: Ja. Was ist mit Regina? Jetzt bleibt mir nur noch der Zirkus selbst, habe Regina gesagt. Sie trainiere, weil die Agentur andauernd am Kippen war und jetzt gekippt ist, seit zwei Jahren eine Nummer. Mit einem Chinesen. Regina an einem aufrecht stehenden Sarg, der Chinese wirft, als Indianer kostümiert, mit verbundenen Augen siebenundzwanzig Messer auf Regina. Sie ist, daß sie nicht hin und her zucken kann, an den Sarg gefesselt. Sie singt eine Melodie, eine in dreizehn Tönen aufsteigende, auf einem Höhepunkt ankommende und dann in dreizehn Tönen absteigende Melodie, Vorbild: der Sterbegesang der Apachen. Der Indianer-Chinese wirft die Messer Ton für Ton, er wirft also nach dem Gehör.

Unglaublich, sagte Gottlieb.

Und Anna: Stimmt.

Die Szene erinnerte Gottlieb an die Rattler-Folterung in Winnetou I und daran, daß er der immerzu mit Mandelentzündungen bettlägerigen Regina am liebsten Karl May vorgelesen hatte. Wie hatten die drüben Eliot zitiert? *Great poets steal, bad poets copy.*

Und Rosa, sagte Gottlieb. Von Rosa nichts. Das hatte er nicht anders erwartet, aber eine Art Schmerz war dieses VonRosanichts doch. Er hatte sich angewöhnt, sie in einem unaufhörlichen Sibirien zu sehen. Ach ja, sagte Anna, Paul Schatz ist tot. Wie bitte, du meinst, seine Frau sei … Nein. Der Frau geht es überraschend gut, aber er steht morgens auf, fällt um, ist tot. Infarkt. Und vorher nichts, was darauf hinwies. Gottlieb sagte: Unglaublich. Und dachte: Wenn es den Kaltammer auch noch putzt, dann geh ich zurück in den Handel. Aber den Kaltammer putzt es nicht. Solche Hyänen werden hundert. Paul Schatz steht auf, fällt um, ist tot. Und Beate hatte gesagt: Wenn du mal morgens aufstehst und tot umfällst, wissen wir, daß Anna aufgehört hat, an dich zu denken. Wunderbare Beate. Gab es überhaupt etwas, das nicht wunderbar war?

Gottlieb merkte, daß er plötzlich im Stand war, die Autobahn zu genießen. Und plötzlich bog er auf einen Parkplatz ein, war an Annas Tür, bevor sie sie öffnen konnte, bat sie durch eine einladende Geste heraus, dann führte er sie, als kenne er sich aus, vom Parkplatz weg in den umgebenden Wald und ging deutlich hastig ein bißchen voraus, daß er Anna hinter sich herziehen konnte, und dachte, solange sie nichts sagt, ist alles gut. Sie sagte nichts. Bei einem Stapel gefällter Buchen, die da auf den Abtransport warteten, hielt er, lehnte Anna gegen die mächtigen Stämme, setzte sie fast ein bißchen auf die sich anbietenden, glatten Rundungen und fing an, Anna zu küssen, und zwar mit einem Ausdruck großer Dankbarkeit. Wie froh er sei. Und glücklich auf eine verschollen geglaubte Art. Daß alles, was dann passierte, überhaupt nicht bequem oder genußreich war, war ihm nicht nur recht, das forcierte er geradezu. Daß Anna im Kostüm gekommen war und nicht in Hosen, kann ausschlaggebend gewesen sein. Eine lange Hose wäre zuviel gewesen. Obwohl er vor allem zeigen wollte, daß er jetzt in aller Hast und Unbequemlichkeit mit ihr schlafen wolle. Je unbequemer, um so deutlicher wurde, was er wollte. Das Unbequeme als sein Geständnis. Als sein Heimkehrgeständnis. Als sein Einundalleszugeben. Deshalb mußte diese einvernehmliche Vergewaltigung stattfinden. Und gesagt werden mußte nichts. So gut wie nichts.

Und da Anna das alles deutlich genug erkannte und beantwortete, bewies, daß er sich nicht getäuscht hatte und daß sie einander nicht täuschten. Als er Anna von der Buchenrundung herunterhalf, sagte er: Du weißt, beim Gewitter heißt es, Buchen mußt du suchen. Wir haben sie gefunden, sagte Anna.

Nicht ganz so leicht war dann der Weg zurück zum Parkplatz zu finden. Er hatte sich in all der Hast den Weg nicht gemerkt. Nach zweistündigen Irrwegen fanden sie zurück. Einigermaßen zerzaust. Er sagte, als er Anna die Autotür aufhielt, für den Rückweg entschuldige er sich. Anna sah ihn an, als sehe sie ihn heute zum ersten Mal. Dann sagte sie: Unglaublich. Und er dachte, als er jetzt Anna ansah, daß ein Gesicht, das man kennt seit es jung war, nie bloß alt werden kann. Das junge Gesicht schaut aus allen Jahren heraus. Gesichter, die man erst als ältere kennenlernt, sind dann wahrscheinlich nichts als ältere Gesichter. Anna, dachte er, ist und bleibt das Mädchen.

IV.
Kehre

1.

Der Friseur sagte: Darf ich Ihnen das anreichen? Und hielt ihm, nach dem Haarewaschen, ein kleines Handtüchlein hin, womit er sich die Augen auswischen konnte, falls Shampoo hineingekommen sein sollte. Gottlieb sprang nicht auf, erhob sich aber doch sehr plötzlich, legte das Geld auf den Kassentisch und ging. Gerade, daß er noch die umgehängten Tücher loswerden konnte. Was es zur Zeit kostete, wußte er. Seit fünfundzwanzig Jahren kam er in dieses Geschäft. Aber jetzt nicht mehr. Nie mehr. Darf ich Ihnen das anreichen. Hatte der das fünfundzwanzig Jahre lang gesagt, und Gottlieb war dieser Satz fünfundzwanzig Jahre lang nicht auf die Nerven gegangen? Dann war es höchste Zeit, daß er reagierte.

Sobald er draußen war, rannte er. Er hatte Angst, er könne umkehren und sich bei seinem Friseur, der ja wahrhaft sein Friseur war, entschuldigen. Anna sagte er nichts von dem plötzlichen Aufbruch im Friseurgeschäft. Was der Friseur über ihn dachte, durfte ihn nicht kümmern. In ihm breitete sich eine Art Zufriedenheit aus: Er hatte getan, was er wollte. Er hatte sich einmal nicht mehr ganz beherrscht. Er fühlte sich fast wie in der Badewanne. In der er nie lag, weil er von Anfang an nicht baden, sondern nur duschen gelernt hatte. Alles falsch sehen, das wollte er. Das wollte er dürfen. Keiner Erwartung entsprechen.

Schluß mit entsprechen. Don't rise to the occasion. Und gestand sich jetzt doch ein, daß der cholerische Anfall nicht vom Friseur provoziert worden war und nicht dem Friseur gegolten hatte. Sein Spiegelbild war es. Er hielt sein Spiegelbild nicht mehr aus. Eine halbe Stunde dieser Fratze ausgesetzt zu sein –, das war unzumutbar. Was die Jahre in seinem Gesicht angerichtet hatten, das mußte er nicht auch noch anschauen. Dreißig Minuten, achtzehn-hundert Sekunden lang, präsentiert von einem kristall-scharfen, alles entblößenden Friseurspiegel. Er mußte einen Friseur finden, der ihm die Haare vor einem ver-hängten Spiegel schnitt. Basta.

Als er noch fünfzig Meter von zu Hause entfernt war, überholte ihn Anna. Sie fuhr winkend vorbei, ließ das Ga-ragentor offen, war glücklich, weil der Rechtsanwalt aus Göppingen jetzt endlich den Vorvertrag für das Bauern-haus in Wintersulgen unterschrieben hatte. Und das viel-leicht nur, weil sie ihm für seine Analthrombose zu einer Blutegelsalbe geraten hatte, und die hatte inzwischen ge-wirkt, der Kunde ist geheilt.

Gottlieb schaute zu, wie sie Pflänzchen auspackte, die sie für ihren Kräutergarten gekauft hatte. Wollte er gesund sein? Solange er gesund war, bezweifelte er das. Er langte an die Warze, die er im Nacken am Haaransatz hatte, be-sah seine Fingerspitze, sie war blutig. Er langte noch ein-mal hin. Seine Warze blutete. Zum Glück war Anna mit ihren Kräutern beschäftigt. Dr. Matusaka hatte gesagt, für die Lähmung könne ein Bronchialkrebs in Frage kommen. Aber seine Stimme war vollkommen gesund. Der Doktor hatte Gottlieb geraten, einen halben Ton tiefer zu spre-chen, als er es gewohnt war. Es sei am Anfang ein bißchen beschwerlich, tiefer zu sprechen, als man es gewohnt sei, aber man könne das zur Natur werden lassen. Gottlieb hatte den einzigen Rat des japanischen Arztes, den er befolgen wollte, vergessen gehabt. Und es tat sofort gut, tiefer zu sprechen. Es entspannte, verlangsamte. Anna merkte es gleich. Er klärte sie auf. Ihr leuchtete diese Umstellung sofort ein. Jetzt konnte Gottlieb den japanischen Arzt ausführlich loben. Sie werde Gottlieb kontrollieren und ihn sofort darauf hinweisen, wenn er wieder einen halben Ton in die Höhe rutsche. Gar nicht genug wundern konnte sie sich darüber, daß ihr bisher noch nie in den Sinn gekommen sei, Stimmbandprobleme durch Tiefersprechen zu behandeln. Und führte ihn auf die Terrasse. Zur Sonnenblume. Die hält sich, sagte Anna. Anna wollte also über die Sonnenblume auf die Spenderin kommen. Gottlieb sagte: Unglaublich. Anna sagte: Ein Blumenwunder. Und Gottlieb: Deine Pflege.

Anna sagte, die Blume stehe noch genau da, wo sie am Tag des Besuches hingestellt worden sei. Anna habe das Wasser nicht gewechselt. Vielleicht sei die Blume mit einem Gift behandelt worden, das jede Art von Biologie verhindere.

Du hast sie ersetzt. Das ist nicht die Sonnenblume, die die Besucherin gebracht hat. Er habe sich im ersten Augenblick verblüffen lassen, jetzt sehe er, daß es gar nicht die selbe Sonnenblume sei.

Und Anna: Es ist die selbe, ich schwör's.

Und Gottlieb: Aber sie hat jetzt ein anderes Gesicht, eine andere Stimmung.

Das habe sie auch bemerkt, sagte Anna. Sie führe das auf das zurück, was die Spenderin erlebt habe oder jetzt erlebe. Wie, findet Gottlieb, sieht die Sonnenblume jetzt aus?

Vorher war es, sagte Gottlieb, eine runde dunkle Unergründlichkeit, vollkommen beschirmt von einem makellosen gelben Blätterkreis. Sie sah aus, als wisse sie, daß man, sie anschauend, nichts mehr wollen könne, als sie anzuschauen. Sie hatte sozusagen alles Selbstbewußtsein der Welt.

Und jetzt, fragte Anna.

Sie ist verstört, zerstört. Die Blätter stehen so, als wolle kein Blatt mit dem nächsten Blatt noch irgendetwas zu tun haben. Jedes sträubt sich gegen jedes. Das dunkle Rund, löchrig, verwüstet. Er wundere sich nur noch darüber, daß er das nicht sofort gesehen habe.

Das Sehen braucht mehr Zeit als das Hören, sagte Anna. Durch das Hinschauen verändert sich das Angeschaute andauernd. Der Sehende produziert das Gesehene. Mehr als der Hörer das Gehörte.

Gottlieb sagte: Unglaublich.

Und Anna: Was?

Und Gottlieb: Du.

Anna nahm den Krug mit der Sonnenblume und trug ihn hinaus. In den Garten. Als sie zurückkam, machte sie durch eine Geste deutlich, daß Gottlieb nicht fragen sollte. Man nennt das Entsorgung, sagte sie.

Als sie beide im Haus waren, läutete das Telephon. Anna machte pantomimisch klar, daß Gottlieb den Telephondienst wieder zu übernehmen habe. Gottlieb meldete sich. Es war der vom Kamingeschäft. Als erstes sagte er: Sind Sie krank? Gottlieb sagte: Nicht daß ich wüßte. Der mußte zuerst noch bemerken, daß Herrn Dr. Zürns Stimme zuerst geklungen habe, als sei Herr Dr. Zürn krank. Ja, also, ob sich Zürns entschieden hätten, welches Kamingitter sie nehmen wollten. Ja, sie haben. Sie nehmen das höhere. Das freute den. Er läßt es noch heute nachmittag einbauen.

Anna schüttelte den Kopf so schwer und so langsam, wie man ihn schüttelt, wenn man etwas überhaupt nicht mehr versteht. Gottlieb fragte nach. Aber Anna sagte: Laß nur. Gottlieb fragte, was er lassen solle. Anna war deutlich bemüht, jetzt nichts Trennendes entstehen zu lassen. Sie seien doch endlich wieder eines Sinnes, was sollen da die Bagatellen. Und kam zu ihm hin und legte ihm die Hände um den Hals. Und weil er spürte, dass sie sich anstrengen mußte, freundlich zu sein, mußte er fragen. Da brach es förmlich aus ihr heraus: Du hättest nach dem Preis fragen sollen. Kein Mensch bestellt eine Ware, ohne nach dem Preis zu fragen. Jetzt kann er verlangen, was er will. Sie war laut geworden, er erinnerte sie daran, daß sie einmal gesagt hatte, ihr mache es nichts aus, angeschrieen zu werden, aber so angeschrieen zu werden, daß es die Nachbarn hörten, ertrage sie nicht. Darauf sie: So laut sei sie nicht gewesen. Einen so laut anschreien, daß die Nachbarn es hörten, das schaffe nur er.

Als sie abends auf der Terrasse saßen und Gottlieb einen Karton ins Kaminfeuer warf, protestierte sie. Warum? Karton gibt eine andere Asche. Na und? Sie: Die fliegt herum beim leisesten Windhauch. Gottlieb mußte sagen, daß aber kein Windhauch zu spüren sei. Dann beherrschten sich beide.

Im Bett lud er Anna ein, mit ihm die Annehmlichkeit des Erlaubten zu feiern, die Wärme der Legitimität, die

Unverschämtheit des Aufeinanderangewiesenseins, die Erweckbarkeit alles gemeinsam Gehabten, die Fülle der Erinnerung als ein Schutz und Schirm gegen alle Gemeinheiten der Gegenwart. Ein nichts auslassendes Gefühl. Wie immer, wenn mehr als Wiederholung gefragt ist, spielte Wiederholung eine große Rolle. Anna würzte mit Details. Ihre Paradegeschichte, der Herr der fünf Ausschüttungen, zwei davon schon in der Annäherung. Das sagte sie so neu, als habe sie es noch nie gesagt. Das war die Paradeseite aus der vergilbenden Ehechronik. Unvorstellbar, daß sie solche Kontakte nie gehabt hatte. Er hatte sie zurückzuholen aus den Fängen wild auftrumpfender Erinnerungsschweinereien. Das war ihm immer eine ihn ganz und gar aufpeitschende Beschäftigung. Annas unbestreitbare Gegenwart und Anwesenheit. So wurde es doch noch ein Fest. Niemand weiß so genau wie Anna, was für ihn schön ist. Mit Kunst erzeugt sie Natur. Und sie weiß selber nicht mehr, daß sie ihm etwas zuliebe tut. Die Freude, ihm etwas zuliebe zu tun, reißt sie so hin, daß sie, was sie tut, nur noch um ihretwillen tut. Mehr kann zwischen zwei Menschen nicht sein. Ihn steckte sie an. Er wollte sie übertreffen. Ihn eroberte die Begierde, zu ihr noch lieber zu sein als sie zu ihm. Und alles ohne Calvados. Eines Tages oder eines Nachts wird er herausbringen, ob Anna sich das Trinken angewöhnt hatte, weil ihr dann die Auftritte als Maklerin leichter fielen oder damit ihr das Miteinanderschlafen besser gelang. Sie war keine Alkoholikerin. Sie selber sagte, im Calvados lebe der Geist der Äpfel. Für sie sei es eine Kommunion. Beates Kommunion war ihr sicher fremd. Auch wenn er ihr einmal alles, was ihm je passiert war, zu erzählen vermochte –, das nicht. Äpfel waren, auch ungebrannt, Annas Früchte. Sie könnte, sagte sie, von Brot und Äpfeln leben. Damit, daß Gottlieb und sie es zu keinem Obstgarten gebracht hatten, hatte sie sich noch nicht abgefunden. Gottlieb wußte, eines Tages würde sie ihn auf eine sanft ansteigende, baumbestandene Wiese führen und sagen: Gekauft.

Bis drei Uhr nachts hatten sie einander hineingeredet, hineingerissen in eine Festlichkeit, hatten, was sie einander taten, Feiern genannt. Er hatte alles, was er sagte, aus Annas Augen bezogen. Er hatte ihr gesagt, daß er es in Amerika nicht mehr ausgehalten habe, weil ihn ihre Augen verfolgt hätten. Ihr Blick, der bloße Blick. Bei anderen sei der Blick immer gefärbt von einer augenblicklichen Stimmung oder Absicht. Und hatte an Beates Augenausdruck gedacht. Traurig oder trotzig oder träumerisch. Annas Blick aber sei der bloße Blick. Ein dunkles Meer. Ohne bestimmte Bedeutung. Jede Bedeutung verweigernd. Wie das Meer eben. Und dann hatte er ganz direkt werden und hatte sagen müssen: Aller Brennstoff stammt aus deinen Augen. Verführungsgerede natürlich. Anna muß man verführen. Man muß sie herumkriegen. Aber noch nie hatte sie sich selber als die prinzipiell Unbereite so theatralisch produziert wie in dieser Nacht. Sie herumzukriegen als märchenhafte Aufgabe. Man kann viel falsch machen, aber man kann noch mehr richtig machen. Jetzt auch noch das Ältersein, das er nicht Altsein nennen läßt. Anna hat sich eine abschließende Tonart angewöhnt, sie nimmt vorweg, was noch gar nicht da ist, eigentlich sieht sie aus, wie sie immer ausgesehen hat. Offenbar ist sie innerlich älter als äußerlich. Er weigert sich, Alter zu gestehen. Für sich fühlt er sich älter als alt, aber er kann sein Altsein mit niemandem teilen. Auch nicht mit Anna. Soll sie ihr Altsein haben und er seins. Weil es keine verständigungsintensivere Situation geben kann als die des Paars im Bett, wird eben dadurch auch die Verständigungsarmut deutlich: Die eigene Schwere wird durch nichts so erlebbar wie durch den Versuch, in die Luft zu springen. Wie hätte er denn bei dem, was Anna im Bett erlebte oder produzierte, nicht zum Beobachter werden können! Ihr Gesicht war ein Film, der in dieser Nacht uraufgeführt wurde. Das Gesicht durchlief ein ganzes Leben. Zuerst mädchenhaft, die Lippen schälen sich nur zögernd von den Zähnen. Sie scheint dagegen zu sein, daß sie schon lächle. Aber sie will zugewendet sein. Gunstvoll. Dann doch teilnehmend. Dann mehr als teilnehmend. Selber tätig. Mehr als nur mitmachend. Einerseits hingerissen, andererseits hinreißend. Der schönste Ehrgeiz der Welt. Siegen wollend, ohne es zu wissen. Dann schon frech. Lustbewußt. Scharf auf Schamlosigkeit. Genußgierig. Und zeigend, daß sie es sei. Dann nur noch mitgenommen. Leidend. Mundoffen. Die Augen rein schwarz. Sich zu zwei Spalten verengend. Endlich eine Konzentration aller Kraftlinien auf der Nasenwurzel. So entgleist hat sie noch nie ausgesehen. Sagt sich Gottlieb. Dem Tod näher als dem Leben. Die Zunge zwischen den halboffenen Lippen wie ein erlegtes Wild. Speichel trieft. Sie ist hinüber. Und hat ihn mitgenommen. Sie schafften es, einander zu verfallen. Und so lagen sie dann. Länger. Wahrscheinlich war er vor ihr eingeschlafen.

Am nächsten Morgen eroberte sie seine Aufmerksamkeit, bevor er recht wach oder zu einer Besinnung gekommen war. Er saß auf der Terrasse, frühstückte dumpf, auf jeden Fall bewußtseinsfern, vor sich hin, da stand Anna, schon aus der Stadt zurück, unter der Tür und sagte übermütig: Du könntest heute abend meinen Mann darstellen. Und Gottlieb mühelos: Nichts lieber als das. Auf welcher Bühne? Anna schwenkte den Blumenstrauß, den sie in der Hand hatte. Rosen, aber von allen Farben, die bei Rosen überhaupt vorkommen. Lissi Reinhold, sagte Gottlieb. Bravo, sagte Anna, Sträuße nur aus einer Sorte Blumen, aber da in allen Farben, das ist immer noch Lissi Reinhold. Und was wird gespielt, fragte Gottlieb. Sie will mir wieder einmal etwas zuschanzen, sagte Anna, ein Hotel, in Konstanz. Gottlieb sagte: Toll. Anna korrigierte streng: Lieber Mann, das war in deiner Zeit, als ein Hotel noch toll war. Gottlieb sagte: Daß sie mein Schwanenhaus damals schmählich an Kaltammer verraten hat, kann sie ohnehin nicht mehr gutmachen.

In Lissi Reinholds Immernochsalon saß dann tatsächlich kein tolles, sondern eher ein kümmerliches Hotelierpaar. Kläglich und klagend. Vorgestellt: Hugo und Jacqueline. Nachname unverständlich. Hugo und Jacqueline haben sich das Hotel ein Leben lang erarbeitet, sind jetzt schuldenfrei, sind alt, müssen verkaufen, um davon leben zu können. Der Mann nickte, sobald seine Frau sprach, ununterbrochen. Vielleicht hörte er nur zu, wenn seine Frau sprach. Die dünne Jacqueline trug eine gewaltige, eine steil hinaufragende Perücke, die ihrerseits auch zu allem, was die Frau sagte, nickte. Gottlieb dachte: Vor zwanzig Jahren hätte Lissi Reinhold, die damals noch schwarzweiße Luxusjeeps fuhr, die *Monteverdi Safari* hießen, ein so verkümmertes Paar nicht eingeladen. Lissi

Reinhold sang nicht mehr. Sie hatte nicht nur ihre Stimme verloren. Gottlieb konnte nicht mehr wie früher den Abend lang an Frau Reinholds grünspangrüner, durchsichtiger Seide auf- und niederschauen und das Gefühl haben, eingeladen zu sein, Frau Reinholds Wölbungen und Rundungen ganz direkt mit den Augen nachzubeten. Von Lissi Reinhold war nichts übrig geblieben als ein kleiderbehängtes Gebein. Braungebrannt war sie noch immer, aber jetzt sah sie aus wie geröstet. Anna hat alles, was Lissi Reinhold durchlitten hat, und das waren nicht nur Krankheiten, immer gemeldet. Anna hat bei allen Kontakten das Menschliche verwaltet. Ihre Fähigkeit, teilzunehmen, war das Ursprünglichste überhaupt. Zu Hause in der Herde wahrscheinlich. Auf der Herfahrt hatte Anna ihn, wie es die Routine befahl, auf den neuesten Stand gebracht: Judith, die ihrer Mutter nachgesungen und als Siebzehnjährige Konzerte gegeben hatte, die in Magdas Klasse immer die Klassenbeste gewesen war, die sei jetzt glücklich, hieß es, verheiratet mit einem Ofensetzer, der sie und drei Kinder sorgenfrei ernähre. Und Benjamin, Primus in Julias Klasse und schon früh Landesfechtmeister, war jetzt Bademeister in Saulgau. Aber die Zeit, in der man sich nach den Kindern erkundigen mußte, war ohnehin vorbei. Es herrschte eine unverabredete Übereinkunft, daß man die Kinder am besten nicht mehr erwähne. Daß die zärtlichkeitssüchtige Labradorhündin Wunni hatte eingeschläfert werden müssen und durch einen einschüchternden Dobermannrüden ersetzt worden war, hatte Anna zum Glück mitgeteilt. Der werde Dante gerufen.

Dante räkelte sich dann auch zentral im Zimmer. Er

war offenbar durchdrungen von der Gewißheit, daß alle nur ihm zuschauten. Dem Hoteliserspaar versprach Anna, sie werde sicher bald einen Käufer finden. Da sagte Hugo dann doch noch einen Satz: Das habe Paul Schatz auch versprochen und dann sei er gestorben. Das klang, als sei Paul Schatz gestorben, weil er versprochen hatte, diesem dahinkümmernden Paar zu helfen. Das hieß: Wer uns helfen will, dem passiert etwas Schlimmes, ich warne Sie. Gottlieb empfand es als eine der im Handel üblichen Demütigungen. Man war zweite Wahl. Lissi Reinhold rief: Bitte, Hugo, nichts von, nichts über Paul Schatz. Schone uns! Und erklärte ihre Lautstärke: Paul Schatz sei der erste Mensch, dem sie, auch nach seinem Tod, nichts Gutes nachsagen könne. Wäre sie simpel religiös, würde sie sagen, sein jäher Tod sei eine Strafe für die fürchterliche Ausstellung seiner Zeichnungen im Mauracher Schloß. Genialer Amateur, steht dann in der Zeitung. Professionelles Schwein hätte drin stehen sollen. Sie habe, daran müsse sie erinnern, den nebenher Bilder malenden Immobilienkönig immer verteidigt, auch wie er mit seinem Geld sich als Künstler inszenierte, ihr war's egal, aber in diesen Zeichungen habe er sich zum Schluß endgültig entlarvt. Seine überregional demonstrierte Vielweiberei sei ihr zwar zuweilen auf die Nerven gegangen, gesagt habe sie nichts. Aber diese Ausstellung! Zeichnungen über ein einziges Motiv! Das weibliche Geschlecht! Und zwar jedesmal in einer Ausführlichkeit, als handle es sich nicht um einen Körperteil, sondern jedes Mal um Landschaften, und zwar um diluvische.

Jetzt gelang Anna der erste Einwurf. Ich finde, sagte sie, er denunziert uns nicht. Er feiert unsere Vielfalt. Sie sei erstaunt, daß Lissi den Witz nicht bemerkt habe, den Meister Schatz in diese Körperlandschaften hineingezeichnet habe. Ihr, Anna, habe am besten gefallen das Männlein, deutlich Paul Schatz persönlich, das da im weiblichen Portal stehe und dabei die weichen Partien wie eine Kapuze über sich hereinziehe. Das fand Lissi überhaupt ganz fürchterlich. In Zeichnungen witzig sein zu wollen, das sei eine ästhetische Katastrophe. Dürer und Rembrandt und Beckmann zeichnen nicht witzig. Wer die Grenze zur Karikatur überschreitet, sagt, er sei nicht ernst zu nehmen. Aber bitte, diese Spezialisierung auf unser vielfältiges Häutewerk, das sei die reine Altersgeilheit. Und brach richtig aus. Fand große Namen und Bezeichungen für ihn: Chauvinistische Sau, Schmierenpascha, altersgeiler Bock ... Bei mindestens drei Prägungen kam *altersgeil* vor. Das konnte Anna dem von ihr nun einmal verteidigten Paul Schatz nicht antun lassen. Erstens, sein Berufsethos – und davon verstehe sie etwas –: tadellos. Sein soziales Engagement: musterhaft. Bitte, in der die ganze Seite füllenden Bekanntmachung seines Todes hieß es unten: Statt Kränze und Blumen eine Spende für Germanaid. Mein Gott, rief sie, erinnert euch, das letzte Mal, hier, und wir waren, bitte, alle gleichermaßen hin, als er seine Film-Nummer aufführte, die jeder von uns schon vom Hörensagen kannte. Wie er Filme durch Wiederanschauen kaputtmacht, aber auch die, die schon beim ersten Anschauen erledigt sind, schaut er noch einmal an und windet sich vor Ekel, Verachtung und Langeweile. Und stieß hier vor uns noch einmal die Laute aus, die er ausstieß, um einen miesen Film durch Wiederanschauen hinzurichten. Er habe das Gefühl, der Film verblute dann vor ihm, er höre den Film stöhnen, um Gnade betteln. Geh doch weg, keuche der Film, mach die Augen zu, bitte, bitte. Und genau das wolle er hören, rief Paul Schatz, das würde dir so passen, rufe er dann, angeschaut wirst du, angeschaut bis zur letzten Sekunde, du kleiner, billiger, schmieriger Drecksfilm, du, du bist nämlich das Geilste überhaupt! Lissi Reinhold schrie das so heraus, daß eine Sekunde lang die Sopranistin wieder hörbar wurde: Das Altersgeilste, ja! Aber Anna ging sofort zum Gegenangriff über. Wenn einer altersgeil geschimpft werden könne oder gar müsse, dann Jarl F. Kaltammer, der immer schon, schon mit vierzig und fünfzig, deutlich altersgeil gewesen sei. Lissi Reinhold und Anna lieferten jetzt eine Debatte über Altersgeilheit. Gottlieb tat, als sei ihm alles, was da gesagt wurde, neu. Eine Zeit lang fürchtete er, zur Stellungnahme genötigt zu werden. Dante wälzte sich inzwischen auf dem Teppich und stieß Geschlechtsverkehrsbewegungen in den Raum. Und Althotelier Hugo hatte den Mut, nicht nur hinzuschauen, sondern in eine winzige Gesprächspause der Damen hinein und zu Dante hin zu sagen: Ja, das Leben ist schwer. Lissi und Anna ließen sich nicht ablenken. Sie waren ja in der Hauptsache einig. Beide fanden Altersgeilheit gleich widerlich. Weil jede darauf bestand, nur ihr negativer Favorit sei altersgeil, einigten sie sich schließlich lachend darauf, daß jede den Favoriten der anderen altersgeil finden dürfe. Anna merkte an, sie habe den so gut wie verschwundenen Kaltammer neulich gesehen, in der Bar des Insel-Hotels in Konstanz. Er sei noch immer der Säuglingsgreis, der er immer gewesen sei, gespenstisch jung. Und immer noch der wimpernlose Blick dieser sich nur ruckartig bewegen könnenden Augen. Lizard, dachte Gottlieb, Glen O. Rosenne. Und die gelben Haare noch genau so gelb wie früher und keines fehle.

Zum Glück kam dann Dr. Reinhold vom Schach-Computer und meldete wie immer, der Computer habe gesagt: I lose. Aber Dr. Reinhold meldete nicht mehr wie früher, in welchem Schwierigkeitsgrad er den Computer besiegt hatte. Dr. Reinhold war fleischiger geworden. Sein Gesicht war sozusagen über die Ufer getreten, weiche milchweiße Backen flossen links und rechts vom zart gebliebenen Kinn abwärts. Die Augen schwammen auf tiefhängenden Säcken. Aber er war immer noch der stille liebe Mensch, der alle durch seine Zurückhaltung beschämte. So hatte es Gottlieb immer empfunden. Besonders in den Jahren, in denen sich Lissi noch von ihrem bernhardinerhaften Soziologen Giselher hatte bedienen lassen. Der war längst Professor in Frankfurt. Dr. Reinhold nahm sich Häppchen von den Platten und aß, wie er immer gegessen hatte, nämlich nur mit vier Zähnen, oben zwei und unten zwei, mit diesen Frontzähnen zerkleinerte er alles, was er in den Mund schob, ganz schnell. Lissi war inzwischen beim Thema Scheidung. Die Scheidungen nähmen, sagte sie, so zu, daß man von einer Scheidungsepidemie sprechen könne. Wohin du kommst, überall lassen sich die Leute scheiden, rief sie. Und nicht nur in Stuttgart und Karlsruhe, nein, auch in den kleinsten Dörfern, und mit sechsundzwanzig genau so so wie mit zweiundsechzig. Sie geriet richtig ins Schwärmen. Gottlieb nickte so nachdenklich wie möglich. Anna machte ein kritisch zweifelndes Gesicht.

Auf der Heimfahrt dachte Gottlieb, Anna erwarte von

ihm jetzt eine Stellungnahme entweder zum Thema Altersgeilheit oder zum Thema Scheidung. Für ihn war *geil* eines jener Wörter, die in der Zeit, als er allmählich von Wörtern besetzt wurde, bei ihm nicht vorgekommen waren. Bis es bei ihm auftauchte, hatte er für das, was *geil* sagen sollte, längst andere, halbwegs brauchbare Wörter. Also wirkte *geil* auf ihn eher wie ein Fremdwort. Man weiß genau, was gemeint ist, aber man spürt nichts. Eines der Kunststoffwörter. Ähnlich wie *Fan*. Keinesfalls konnte er Anna oder irgendeinem Menschen sonst sagen, was er, wenn er dieses Wort jetzt auf sich anwendete, empfand. *Geil*, das war doch in jedem Alter die Stimmung, die nicht heraus durfte. Das war doch immer nur unter besonders gesegneten Umständen erlaubt gewesen. Er hätte die Damen wirklich fragen müssen, warum ein Älterer, wenn er denn das war, was sie geil nannten, nicht einfach geil, sondern altersgeil war. Die haben da eine Ahndung parat. Du sollst nicht mehr, darfst nicht mehr. Die haben eine Moral, die sie ästhetisch-sittlich drapieren. Es schickt sich nicht nur nicht, es ist ekelhaft, alt und geil zu sein, das haben die Damen in ihrem Schatz-Kaltammer-Disput verkündet. Gründe haben sie nicht genannt. Das ist einfach so. Inter omnes constat. Basta. Und weil das so ist, weiß Gottlieb, daß er, was bei ihm altersgeil genannt werden konnte oder mußte, zu verbergen hatte, so wie er als Fünfzehnjähriger seine Jugendgeilheit zu verbergen hatte. Es gab Damen und Herren im Ächtungsdienst für jedes Alter. Dabei war das Wort bei ihm nie vorgekommen. Ja, eine jetzt offenbar als verworfen zu bezeichnende Kundin hatte das Wort einmal in der dafür günstigen Situation gebraucht. Laß uns geil sein wie die Inder, hatte sie, rheinisch gefärbt, gesagt. Und Gottlieb, der in dieser Situation ohnehin nicht wirklich dabei gewesen war, hatte in einem Anflug von Ebenfallsrheinisch gesagt: Wenn du dat so willst.

Als sie dann im Dunkel neben einander lagen, sagte Anna, Gottlieb habe einmal gesagt, wenn Kaltammers wimpernloser, sich nur ruckartig bewegender Blick auf etwas treffe, mache es jedes Mal ding oder sogar ding-ding. Mein Gott, und was war dagegen Paul Schatz für ein seelenvoll-prachtvoller Mann. Gottlieb unterbrach sie nicht. Also redete sie, wie sie nie über den Konkurrenten, als er noch lebte, geredet hatte. Wenn mit einem anderen Mann, sagte sie, dann mit dem. Gottlieb dachte an seine Zwangsvorstellung: Paul Schatz und dessen steil ragendes Geschlechtsteil. Diese Vorstellung hatte er zumindest als Vorwand genommen, den ungeliebten Handel zu quittieren. Ein einziges Mal war Paul Schatz bei ihnen zu Besuch gewesen. Wochen später hatte Anna ihm gestanden, Paul Schatz habe, als er auf dem Klo gewesen war, von seinem Urin ein paar Tropfen auf dem Boden vor der Kloschüssel zurückgelassen, da habe es im Klo gerochen wie in einem Pferdestall, eindeutig nach Hengst habe es gerochen. Ach Anna. Auch jetzt schwärmte sie wieder von Paul Schatz. Wahrscheinlich um Gottlieb zu beleben. Er sollte beweisen, daß er auch jemand sei, möglichst ein Mann. Und obwohl er diese Animation per Paul Schatz als einigermaßen grotesk empfand, sie wirkte. Aber er hütete sich, durch irgend eine Benehmensart an jenes abendlang durchgekaute Eigenschaftswort zu erinnern. Leider fiel ihm dazu ein, wie die Besucherin auf der Terrasse *scharf* ausgesprochen hatte, nämlich mit drei f.

Zum Glück ist man für das, was einem einfällt, nicht verantwortlich zu machen.

2.

Wenn das Unangenehmste beim Aufwachen sofort bewußtseinsfüllend war, glaubte Gottlieb, er sei eben daran aufgewacht. Tatsächlich fühlte er sich, wenn er nicht mit Unangenehmem aufwachte, leer. Die Abwesenheit des Unangenehmen ist als Leere spürbar. Das ist wahrscheinlich das, was die Leute, denen das Unangenehme unbekannt ist, Glück nennen. Das begriff Gottlieb. Genau so ging es ihm auch. Es fühlte sich selig an, diese Leere wirken zu lassen. Etwas wie Leichtigkeit.

Heute nicht. Er war heute aufgewacht mit dem Wunsch, Chapel Hill anzurufen. Es war mehr als ein Wunsch. Einfach aufspringen, ans Telephon rennen, anrufen. Anna war wahrscheinlich schon unterwegs. Was auch immer er dachte, er spürte durch alles hindurch diesen Wunsch, Beate anzurufen. Er mußte sich, um sich beherrschen zu können, etwas vormachen. Etwa so: Nicht heute, und morgen auch nicht, aber in einer Woche. Nein, verlange von dir: in zwei Wochen. Vorher nicht. Vorher auf keinen Fall. Und hoffe, daß dieser Wunsch in zwei Wochen in dir nur noch herumgeistert wie etwas Halbvergessenes oder wie etwas so Komisches, daß du nicht mehr begreifst, wie du je einen solchen Wunsch haben konntest. Aufgewacht mit dem Gedanken, an dem Gedanken, er müsse Beate anrufen. Er begriff sich nicht. Ihm war offenbar nicht mehr zu trauen. Was in der Nacht abgelaufen war, empfand er jetzt als reine, hochkonzentrierte, durch nichts zu mildernde Aussichtslosigkeit. Gab es etwas Aussichtsloseres als den Geschlechtsverkehr? Als diesen Geschlechtsverkehr? Vor der Amerikareise waren die Verkehre, wenn sie glückten, und sie glückten öfter als sie mißglückten, waren sie doch immer mit schlichten Zuständen schlichter Enge und Gemeinsamkeit gesegnet gewesen. Fast eine Problemlosigkeitsgarantie. Mehr als einmal hat Anna im Aushauch geflüstert: So mit einander. Kein trübes Danach. Jedesmal so jung, wie sie davor nicht gewesen waren. An der Grenze zum Übermut. Und er hat geträumt, nachdem er in der vergangenen Nacht wahrscheinlich vor Anna eingeschlafen war, er habe einen Mord begangen. Schon vor längerer Zeit. Er hat alle Spuren beseitigt. Könnte sich sicher fühlen. Aber der Inspektor kommt ins Haus. Unter fadenscheinigen Vorwänden. Man steht in der Halle. Unterm Boden die Leiche. Anna sagt einen Satz, in dem das Wort *Schweinegalle* vorkommt. Das ist für den Inspektor der Schlüssel. Er schaut Anna an und sagt: Erlebnisgestützt. Anna nickt. Jetzt weiß der Inspektor und kann es beweisen, daß Gottlieb es war. Anna hatte von allem keine Ahnung. Von Beate hatte er erfahren, daß ihr Vater Frauen gern tough broads nenne. Überhaupt liebe er das Amerikanische nur, weil er da deftig bis dreckig daherreden könne, ohne sich genieren zu müssen.

Sobald Gottlieb nicht aufpaßte, dachte er an Beate. Und wenn er aufpaßte, dachte er erst recht an sie. Ihre hymnische Stimmung. Anders war das doch gar nicht zu nennen. Sie hatte gelitten, solange er nicht da gewesen war, und als er da war, war sie ununterbrochen hymnisch. Er ist ihr nie auf ihrem Niveau begegnet. Er hat sie versäumt. Er hat das

Leben versäumt. Er muß hin. Zu ihr. Er kann sich nicht abhalten lassen, das spürt er. Um sich schlagen. Rücksichtslos sein. Endlich einmal rücksichtslos sein. Er will nicht mehr nicht in Frage kommen.

Schon am Morgen nach der ersten Nacht hatte sie ihn gefragt, warum er die Schuhe immer im Stehen anziehe. Auf dem rechten Fuß stehend, um den linken Schuh anzuziehen und so weiter. Und er hatte geprahlt, daß es ein Rabbi so gemacht habe und, gefragt, warum, habe er gesagt, solange jemand auf einem Fuß stehend seine Schuhe anziehen könne, sei er jung. Und eine belebende Nachricht war doch, daß sie sich vom ersten Terrassenaugenblick an zu ihm hingezogen gefühlt habe, weil er nicht siegessicher aufgetreten sei. So hatte sie in ihm ein altes Leiden beendet. Er hatte ein Erwachsenenleben lang darunter zu leiden gehabt, daß er kein toller Mann war. Sein Erzkonkurrent Paul Schatz war ein toller Mann gewesen, das hat auch Anna immer gesagt. Und Gottlieb hat es nie bestritten. Wo er hingekommen war, hatte er Paul Schatz als tollen Mann gerühmt. Immer so sehr, daß er hoffen konnte, jemand in der Runde werde jetzt sagen: Sie übertreiben. Das war so gut wie nie vorgekommen. Und dann kommt dieses übermäßige Mädchen und fühlt sich hingezogen zu ihm, weil er kein toller Mann ist! Und er, der Lebensidiot schlechthin, will ihr vom dritten Tag an im Flughafenhotel, als sie nichts als lieben wollte, beibringen, weniger zu empfinden, fängt an, umzudeuten, jede Angewiesenheit auf einen anderen Menschen sei eine Form der Freiheitsberaubung. So leblos hat er sein können. Um nicht wieder etwas falsch zu machen, ließ er jetzt Anna-Situationen ablaufen. Ziel: Anna-Entwirklichung. Eine

Mache, daß er hier ohne remords wegkommt? Ist Anna nicht wirklich lebensabgewandt? Wie oft hat er sich ihr genähert, weil er eine Handbewegung mißverstanden hatte, und war dann durch und durch erbittert, weil er zu spät gemerkt hatte, daß diese Handbewegung überhaupt keine Einladung, kein Wunsch, kein Sehnsuchtssignal gewesen war, sondern Geste irgend eines Routinerepertoires. Und wenn er sie dann, fehlgeleitet von Anfang an, verführte, wurde peinlich deutlich, daß sie eine Freundlichkeitsleistung ihm zuliebe erbrachte. Sie hatte geglaubt, er brauche sie dringend, da wollte sie nicht so sein, nicht so verschränkt oder gar abweisend, sondern durchaus mitmachend. Eine Frau eben, die ihren Mann, den sie kennt, bedient wie der Friseur einen alten Kunden. Anna will es doch überhaupt nicht, sie will nur, daß du es willst. Das Eheverhältnis schlechthin. Anna noch die bestmögliche Frau. Aber auch die Bestmögliche lahmt dann. Die Währung, in der bezahlt wird, heißt dann Lüge. Gottlieb spürte eine alles ergreifende Erbitterung wachsen. Geschlechtsverkehr! Ein solches Wort serviert einem diese sogenannte Kultur. Für das Höchste, wozu man im Stande ist, für die Handlung, die einen so zu sich selber kommen läßt wie keine andere, dienen sie einem ein Wort an, das in einer Behörde konstruiert worden sein muß. Den Beamten ist kein Vorwurf zu machen. Die konnten ja nicht wissen, daß das Wort über den Gesetztext hinaus verwendet werden würde, weil die Menschen, sittlich eingeschüchtert, zu keinem Ausdruck, zu keinem Wort finden würden, das von dem Vorgang zu zeugen vermöchte. Funktionäre der Fortpflanzung a.D. So sah er sich und Anna alltäglich. Er selber ein kleiner braver Beamter im Geschlechtsdienst, immer gründlich in Vorbereitung und Ausführung. Einmal hat er denken müssen, daß Anna plötzlich lachen könnte und daß er sie dann töten müßte. Gottlieb war bereit, allen Trübsinn, alle Weltverneinung, überhaupt alles Ungute, zurückzuführen auf den Mangel an freier Freude am Geschlechtlichen.

Das Telephon läutete. Verwählt. Gottlieb fluchte laut. Es hätte Beate sein können. Dann: Verwählt! Sich zu verwählen gehörte verboten. Was fiel den Leuten ein, sich zu verwählen. Das hätte doch wirklich Beate sein können! Sie hätte, wie vor Monaten, gesagt: 98 Grad und eine Luft aus feuchten Schwaden. Dann hätte er gefragt: Was trägt man? Und sie: Ein blaues Laken. Er hätte geseufzt, also hätte sie gesagt: Das Laken ist erfunden. Sie sei nackt und einigermaßen bedürftig, schamlos nackt zu sein. Er darauf: Und das in einem Zeitalter ohne Bildtelephon. Spätere Zeiten wüßten überhaupt nicht, was das für ein Askesemurks gewesen sei, leben, lieben, ohne Bildtelephon. Sie: Andererseits könnte ihn das doch sprachlich beflügeln. Er gab ihr recht und beflügelte sich. Und durfte nicht anrufen. Vierzehn Tage und Nächte lang. In der Hoffnung, sie rufe an oder seine Bedürftigkeit lasse nach. Am meisten leide sie, hatte sie einmal am Telephon gesagt, an der Ungleichzeitigkeit. Bei ihm ist es Nacht, bei ihr überhaupt nicht. Das tat ihr weh. Stell dir vor, unsere Sinne, unser La Mettrie, und dann sechs Stunden Differenz! Er hätte sie am liebsten aus dem Hörer gesogen. Jetzt spürte er, daß er jeden Halt verlieren würde, wenn er nicht bald gegensteuerte. Aber wo und wann war der letzte feste Punkt gewesen, von dem aus er noch hätte gegensteuern können? Es war ein Daraufzutreiben, keine Gegensteuerung möglich. Der

Grad der Unbeeinflußbarkeit ist erreicht. Das Alter ist das Gegenteil der Verfeinerung, die einem abverlangt wird. Ruchlos. So fühlt er sich. Endlich. Er wird den Anruf des Lebens nicht ein zweites Mal versäumen. In Amerika muß er taub gewesen sein. Er hatte den letzten Zug versäumt. Wo sollte er jetzt die Nacht verbringen. Je weniger Leben dir zusteht, desto heftiger reißt du es an dich. Das ist das Gesetz. Des Lebens.

So lag er dann wieder neben Anna im vertrauten Dunkel und fühlte das geträumte Unding wachsen, spürte eine offenbar nicht enden wollende Festigung und rührte sich nicht. Welchen Heiligen ruft man an, daß er Anna hindere, herüberzulangen! Er durfte mit Anna nichts zu tun haben. Er hatte das Gefühl, ihm werde ein Streich gespielt. Von seinem geträumten Unding. Und Beate hatte in der ersten Stunde auf der Terrasse Anna gefragt: Wie ist das, mit diesem Mann verheiratet zu sein. Und Anna, künstlich munter: Es geht.

Drüben hatte er, als sie beide den armseligen Wortschatz schmähten, der ihnen vererbt worden war, gefragt, ob sie's joggen nennen sollten. Dadurch waren sie immerhin auf ficken gekommen. Eines wußte er jetzt von Tag zu Tag sicherer: Er würde sich in dem, was er selber als seine Unzurechnungsfähigkeit zu begreifen begann, nicht irritieren lassen. Wenn er alles falsch sah, dann war es sein gutes Recht, alles falsch zu sehen; wenn er verloren war, dann wollte er verloren sein. Dürfen. Es wird keine abschwächende Überlegung mehr zugelassen. Er machte sich nichts vor. Er fühlte, er war lebenswütig, aufbruchstoll. Er mußte Anna ein weiteres Mal entwirklichen. Read my mind, dear Anna. Sagen konnte er nichts von dem, was jetzt in ihm tobte und schwoll. Anna hatte ihm beigebracht, daß er nackt keine Rolle mehr spielte, außer bei ihr. Aber Thémire hatte ihn am Telephon Du genannt und hatte das Du sofort zweisilbig gemacht. Und hatte das in den drei Zimmern, in denen sie waren, beibehalten, obwohl sie sah, wie er aussah. In der dritten Nacht hatte sie die gemeinsame Zukunft entworfen. Wir können nicht warten, dazu bist du nicht jung genug. Wenn du jünger wärst, könnten wir Zeit vertun.

Daß er jetzt nicht dort war, tat weher als alles, was der Körper leiden kann. Aber es ist ein Schmerz, dem man, im Gegensatz zum Körperschmerz, nicht so schnell wie möglich entfliehen will. Man will ihn hegen, wachsen lassen, daß man durch ihn zu Handlungen fähig werde, zu Handlungen sich berechtigt fühle, die man ohne diesen Schmerz sich nicht zutrauen dürfte. Er würde anrufen, sagen, daß sein Davonrennen sich verheerend ausgewirkt habe, er müsse zurück. Sich nichts mehr befehlen, das wär's. Endlich Schluß mit dieser Hinkrümmung an das Verlangbare. Du kannst nicht erwarten, daß irgend jemand der Stimmung entspricht, in der du leben mußt. Wenn du aufwachst, und es tut dir überhaupt nichts weh, wie sollst du dich dann damit abfinden, daß du nicht dreißig, nicht vierzig, nicht fünfzig, sondern mehr, mehr, mehr als sechzig bist! Da muß man sich doch falsch benehmen. Das heißt, du wirst mit siebzig so ungern sterben, als wärst du dreißig. Morgen weg. So ausgefüllt zu sein, unanfechtbar. Er war doch nicht Herr Pöhlmann-Gschrey. Auf der Beuerlinshalde. Mit Seeblick, Weitblick, Alpenblick, hinauf ins Gipfelgewell. In die letzte Ecke des tannenreichen Grundstücks hatte Herr Pöhlmann-

Gschrey Gottlieb gezogen und fiebrig dahingeredet, er müsse weg, die Frau wisse noch nichts, auf ihn warte, weit weg, das Neue Leben. Die Frau glaube, man ziehe gemeinsam auf die Kanaren. Er hat dieses Haus gebaut für seine Frau. Er hat berechnet, um wieviel Uhr die Sonne die Nasenspitze der Frau trifft und sie weckt. Das ganze Jahr ist die Sonne im Dienst dieses Hauses, also der Frau. Dachwinkel, Firsthöhe, Tannen, die Sonne, alles dient der Frau des Hauses. Die zum Sofa gewordene Klosterbadewanne, der gewaltige, unter der Decke schwebende Engel mit blutrot geblähtem Mantelfallschirm, Krippen, Dome, aus Streichhölzern gebaut, Schachtelhalme, Moschusochsen, Saurierskelette, der Palmenwald im Glashaus, die Frau wollte Einmaligkeit, jetzt muß er weg, ins Neue Leben. Als Gottlieb endlich einen gefunden gehabt hatte, dessen Frau wild darauf war, das alles zu besitzen, hatte Herr Pöhlmann-Gschrey nicht verkaufen können. Nichts mehr gesagt, nur noch den Kopf geschüttelt und den lästigen Immobilienhändler samt Interessentenpaar hinausgewinkt. Wäre Herr Pöhlmann-Gschrey nicht leichenblaß gewesen, hätte seine zerbissene Unterlippe nicht gezeigt, daß sie gerade noch geblutet hatte, hätte man den Vorvertrag durch die Luft schwenken können. Das Neue Leben war aus Herrn Pöhlmann-Gschrey entflohen, vertrieben. Und bevor Gottlieb und das Interessentenpaar sich fassen konnten, erschienen aus verschiedenen Partien des dämmrigen Wohnzimmers drei, vier, fünf Katzen und posierten sich um Herrn Pöhlmann-Gschrey. Er hob die Arme wie ein Soldat, der sich ergibt. Seine Hände berührten fast den roten Mantel des über ihm schwebenden Engels. Jetzt bemerkte Gottlieb, daß der riesige Engel ein goldenes Schwert in der Rechten hatte. Kein riesiges, aber durch seinen Goldglanz Eindruck machendes Schwert. Also drehte sich Gottlieb schroff um. Das Interessentenpaar folgte. Vom Interessentenpaar nachher kein Vorwurf. Keine Diskussion über das Gesehene. Gottlieb hatte sich in einer an Herrn Pöhlmann-Gschrey anschließenden Wortlosigkeit verabschiedet. Auf der Heimfahrt hatte er gedacht, daß die Katzen das Ausschlaggebende gewesen waren: Die hatten Herrn Pöhlmann-Gschrey den Verkauf verboten. Das konnte ihm nicht passieren. Er würde fahren. Morgen. Er erlebte ein Gesetz: Je heftiger du dich heimsehnst, desto größer ist, wenn du heimkommst, die Enttäuschung. Nichts entspricht einander so innig wie Sehnsucht und Enttäuschung.

Aber weil, wenn man in eine Richtung denkt, die Gegenrichtung immer auch noch existiert, war Gottlieb am nächsten Vormittag auf dem Weg in die Stadt, auf dem Weg zur Bank und hatte die vielen Dollars, die unverbrauchten, dabei. Umtauschen. Er würde umtauschen, als bliebe er hier. Er wird nicht hier bleiben. Aber umtauschen wird er. Wieviele Personen war er eigentlich! Er funktionierte. Er würde umtauschen. Und hier nicht bleiben. Niemals. Schon auf dem Weg zum Bus servierte ihm der Zufall, der nichts ausdrückt als das wirkliche Gesetz, ein Mädchen, das sechs oder sieben Altgewordene ausführte. Ein ungeheuer langsamer Trupp. Lauter finster zerstörte, vom bösesten Leid gezeichnete Gesichter und wie zur Drohung verschobene Körper. Weil es ein wenig aufwärts ging, mußte das Mädchen den Trupp halten lassen, zurückgehen und eine winzige Greisin nachholen, die inzwischen nicht mehr als einszwanzig groß war, aber eine Tasche umgehängt hatte, die fast genau so groß war. Gottlieb hatte schon viel zu lange hingesehen.

Im Bus sah er, um sicher zu sein, nur noch auf seine Knie. Kurz bevor er sich von der großen Drehtür in die Bank hineinholen ließ, der Notarztwagen. Zwei Männer in greller Berufskleidung schoben eine Tragbahre in den Wagen. Man sah nur noch die Schuhe des auf der Bahre Liegenden; sie starrten komisch in die Höhe. Gottlieb ging, so schnell er, ohne als rennend aufzufallen – hier rannte doch längst niemand mehr –, gehen konnte, zurück zur Bushaltestelle. Zwanzig Minuten warten. Was ihm da alles vorgeführt werden würde! Er ging und, als er die Innenstadt hinter sich hatte, rannte eher als er ging nach Hause.

Sein Schreibtischstuhl war sein Asyl. Saß und blieb sitzen. Die tägliche Versuchung, sitzen zu bleiben, in die Ecke zu starren, sich nicht mehr zu rühren. Darauf reagierte er gewöhnlich, eingeübt, mit der abstrakten Anstrengung, noch einmal, noch ein einziges Mal aufzustehen, ohne Grund. Dafür, sitzen zu bleiben und zu starren, gab es eine Wucht von Gründen, die in eine einzige Schwere münden. Die Schwere will den Ausschlag geben. Es tut weh, ihr Gebot zurückzuweisen. Heute keine abstrakte, grundlose Aufstehbewegung. Heute blieb er sitzen. Er hatte nicht umgetauscht. Die Dollars waren gerettet. Vor ihm das Telephon. Er konnte in jeder Sekunde Chapel Hill anrufen. Vierzehn Tage Wartefrist. Sich so etwas zu befehlen! Er sollte sich lieber befehlen, sofort aufzustehen, in die Stadt zu rennen, und mitten in der Stadt sollte er zum Erstaunen der Leute anfangen zu reden. Laut. Überlaut. Je lauter er redete, desto glaubhafter würde er sein. Schreien mußte er, dann war er glaubhaft. Glaubwürdig. Aber bitte, das Wichtigste, Dr. Matusaka: Einen Ton tiefer! Vielleicht würden ihn in den ersten Sekunden ein paar für überge-schnappt halten. Stehen bleiben würden ein paar. Die Leu-te bleiben ja überall stehen, wo etwas ihren Alltag ritzt. Leute, würde er rufen, glaubt keinem, der aus Erfahrung über das Altwerden und über das Altsein spricht. Er lügt. Keiner kann über das Altwerden und über das Altsein die Wahrheit sagen. Jeder würde sich genieren, etwas so Ekel-haftes, Erbärmliches in den Mund zu nehmen. Glaubt kei-nem! Auch ihm nicht! Und würde an seine Kopfwarze am Haaransatz greifen, und die würde bluten, und er würde den Leuten seine blutigen Finger hinhalten. Dann würde er sich umdrehen und unaufhaltbar gehen. Und würde an Gottes Kapitän mit der schief sitzenden Mütze denken, der bis zum nächsten Mittwoch 780 000 Dollar gebraucht und gekriegt hatte. In Gottes eigenem Land. Dahin wollte er. Und Paul Schatz wartet, erwartet, daß die vierte Frau stirbt, steht auf, fällt um, ist tot. Na ja. Da mußte man doch an den Allerweltsspruch des begnadeten Maklers denken, mit dem er jedem Interessenten den Hauskauf förmlich befohlen hatte: Man lebt bloß einmal. Echt Schatz, stirbt nicht im Bett, will nicht, darf nicht im Bett gestorben sein, steht noch ganz schnell auf, daß er dann tot umfallen kann. Am liebsten hätte sich Gottlieb über die Todesnachricht gefreut. Aber das darf man ja nicht. Du bist durch und durch zahm. Gesteh dir doch endlich, daß dich Schlimmes freut. Negatives. Nur noch Negatives, Beleidigendes, Her-absetzendes, Bösartiges, Vernichtendes. Dein Kreislauf, die Säfte, sobald du dich etwas Wüstem hingibst, löst sich in dir etwas Verkrampftes, Hartes. Endlich begriff er, warum Bösartiges so beliebt ist: Sobald er auf etwas Lobendes, gar Preisendes stieß, konnte er nicht weiterlesen, sein Magen drehte sich um, wenn er las, daß jemand noch etwas gut fand. Und konnte das lobende Zeug doch nicht einfach weit von sich werfen. Er mußte weiterlesen, obwohl es ihm von Satz zu Satz schlechter ging, aber aufhören konnte er erst, wenn er sich dem Ersticken nahe fühlte, dann erst konnte er die Lobhudelei fallen lassen, zum Fenster rennen, das Fenster aufreißen, eine ungemessene Zeit lang am offenen Fenster stehen, fähig nur noch zu einem einzigen Gedanken: Ich bin froh, in einer Zeit zu leben, in der es noch Fenster gibt, die man öffnen kann. Da er aber so positiv nicht enden konnte, mußte er weiterdenken: Bald wird es nur noch Fenster geben, die man nicht mehr öffnen kann. Und warum freute ihn das nicht, daß alles immer schlimmer wird? Er müßte sich doch wohlfühlen, wenn alles immer schlimmer würde. Fühlte er sich wohl? Jetzt verhör dich doch nicht so, bloß, weil der Schatz tot umgefallen ist. Mensch, Gottlieb.

3.

Sieben solche Tage und Nächte hatte Gottlieb hinter sich. Am achten seiner vierzehn Tage konnte Gottlieb, als er aufwachte, die Augen nicht öffnen. Alles, was er sehen würde, würde weh tun. Das wußte er. Nichts mehr sehen, bitte. Nie mehr. Das Leben ist eine offene Wunde. Gerade hatte er noch geträumt, er liege auf einem Platz mitten in der Stadt, habe die Finger beider Hände in einander verschränkt, versuche, die in einander verhakten Finger zu lösen, er würde keine Luft mehr kriegen, wenn es ihm nicht gelänge, die Finger zu lösen, die Leute gingen links und rechts an ihm vorbei, sahen nicht, daß er am Ersticken war, daß sie zugreifen sollten, seine Hände auseinanderreißen, sie taten's nicht, er erstickte beziehungsweise erwachte. An Atemnot. Irgendwann zwang er sich, die Augen zu öffnen, und stand sogar auf. Anna war schon wieder auf Tour. Sie hatte ein Blatt hinterlassen: Jetzt lies doch endlich einmal den Magda-Brief. Der lag daneben.

Die Überschrift: Meinen Eltern.

Ich möchte euch besuchen. Ich habe per Internet gebucht. Da ich das Häkchen schnelle Verbindungen nicht rechtzeitig entfernte, tauchten die billigeren Angebote auf. RE (Eilzug). Das heißt: statt 47 € nur 38 €. Und es dauert nur eine Stunde länger. 6 ½ Stunden. 4mal umsteigen (Nürnberg, Augsburg, Buchloe, Lindau). Mit Kreditkarte gebucht. Für das Online-Ticket brauchte ich noch eine Zusatzzahl zur Kreditkartennummer. Dann hatte ich das Ticket in meinen Händen, eine Seite voller Daten und Nummern. Bei der Fahrt muß die Kreditkarte mitgeführt werden, sonst gilt das Ticket nicht. Der Schaffner muß alle Zahlen in sein Lesegerät scannen, zur Kontrolle. Aber im Chor hat doch eine von einem Bayern-Ticket geredet. Bis Lindau müßte das gehen. Und es ging. Nur die Abreise eine Stunde später. Das Bayern-Ticket gilt erst ab 9. Das Online-Ticket stornierte ich. Am nächsten Morgen per e-mail: die 38 € sind wieder auf meinem Konto. Jetzt also das Bayern-Ticket für 21 €. Und Lindau – Überlingen dann noch für ein paar Euro mehr. Das Bayern-Ticket gibt es nur per Post. Wenn es am Donnerstag eintrifft, bin ich am

Freitag bei euch. Mit zweimal Bus werden es 7 öffentliche Verkehrsmittel, dauert 7½ Stunden und kostet keine 30 Euro. Darauf freut sich eure Magda.

Als Gottlieb das gelesen hatte, wußte er wieder, daß Magda ihn unter allen Umständen verstehen würde. Nur Magda würde ihn verstehen. Es ging nicht um Billigung oder gar Zustimmung, sondern um Verständnis. Magda würde nicht urteilen. Sie ließ einen andauernd spüren, daß man es ihr nicht recht machen müsse. Nicht recht machen dürfe. Sie begegnete einem in einer feierlichen Anspruchslosigkeit. Nicht nur ihm, allen. Aller Welt wahrscheinlich.

Er wußte, er konnte gehen. Die kamen ohne ihn aus. Die hatten ihren Halt. Gut, Anna, die ungern rechnete, hatte ihm noch als Hausaufgabe hingelegt, daß er umrechnen sollte, wieviel 190 qm bei Dachschräge auf DIN ergäben. Er schrieb's dazu: 154 qm. Und rief noch am selben Tag in Chapel Hill an. Und hörte zu: All international circuits to the country you are calling are busy now, will you please try your call later. Wie oft würde er das noch schaffen, sich aufzuraffen zu diesem Anruf?

Schon am nächsten Tag konnte er sich so konzentrieren, daß der Anruf noch einmal möglich wurde. Und er kam hinüber, kam nach Chapel Hill, aber Chapel Hill meldete: We are sorry, you have reached a number that is no longer in service. Gleich noch einmal. The number you are calling ist not in service at this time... Das war atemraubend. Das war, als wäre er viel zu schnell bergauf gerannt. Es dauerte längere Zeit, bis er aus dem Japsen herauskam und ihm wieder ein Atmen gelang, ein Durchatmen. Daß ihm das so den Kreislauf zerschlug, erschütterte ihn. Er hatte gedacht, er sei Herr des Verfahrens, er könne planen, entscheiden und auf alles mögliche halbwegs klug und gefaßt reagieren. Und jetzt erlebte er sich in reiner Atemnot! The number you are calling is not in service at this time ...

Er mußte an diesem Abend trinken. Calvados. Mehr Calvados als Anna trank er. Zusammen tranken sie eine Flasche Calvados. Anna sagte: Unglaublich. Er sagte: Ich weiß. Aber, sagte er, er sei in einer Not, die er Anna nicht enthüllen könne. Er bat sie heftig, nicht nachzufragen, um welche Art Not es sich handle. Eine Gesundheitsnot sei es keinesfalls. Bitte, Anna, verschieb alle Fragen auf später. Er wird's überleben. Dann ... nicht wahr. Annas Augen waren wieder das Meer. Es war in diesen Augen keine Willensäußerung sichtbar oder spürbar. Der reine Blick. Annas reiner Blick. Er sagte: Anna, ich bin dir dankbar, wie ich dir noch nie dankbar war. Sie sagte eben nicht: Warum dankbar, sie sah ihn nur an. Empfing ihn, wie einen nur das Meer empfangen kann. Du spielst keine Rolle. Das tut gut. Es gibt dich nicht. Das hilft.

Den Anruf am nächsten Tag zu wiederholen wagte er nicht. Aber es gelang ihm, in Port of Spain das *Tourist Office* anzurufen. Madelon Pierpoint? Nein. Jemand, der so heißt, arbeitet hier nicht. Danke. Wieder die Atemknappheit. Plus Schweißausbruch diesmal. Er mußte aus dem Haus. Er ging, rannte fast, nur weg von Anna. Er konnte sich ihr jetzt nicht mehr aussetzen. In ihm stürmten San-Francisco-Berkeley- und Chapel-Hill-Bilder durcheinander. Er konnte sich dieses Ende nicht gefallen lassen. Vielleicht war er drüben sogar nötig. Beate-Juliette-Thémire! Er könnte jetzt zusagen für immer. Es war durchgespielt. Eine bestimmtere Bestimmtheit gab es nie. Sie, einmal am Telephon: Sie habe die ganze Nacht nicht geschlafen vor

Wollen und Nichtdürfen. Er mußte hinüber. Die Dollars waren noch nicht zurückgewechselt. Bravo! Bravo! Bravo! Anna brachte sich durch. Die Töchter brachten sich beziehungsweise ihre Männer durch. Er wird sich durchbringen zusammen mit ihr. Sie wird ihre Diss schreiben. Er kann helfen. Mach mich zu deiner Frau, dann schürft mich Lizard's Lächeln nicht mehr. Hatte sie gesagt. In einem der drei Zimmer, in denen sie waren. Sobald die Diss durch ist, beginnt das Leben, von dem sie in ihren drei Zimmern geredet haben. Nächtelang haben sie geredet. Die Diss geschmissen, auf die Diss geschissen. Das wird widerrufen. Was kann sie getan haben? Wo kann sie sein? Nie mehr. Hat sie gesagt. Hat es sich versprochen. Das heißt, er kann sich ihr in den Weg werfen. Wohin kann sie in aller Panik geflohen sein? Mr. Hardy anrufen? Niemals. Professor Rosenne? Niemals. Er muß hinüber. In der Abteilung wird sie hinterlassen haben, wo sie ist. Sie hat doch noch ihre Klasse. Er muß hin. Sie ist zu einer Freundin. Nein, sie ist bei diesem Jeffrey, dem Ängstlichen, der feudal wohnt, dem sie die Asche seines Vaters auf dem Green ausgestreut hat. Der hat sie aufgenommen. Wahrscheinlich sogar keusch. Aber einen Nachnamen hat sie nie gesagt.

So rannte Gottlieb durch die Wälder. Saß dann vor Anna. Verfluchte die Evolution, die aus jedem einen Geheimnisträger macht. Dieser Menschenpfusch. Da hockt man vor einander und keiner sieht in den anderen hinein. Read my mind, please. Anna, siehst du nicht, daß ich ununterbrochen, so gut wie ununterbrochen, nur an Beate denken kann. Sie beherrscht mich. Anna.

Aber da er ihr nicht sagen konnte, wie es in ihm zuging, und da sie nicht in ihn hineinsehen konnte, saßen sie einander gegenüber, stumm, leidend. Allein jeder, aber zusammen für immer. War das das Gesetz? Oder das Leben? Ihr Leben? Kein Tier würde sich mit einer so miesen Kommunikation abfinden. Ein Tier würde aussterben oder sich entwickeln. Annas Augen zeigten weder Geduld noch Ungeduld. Annas Augen sind das Höchstmögliche. Aber diese Augen sahen nichts, das waren Augen zum Angeschautwerden, nicht zum Schauen. Oder wußte, fühlte, merkte, sah sie alles und wartete auf eine alles überschwemmende Wörterflut? Menschenpfusch. Oder war nur er verpfuscht und alle anderen waren fein heraus, lebten mit einander in vollkommener Offenheit und erledigten jede allenfalls auftauchende, sich bilden wollende Störung durch glimpfliches Verbalisieren? Die Bibel, *Denn der Mensch sieht auf das, was vor Augen ist*, beutet diesen Evolutionspfusch schamlos aus. 1. Samuel 16: *Der HERR sieht auf das Herz.*

Seit er wußte, daß er wieder hinüber mußte, seit sich die Thémire-Tag-und-Nachtbilder in ihm schärften und ihm seine Lebensversäumnisse vorexerzierten, wollte er Anna etwas melden, was er in Amerika in der Zeitung gelesen hatte. Eine Liebesgeschichte. Die reinste Liebesgeschichte überhaupt. Eine Begebenheit, die alle erfundenen und passierten Liebesbegebenheiten übertraf. Übertraf an Liebe. Eine May Hyatt lag seit sechs Jahren bewußtlos im Pflegeheim. Der Verwaltungsangestellte Mr. Hyatt besuchte seine Frau zweimal in der Woche. Bei einem solchen Besuch erschoß er seine Frau mit einer Pistole, danach tötete er sich durch einen Kopfschuß. Was würde Anna dazu sagen? Könnte sie das, wie er, für die reine Liebe halten? Und wo ist das Denkmal für John und May Hyatt? Es müßte das höchste-schönste-innigste Denkmal der Welt sein. Das Denkmal für den einzigen Menschen, der je geliebt hat.

Gottlieb hatte Angst. Nachts fühlte sich seine Angst an wie eine große Geschwindigkeit, die einem den Atem verschlägt. Möglich, daß Anna nichts wußte von dem, was in ihm tobte. Ja, tobte. Selbst wenn Anna alles wüßte, wüßte sie nichts. Aber gestern kam sie, blieb in der Türöffnung stehen, bis er zugab, daß er sie bemerkt hatte, hielt ihm beide Hände hin, in jeder Hand eine Kammhälfte. Er mußte ergänzen: Ihr war beim Kämmen der Kamm gebrochen. Aber weil er nichts sagte, mußte sie sagen, was er hätte sagen sollen. Was bedeutet das? Sagte sie. Und er hatte nur das Gesicht verziehen können, eine Schmerzgrimasse produzieren. Er konnte einfach nicht sagen, was sie, ohne daß er es sagte, wissen mußte. Und das, was er nicht sagen konnte, wuchs und wurde je länger um so unaussprechbarer.

Aber auch wenn er Mr. Hyatt wäre, Anna war nicht bewußtlos. Er hatte Angst. Und es ewig auf den Evolutionspfusch schieben, half auch nichts. Er hatte Angst. Innen und außen, so unvereinbar wie noch nie. Er konnte nicht mehr liegen. Wie er sich auch zu legen versuchte, es gelang kein Liegenbleiben. Also stand er nachts auf, ging hinunter, setzte sich in seinen Schreibtischstuhl und starrte. Wenn die Unmöglichkeiten zu grell wurden, flüchtete er aufs Papier. Das tat er auch jetzt. So schrieb er sich hin:

> Morgen geh ich, fahr ich,
> morgen bin ich nicht mehr,
> wenn gefragt wird, ob ich,
> bin ich nicht mehr,
> falls gefragt wird, hier.

Dann kam der Brief. Es gibt noch schöne deutsche Wörter, auch neuere. Luftpost. Und wenn sie dann auch noch aus Chapel Hill kommt. Einen schöneren Ortsnamen als Chapel Hill kann es nicht geben. Er flog dem Luftpostbrief entgegen, riß das Kuvert auf, spürte schon den Inhalt, kein Briefpapier, ein festlicher goldgeränderter Karton:

> *We were married*
> *on April 23, 2001.*
> *Beate J. Gutbrod*
> *and*
> *Dr. Rick W. Hardy*

4.

Der See machte auf sich aufmerksam. Er rauschte. Zudringlich laut, als wolle er unüberhörbar sein. Man schaut hinunter und sieht ihn, wie er heftig vorbeischiebt, als wäre er ein Fluß. Von Westen nach Osten schob er heute seine grellgrünen Massen. Seine in der Sonne gleißenden Wellen. Grüngold gleißend. Und immer wieder weiß brechend. Das sagte dem Segler, daß der Wind auf Stärke fünf zuging.

Gottlieb schaute von der Terrasse aus zu. Er hatte sich auf den Platz der Besucherin gesetzt. Dolphins mating, dachte Gottlieb. Und rannte hinunter. Von weit draußen hörte er Segel knattern, bevor sie beim Wenden Wind faßten und in die neue Richtung schlugen. Ohne diese Signale der brausenden Bäume und des im Aprilsturm rauschenden Sees wäre er wahrscheinlich nicht hinuntergerannt.

Der Wind hat für Bläue gesorgt, die Sonne prahlt, als habe sie das geschafft. Und jagt den Mond vom Himmel.

Gottlieb hörte dem nichtssagenden Rauschen zu. Und fühlte sich informiert. Brausender, gleißender Apriltag. Weder warm noch kalt. Nur brausend. NIOBE steckte noch in ihren Winterhüllen. Er befreite sie, räumte das angeschwemmte Holz vom Schienenweg, dann ging er hinauf, zog sich um, kochte, Zucchini indisch, wartete auf Anna. Sie aßen so stumm, wie das üblich war. Seine Zucchini lobte sie. Zum Kaffee servierte er ihr Calvados, aber sich auch. Anna staunte und sagte: Unglaublich. Was? Fragte er. Was dir alles einfällt. Sie wies auf seine Segelkleidung. Wenn du dich beeilst, darfst du mit, sagte er. Schau doch, und wies hin auf Wind, Wellen, Glanz und Brausen. Oder ob sie heute nachmittag nicht frei nehmen könne? Dann müsse er allein starten. Wäre aber schade. Das Wetter reicht für zwei, sagte er. Also, sagte er, höchste Zeit. Komm oder komm nicht. Daß er, wenn er sich etwas in den Kopf gesetzt hat, hastig wurde, war sie gewohnt. Das rechnete sie zu seinen unbehebbaren Kindlichkeiten. Er will etwas, dann aber gleich.

Auf der NIOBE begrüßte er sie dann wie immer, das heißt, so wie der Kapitän eines Transatlantikkurses die an Bord gekommenen Gäste begrüßt.

Da fiel ihm ein: Er hatte die Schwimmwesten vergessen. Also hinauf ins Haus und in den Keller und zurück. Er warf die Westen Anna zu, daß sie sie verstaue. Er löste die Leinen, mit denen der Bootswagen vertäut war, ließ die NIOBE auf dem Wagen ins Wasser gleiten, bis sie sich vom Wagen abhob und schwamm. Wie beim Stapellauf. Anna hatte immer noch die Schwimmwesten in den Händen, als habe sie vergessen, wo die zu verstauen seien. Er rief ihr zu: In der Kajüte! Sie rief zurück: Sie könne erst in die Kajüte, wenn sie draußen seien. Er rief zurück: Platzangst, ja! Da er schon dabei war, das Großsegel hochzuziehen und der Wind sofort in das noch nicht belegte Segel schlug, hatte Anna wohl nicht verstanden, was er gesagt hatte. Aber bei den Sätzen, die gewöhnlich zwischen Eheleuten hin- und hergehen, fragt man, wenn man einmal einen Satz nicht verstanden hat, nicht nach. Es wird sich schon nicht um etwas Wichtiges gehandelt haben.

NIOBE war luvgierig. Gottlieb auch. Diese Seglerillusion, daß du nicht nur hin und her geworfen wirst, sondern durch kundige Vermittlung zwischen Wind, Segel und Ruder selber bestimmen kannst, wohin du mit diesem und jenem Wind zu kommen gedenkst. Sie schossen hinaus.

Anna sah, daß sie gebraucht wurde. Gottlieb warf ihr die Vorschot zu. Dann aber ließ der gerade noch zupakkende Wind plötzlich nach, als habe er es sich anders überlegt. Weithin schlafften die geblähten Segel ab, die Boote taumelten in die Windstille. Gottlieb hatte in der Tasche, die er mit aufs Boot nahm, immer ein Buch. Mit plötzlichen Flauten war hier zu rechnen. Gottlieb nannte dieses Aufbrausen und dann gleich wieder Abflauen die pubertäre Macke des Sees. Er gehörte nicht zu den Seglern, die dann auf dem Vordeck liegen und dösen. In *L'Homme Machine* gab es eine Stelle über Pascal. An die hatte er gedacht, als er den Luftpostbrief geöffnet gehabt hatte. Die hatte er herausgesucht, um sie vorerst immer dabei zu haben. Auch an Bord. Gerade an Bord. Die brauchte er jetzt. La Mettrie hatte, was Gottlieb brauchte, in einer Fußnote untergebracht. Er fand die Stelle beim

Durchblättern sehr schnell. Anna lag auf dem Vordeck und döste. Gottlieb las, was La Mettrie über Pascal meldete: *Wenn man redend herumsaß oder beim Essen, mußte er links von sich immer einen Schutzwall aus Stühlen oder einen Nachbarn haben, nur daß er nicht in die entsetzlichen Abgründe sehe, in die zu stürzen er immer wieder befürchten mußte, wohl wissend, daß das Einbildungen waren.* Gottlieb fühlte, wie Pascal ihn anzog. Er war La Mettrie dankbar für diese Mitteilung. Und merkte, daß Pascal ihn in diesem Augenblick ganz und gar wegzog von La Mettrie. Daß Pascal Stühle oder Menschen oder Stühle und Menschen brauchte, *du côté gauche* brauchte er die, *pour l'empêcher de voir des Abîmes épouvantables dans lesquels il craignoit quelque fois de tomber*! Gottlieb fühlte sich entdeckt. Von Pascal.

Das Wetter wollte seine souveräne Launenhaftigkeit demonstrieren, schickte eine Mütze voll Wind, mit der heimzukommen war. Als sie auf der schattigen Terrasse ihren Kaffee tranken, und zwar ohne Calvados, sagte Gottlieb, er möchte Anna jetzt gern das SIE anbieten. Und sagte gleich dazu, daß Anna jetzt, bitte, nicht mit Unbelievable reagieren sollte. Sie sollte, sagte er, so tun, als könne sie sein Angebot ernst nehmen. Vielleicht könnten sie einander ja kennenlernen. Anna bot ihren unergründlichen Blick an und sagte: Herr Zürn oder Herr Krall, wie hätten Sie's gern? Gottlieb sagte: In welche Sauce wir den Daumen, den wir lutschen müssen, vorher tunken, ist egal. Oder nicht? Und Anna: Es gibt nichts, wofür man nicht bestraft werden kann. Und Gottlieb: Aber die Möglichkeiten klirren. Und Anna: Wenn Sie so wollen. Und Gottlieb: Ich will.